支 前 卷 上

淮海战役史料汇编

4

淮海战役纪念馆 编
国家图书馆出版社

将国民党反动政府从根本上打倒了。人们无不欢欣鼓舞。这时，山东全境基本解放，华东、中原与华北解放区连成一片，我军战力和解放区人力、物力、财力都大大增强，创造了南下歼敌的基本条件。

二

淮海战役敌我重兵决战，我军参战的兵力、装备、物力、财力均不占优势。战役规模之大，时间之长，敌我参战兵力之多，战局发展变化之快，战果之辉煌，均前所未有。加之，徐州之敌能够得到敌后方直接补给。这就决定了我支前后勤任务比以往任何战役都要艰巨和繁重。

中共中央、中央军委、毛泽东主席非常重视淮海战役的人民支前和部队后勤工作。战役发起前就一再指示做好充分的后勤准备工作，需准备两个月至两个半月的粮秣用品。战役发起后，又紧紧抓住有利战机，及时定下了"应极力争取在徐州附近歼灭敌人主力，勿使南窜"的决心，要求"华东、华北、中原三方面，应用全力保证我军的供给"。11 月 16 日中央军委又指出："中原、华东两军，必须准备在现地区作战 3 个月至 5 个月（包括休整时间在内），吃饭的人数连同俘虏在内，将达 80 万人左右，必须由你们会同华东局、苏北工委、中原局、豫皖苏分局、冀鲁豫区党委统筹解决。"此战胜利，不但长江以北局面大定，即全国战局亦可基本上解决。为了统一领导淮海前线的我军作战和地方支前工作，中共中央、中央军委决定成立由刘伯承、陈毅、邓小平、粟裕、谭震林组成，由邓小平为书记的总前委，以统筹一切。淮海战役第一阶段结束后，中央军委再次指示："必须准备全军部队及民夫 130 万人左右，3 个月至 5 个月的粮食、草料、弹药，10 万至 20 万伤员的医治"，"对于人民，必须实行耕战互助的方针。"

1948 年 12 月 26 日，中央军委在河北省平山县西柏坡召开了全军后勤工作会议。同日，总前委在徐州召开了由华东、华中、中原、华北冀鲁豫四方面代表参加的联合支前会议。

党中央、中央军委及总前委的正确领导，是推动淮海战役支前后勤工作的关键。

总前委、中原局、华东局、华北局加强对淮海战役支前后勤工作的领导，统筹动员组织人力、物力、财力，一切服从前线的需要。11 月初，邓小平、陈毅等亲临豫皖苏三地委指示支前工作，指出这次战役规模大、时间长、耗费物资多，仗打起来，会在这个地区投入千军万马。要组织人力、物力支援前线，成立支前指挥部，组织若干担架团、运输团，负责把弹药、粮食、柴草送到前线，将伤员及时转运后方。要保证公路运输、电话线路畅通。24 日，刘伯承、陈毅、邓小平又下达了为彻底消灭黄维兵团的后勤工作命令。中原局、华东局、华北局分别颁发了全力支援淮海战役和调粮支援淮海前线的紧急指示。邓子恢、张际春、李达把主要精力用于抓战役的支前后勤工作。粟裕、谭震林、陈士榘、张震等多次向军委、总前委请示汇报这方面的工作，并签发指示、通令，确保支前后勤工作适应战役发展的需要。各级党政军支前领导机关坚决贯彻了党中央、军委、总前委和各中央局的指示，抽调大批得力干部，建立和健全了豫皖苏后勤司令部、豫西军区支前司令部、华东支前委员会、华中支前司令部、鲁中南支前委员会、渤海支前委员会、华北冀鲁豫战勤总指挥部等各级支前领导机构。同时，制定了支前后勤工作的各项政策和措施，分别发出紧急支前指示和动员令，号召党政军民紧急动员起来，集中一切力量，高度发挥各自的积极性与热情智慧，争取这次决战的完全胜利。

各级党组织、人民政府和支前后勤机构，为保证战役供应进行了紧张的准备工作。事先考虑到我军参战部队高度集中、战区辽阔、地形复杂、作战方式多变、战役持续时间长、粮弹物资消耗巨大、伤员转运任务繁重、民工众多、支前运输工具落后等情况，分析研究了战役可能出现的问题，就民力动员、粮草物资的筹集、弹药储备、伤病员的转运治疗、供应运输网的建立等方面作了具体部署。

各地对民工的组织、管理、调配、服务、轮换、供给及民工中的思想政治工作都作了安排。对民力、物力、畜力实行耕战互助，合理负担，对常备民工实行供给制度，对临时民力禁止无价派差，实行发价包运。民工队伍建立了严密的组织，各地民工队伍的组成，一般照顾到地区情况，由村、乡、区、县、专区分别组织小队、分队、中队、大队、支队不等，并由各该级党政干部充任各级领导。在山东、苏北等地区，民工队伍又按任务区分为：归属部队领导调度使用的服务两三个月以上的随军常备民工（一般每个纵队配属有担架、挑子各 500 副，约 3600 人的 1—2 个随军担运团）；归属支前机关直接掌握的服务一个月以上的二线转运民工；归各地政府领导完成各项临时运输任务和修桥筑路的后方临时民工。豫皖苏、江淮等地区则根据支前任务的需要，组成支前期限不等的一次性服务的民工队伍。华东支前委员会除动员支援济南战役的山东常备民工团继续服务随军南征外，又从鲁中南、胶东、渤海地区组织动员了大批民工团队，苏北、江淮、豫皖苏、豫西、冀鲁豫地区的民工队伍也迅速组建，开赴前线，或在后方为战勤服务。

粮草等物资供应是件大事。战前，华中一、二、九专区即向战区调粮2300万斤。华东支前委员会由山东向战区调运粮食15000万斤，在苏北、江淮、豫皖苏的新解放区，实行了就地筹借粮草的政策，以解决部队到达新区作战的急需。同时组织各地广大群众夜以继日碾米，磨面，赶做军鞋、军衣，以满足前线供应。冀鲁豫五专区人民，突击九昼夜，碾小米1000万斤。豫西被服三厂工人，七天赶做军棉衣1万套。胶东掖县妇女半个月赶做军鞋22万双。

这次战役，弹药补给量巨大，由中央军委统一调拨，部队后勤部门统一分发，按一、二、三线屯集点储备了弹药，通过兵站网及时运往前线。为了保证供应，解放区军工厂日夜突击生产。早在1947年，华东局派朱毅等同志到大连组织建新公司，生产武器弹药。到淮海战役时，生产七五炮弹23万发，掷弹筒炮弹引信228000只，迫击炮900门，在淮海战役中发挥了重要作用。

我军后勤部门和各地支前领导机关加强了兵站网，选定了10余条水陆交通运输干线，根据战役的需要和发展，设立了兵站、粮站、民站、油盐供应站、伤员转运站、野战医院和后方医院，组成了一个庞大的运输供应网。战役中的粮弹供应、伤员转运，关键是运输问题。在部队后勤机构与地方支前机构之间，部队前方与后方之间，明确分工，密切配合。一切弹药物资由中原、华东军区后勤部门组织民力从第三线运到距战地五六十公里的第二线屯集点；由各野战军后勤部门、支前机关组织二线转运民工，从第二线屯集点运到距战地10至15公里的第一线屯集点和前方补给站；再由各纵队组织随军常备民工接运到部队。这样在收、发、管、运各个环节，环环紧扣，既节省了民力，又满足了战役的需要。

为保障前后方的交通运输和通信联络畅通无阻，发动人民突击抢修公路、铁路、桥梁，架设电话线路。解放军打到哪里，人民就把公路、铁路修复到哪里。战役前，山东、苏北人民已将后方通往前方的公路、桥梁、电话线路修复。随着战役的发展，江淮、豫皖苏、豫西、冀鲁豫地区从后方到前方的道路、桥梁也迅速修竣，从四面八方延伸到前方。铁路员工突击抢修轨道、机车和通讯设施，使津浦、陇海、平汉、胶济铁路逐段相继提前通车。

大规模的群众性支前运动，在鲁、苏、豫、皖，东起黄海之滨，西至豫西地区，北自山东渤海，南达长江北岸（主要是苏北地区）的纵横两三千公里，九千多万人口的广大地区内，轰轰烈烈地展开了。这一地区包括当时中原的豫西、豫皖苏，华东的胶东、渤海、鲁中南、苏北、江淮，华北的冀鲁豫共 8 个行政区，和济南、潍坊、郑州、开封、洛阳，以及在战役中解放的徐州、商丘、连云港等城市。在这约 35 万平方公里的土地上，从后方到前方，从乡村到城镇，男女老幼齐上阵，家家户户忙支前。前方需要什么，后方就支援什么，解放军打到哪里，人民就支援到哪里，成了千百万人民的自觉行动。广大共产党员、干部、劳模带头支前，父子、兄弟争上前线，许多青年自动推迟婚期，丈夫奋勇去支前，妻子积极忙生产，保证支前、生产两不误，各地的模范事迹层出不穷。人人都在为争取这次决战的胜利，努力多作贡献，展现出一幅波澜壮阔的人民战争的宏伟图景。

三

11 月 6 日，淮海战役打响了，我中原、华东野战军在广大人民支援下，以排山倒海之势横扫鲁南、豫东之敌，威逼徐州，首歼黄百韬兵团。9 日，我在临沂与鲁中南负责同志研究了该地区支前工作。16 日抵宿迁。见到中共华中工委书记陈丕显和江淮区党委书记曹荻秋，老同志久别重逢，分外热情。共同研究了我军在追歼黄百韬兵团作战中，急需从华中地区筹措粮草、增调民工、延伸交通运输干线、增设供应站和健全支前机构等项工作，取得了一致的意见。

中原局责成豫皖苏分局加强支前工作，授权支前机关全权征调粮草、民工、担架，保证作战的一切需要。在中原人民全力支援下，中原野战军协同华东野战军完成了对徐州敌人的战略包围，切断了敌人的补给线。

战役第一阶段，由于战前作了充分准备，粮食、弹药、被服等军需物资比较充裕，部队的后勤供应和伤员转运工作，初期均未遇到太大的困难，只是在战役发起后，我军进展迅速，预设的粮站、兵站、医院被远远地甩在后面，运输线大大拉长了，小车、挑子、担架队伍赶不上急行军的部队，粮食供应问题分外突出。解决的办法是，除由华中地区动用预存粮食以应急外，一面由部队就地筹借，一面发动群众将一切可以使用的力量组织起来赶运粮食，连上前方的担架也得捎带粮食。还采取了增设粮站、分段运送和直接运送相结合的办法，将山东和华中的粮食抢运到前线部队。到 11 日黄百韬兵团被包围在碾庄地区时，各方供应都赶上来了。十余万随军常备民工，数十万二线转运民工和大批后方临时民工，历尽艰辛，克服困难，运粮食，送弹药，抬伤员，支援我军全歼了黄百韬兵团，取得了战役第一阶段作战的胜利。

四

黄百韬兵团被全歼后，由豫南赶来增援的黄维兵团，在宿县西南双堆集地区陷入我中原野战军的包围之中。蚌埠、徐州之敌的"南北对进"，均遭到我军坚强阻击。徐州杜聿明集团南援不成，遂放弃徐州向西南逃窜，被我华东野战军包围于永城东北陈官庄、青龙集地区。这时，战场迅速转移、集中到豫皖苏第三专区的范围。在南北仅100多公里的地区，我军分别阻击和包围了三个方面的敌人，遵照中央军委指示，即采取了歼灭黄维兵团，围住杜聿明集团，阻住蚌埠北援之李延年、刘汝明兵团的方针，对敌展开作战。

这一阶段，由于中原、华东野战军迅速转移集中于一个地区连续作战，前方有150万人吃粮，支前任务空前繁重，急需大批军需物资，每天仅粮食就需500万斤，运输工作极度紧张。前线部队连日激战，弹药供应也很紧张，前线缺粮、缺衣、缺弹药，伤员不能及时后运。针对这些情况，中央军委及时决定从豫皖苏、豫西、冀鲁豫、渤海解放区调运粮食；自华北、华东调运弹药。中原局邓子恢、李达立即令有关方面赶送中州币两亿元给华野，自郑汴搜集现粮65万斤，车运砀山，令豫西调粮1000万斤赶运前线；豫皖苏分局也及时调拨粮食、柴草、油盐、服装等物资和经费，以满足战役发展的需要；我军后勤部门组织济南、徐州等地赶制了大批军帽、军衣，赶运前方。同时，为了赶运物资，后送伤员，我们调整了供应部署，赶修了交通干线，延伸了运输路线，组织了火车、汽车运输，调整、增设了兵站、粮站、民站、医院和转运站。各方面采取了这一系列紧急措施，确保了我军在双堆集、陈官庄、蚌西北三个战场的作战。

数十万民工从四面八方汇集战场，他们来自不同地区，穿着不同服装，说着不同口音的话，但怀着一个共同的信念，支援解放军全歼敌人，争取战役的全胜。由于缺乏现代化交通工具，主要靠人背、肩挑、担架抬、小车推、牛车拉、骡马驮、车船载来解决运输问题。民工们冒枪林弹雨，忍风雪饥寒，日夜奋战在运输线上。陈毅《记淮海前线见闻》的词，再现了当年人民支援前线的壮丽情景：

几十万，民工走不通。

骏马高车送粮食，

随军旋转逐西东，

前线争立功。

担架队，几夜不曾睡，
稳步轻行问伤病：
同志带花最高贵，
疼痛可减退？

　　部队连续作战，急需兵员补充。解放区人民响应党提出的"到前线去，到主力去"的号召。鲁中南、渤海、胶东调了14个地方武装基干团和25000名新兵开赴前线，及时补充了主力。广大群众掀起了父送子、妻送郎、兄弟相争上战场的参军运动。劳动英雄郑信送子参军；贫农刘树铎、刘树厚兄弟二人相争入伍；区妇联主任钱秀清写信动员未婚夫上前线杀敌；尉氏县荣庄、南席两区400名青年自愿参军；豫西6000青壮年光荣入伍；胶东万余子弟兵待命出征；渤海16000青壮年源源开赴淮海前线。淮海战役前后，仅山东省就动员了168000名青壮年参军。从而，保证了我军大兵团连续作战的兵员补充。

　　各地民兵积极配合我军作战，保卫生产，肃清土匪，维护社会治安。并组成子弟兵团，随军开赴前线，担负护送粮食、物资，押解俘虏，捕捉散兵，保护交通等战勤任务，成为我军强大的后备力量和有力助手。夏邑县王楼乡民兵担架队，机智勇敢，用手里的扁担、扛子和仅有的两支土造步枪，俘敌团长以下400余名。敌四十一军中将军长胡临聪，在全军覆没时两次化装潜逃，终被我豫皖苏民兵俘获。广大群众动员起来，敌人就陷入了我人民战争的汪洋大海。

　　有着光荣革命传统的战区群众，看见亲人子弟兵，异常亲热，向我军哭诉了敌人的暴行。村村户户，男女老少全力投入战勤服务。他们帮助我军带路，构筑工事，照料伤员，筹集粮草，烧水送饭。我军追歼逃敌到达萧永地区时，后方粮食一时供应不上。遭受敌人洗劫的当地群众把隐藏起来的口粮拿出来供应我军，三四天内就筹借粮食300多万斤，及时解决了部队缺粮的困难。

　　12月1日，我军解放了战略要地徐州，这是一座有30多万人口的城市，是蒋介石进行反革命内战的重要军事基地。徐州的解放，对我们极为有利。国民党军仓惶西逃时，在这里还留下了大量的军需物资，成了我们支前后勤工作中一个新的极为有利的条件。徐州解放后，徐州市军管会迅速安定了社会秩序，恢复了生产和市场贸易，组织广大工人、市民、学生投入了紧张的支前工作。组成千余个做鞋小组，700多个缝衣小组，赶做军鞋、军衣。有100多辆私营汽车，数以千计的平车、马车，投入支前行列。把在徐州缴获的大批弹药和被服装具，迅速转运前线，及时补充我军。徐州铁路员工和铁路沿线广大农民，日夜抢修铁路、桥梁，不到20天时间，以徐州为中心的津浦、陇海两条铁路干线，东到新安镇，西迄洛阳，南抵宿县，北达济南，很快修复通车，大大加快了支前物资的运输速度。徐州的医院也迅速担负起接受伤员的任务。解放了的徐州，很快成为支援我军作战的重要基地。

在前后方人民的全力支援下，我军激战到12月15日，全歼了黄维兵团，击退了由蚌埠北援的李延年、刘汝明兵团，将杜聿明集团陷入我两大野战军的重围。

五

我军将黄维兵团全歼后，对包围在陈官庄、青龙集地区的杜聿明集团暂缓攻击，转入战场休整。

12月下旬，连降大雪。包围圈内外的景象形成强烈对照。我军阵地上粮弹充裕，兵强马壮，近在咫尺的国民党军，士气颓丧，粮尽弹缺，已到了山穷水尽的地步。我军对敌展开强大的攻心战。在凛冽的寒风里，战士们把热馒头用刺刀挑出战壕向敌人喊话："国民党军弟兄们，快过来吧，解放军宽待俘虏，大米饭、白馒头尽你们吃。"这样，人民支援的大米饭、白馒头、热包子，也成了直接打击敌人的有力武器。

战役进入第三阶段后，时值雨雪交加，部队需要筹足过冬粮草。运输方法落后带来很多困难，部队粮食供应方面出现了一些问题，需要由冀鲁豫、豫皖苏、山东、华中等地筹运，我和华东支前委员会主任傅秋涛向粟裕报告了这些情况。粟裕12月15日向中央军委建议召开一次包括华东、华中、中原、冀鲁豫四方面代表参加的联合支前会议，中央军委12月20日指示总前委，同意召开会议。总前委派我具体负责筹备。会议于12月26日至29日，在徐州召开。到会人员有华东局代表傅秋涛、华东军区代表周骏鸣及华东支前委员会政治部长张雨帆、粮食部长张劲夫、人力部长魏思文、财政部长程照轩，华中代表曹荻秋、贺希明、李干臣，中原代表杨一辰，冀鲁豫代表韩哲一（在会议期间赶到），中原野战军派一位姓苗的科长参加，总前委指定我出席。会议由我和傅秋涛轮流主持。我报告了召集会议经过、前方作战和支前供应情况，及关于会议内容的建议。会议着重讨论当时急需解决的粮食供应及民力安排问题。经过四天讨论，会议协商了共同支前方案，明确了四个地区的分工，决定：战场的东南面由华中区负责供应；战场的东面、北面由山东负责供应；战场的西面、西南面由豫皖苏区负责供应；冀鲁豫区调小米 1 亿斤作为后备，由华东支前委员会统一调度。会议通过了关于粮食、民工问题的共同意见。关于粮食问题，各地正在调运前方的粮食尚有 3.15 亿斤，准备分三期供应部队。关于民工的分配、接替、调换、供应问题，商定了一致的意见。考虑到正在前方服务的约 50 万民工，绝大部分已超期服务，计划战役结束后大部复员。另组调随军常备民工团。此外，对交通问题，战场流通的 6 种货币的币值统一问题，部队元旦、春节供应问题，以及部队南进时支前领导机构的组织形式等问题，也交换了意见，提出了建议。这次会议明确了任务，协调了各地区的支前工作，这对圆满完成淮海战役的支前后勤任务起了重要作用。

1949 年 1 月 3 日，我返回华野指挥机关所在地蔡洼，向华野前委汇报了徐州联合支前会议情况。晚间，将联合支前会议情况书面报告总前委。10 日，接到总前委书记邓小平给我的复信："送来联合支前会议各件，均已阅悉。我完全同意该会所作各项决定，请即依照执行。"

战役期间，中共中央、中央军委和广大人民非常关怀前线将士，掀起了劳军拥军热潮。1948 年 12 月 17 日，中央军委指示华东局、中原局、华北局，对浴血歼敌，辛劳备至的华东、中原参战部队、前线人员，每人慰劳猪肉 1 斤、香烟 5 包。各地党政军民纷纷组成慰问团，奔赴前线，慰问前线将士和参战的民工、民兵。大批猪肉等慰劳品堆积如山运往前线，慰问信雪片似的飞到指战员手中。济南、徐州等市人民自动献金慰问部队。

广大群众和支前民工热爱子弟兵，他们全力以赴支援前线，付出了巨大代价。民工运粮途中，忍饥不吃车上粮，好让战士吃饱打胜仗。遇上敌机轰炸，民工总是先隐蔽好粮车，自己再去隐蔽。雨雪中运粮，民工就脱下蓑衣、棉衣盖好粮车，自己穿着单衣顶风冒雪推车前进。苏北宿迁县大兴区运输队千余民工，在风雪泥泞中跋涉运粮。有时一天只吃上一餐饭，奋战四昼夜，将 9 万斤大米运到部队。该县运输中队长高全忠，在一次敌机轰炸时，为保护粮车，以身殉职。豫皖苏区夏邑县万余民工雪地扛面支前。该县一等支前模范王登祥赤脚扛运，往返 600 里，冻烂了四个脚趾，仍坚持完成任务。渤海一专区民工丁自明在敌人火力封锁下，四次到火线抢救伤员。冀鲁豫区东明县担架队在转送伤员时，突然遭到敌机轰炸扫射，一副担架的四名民工同时扑到伤员身上掩护伤员。结果一个民工受伤，而伤员安然无恙。后方医务人员热情服待伤员，精心为伤员治疗。济南市接受伤员6000人，而自动报名到医院服务的私营医护人员和市民、学生达7000多人，有500余人自动报名为伤员献血。雪涡县妇女会干部许秀英热情照料伤员，给伤员喂水喂饭、洗补衣裳，伤病员都尊称她是"人民战士的母亲"。人民的热爱，极大地鼓舞了全体指战员的斗志。

各地民工、民兵组织，贯彻了"把支前民工队当成学校办"的方针，在民工队伍中建立了党组织，加强了思想政治教育，讲清"解放军为谁打仗，咱们为谁支前"的道理。通过揭发敌人的暴行，启发民工的阶级觉悟，使民工们认识支前支得越远，胜利就越大。通过这些教育与政策文化学习，和在民工中开展拥军爱民、立功创模等活动，使广大民工、民兵在支前中接受了教育，经受了锻炼，提高了觉悟，涌现了大批的英模功臣。同时在民工、民兵中培养了积极分子，吸收一批优秀分子加入中国共产党，提拔了大批干部。从而，大大激发了民工民兵的支前热情，保证了各项艰巨支前任务的圆满完成。渤海一专区担架团从1948年6月随军服务8个月，征战1万余里，全团3000余人，90%以上立功，荣获了65面奖旗，被华东支前委员会授予"模范担架团"的称号。战役结束时，仅华东支前委员会授予各模范单位的奖旗就有70余面。华东支前英雄胶东农民唐和恩支援淮海战役时用的一米来长的一根竹棍，刻下了他在支前中经过的包括山东、江苏、安徽3个省88个城镇和村庄的地名。它是数百万支前民工在淮海战役中走过的艰苦光荣的战斗历程的缩影，是淮海战役伟大胜利的见证。

战役第三阶段，时逢寒冬腊月，连降大雪，水上运输需破冰前进，陆上运输需跋泥踏雪，给运输带来了严重的困难。但由于战场固定，我军胜利在握，各地民工和我军后勤人员满怀胜利激情，经过艰苦卓绝的共同努力，克服了难以想象的困难，将大批粮食、弹药、慰劳物资及时运达前方。战士们在战壕里得到了充足的物资供应。我军阵地上一片欢腾，全军上下斗志昂扬，最后经四天激战，至1月10日拂晓，我军攻占了陈官庄。在萧县战地群众协助下，徐州"剿总"副总司令杜聿明被我军生俘，杜聿明集团全军覆没了。

战役中，我中原、华东两大野战军和地方武装，采取追击、截击、分割、包围、阻击、攻坚、围歼等多种作战形式，在东起海州，西止商丘，北自临城，南达淮河方圆数百公里的战场上，纵横驰骋，排除了敌人的顽抗和各种险阻危难，英勇善战。中原、华东、华北冀鲁豫解放区人民全力以赴，支援我军作战。前后方共出动民工约543万人（其中随军常备民工22万人，二线转运民工130万人，后方临时民工391万人），担架20万副，大小车88万辆，挑子55000副，牲畜767000头，船8500只，前方实用粮食43400万斤，各行政区筹运粮食96000万斤。战役最后阶段，我参战兵力与前后方支前民工的比例达到一兵九民，大大超过战役初期一兵三民的概算。仅筹集调运的粮食一项，若全部装上小车，每车装200斤，这个小车队伍即可以从南京到北京排成八行。战役中实用粮仅为解放区筹运粮的一半，这表明在广大人民的全力支援下，我军粮弹等军需物资供应充裕。这些数字也充分说明了人民的宏伟力量。全体军民团结一致，奋勇歼敌，使战役的发展越来越顺利，战役的规模越打越大，歼灭敌人的数量越来越多。仅仅经过66天激战，就战胜敌人80万重兵，歼敌555000余人，取得了全歼敌徐州集团主力于淮河以北的光辉胜利，解放了长江以北的华东、中原广大地区，促使蒋家王朝从此陷于土崩瓦解的状态。

六

淮海战役胜利至今，40年过去了。每当我回顾往昔，淮海战场上车轮滚滚的场面、人民支援战争和我军后勤保障的壮丽情景，总在脑际萦绕。探讨这一战役支前后勤工作获得成功的主要原因是：

首先是党中央、军委及总前委的正确领导。对战役的支前后勤工作一再作出明确的指示，及时调拨了大批粮食、弹药，批准召开了徐州联合支前会议，动员和组织了华东、中原、华北三大解放区的人力、物力、财力，全力保证我军供应。

二是中原、华东、华北局和各级党政军机关，作了充分的准备和组织动员。一切服从前线，一切为了前线的胜利，要人有人，要粮有粮。调拨征借了大批粮草，抽掉了大批干部，建立健全了各级支前后勤机构，设置了兵站、粮站、民站、转运站、医院，科学地组织了民工、民兵队伍，及时抢修了交通运输干线，保证了部队兵员的补充，人力、物力、财力的科学组织、管理和使用，并根据战役发展作了及时的调整部署。这样就使分散落后的农村经济能够源源不断地供应规模巨大、高度集中的现代化战争，争取了战役胜利。

三是各级党政支前机关，贯彻了"耕战互助"的方针，制定了一系列正确的政策和制度。解决了人力、物力的合理负担，工具、牲畜合理顶工，支前工、生产工的合理顶替，照顾好民工家属生产，禁止无价派差，实行发价包运，以及支前民工、干部的生活供应等问题。从而，促进了支前、生产任务的圆满完成。

四是土改翻身后的广大人民群众认识到支前是自己的事业，迸发出空前的支前热情，特别是在民工、民兵队伍中，建立了党组织，加强了思想政治工作，激发了广大民工、民兵的革命积极性。前后方男女老幼一齐动员起来为战勤服务。广大民工、民兵顶风冒雪，忍饥耐寒，千里远征，随军转战。他们冒枪林弹雨，转运物资，抢救伤员，艰苦忘我，服务前线。不少支前干部、民工、民兵献出了宝贵的生命，对战役的胜利作出了巨大的贡献。

人民战争，人民支援，人民是革命战争胜利的源泉。1949 年 9 月，第二野战军司令部在《淮海战役中双堆集歼灭战初步总结》中指出："这次作战中的物质供应，是达到较完满之要求的，无论在粮食弹药的接济与医术救济诸方面，都未感受到意外的特殊困难，这是此次作战胜利的有力保障。没有这种保障，要想取得这次的完满胜利，是不能设想的。"华东军区、第三野战军后勤司令部在淮海战役后勤工作初步总结中说："战场上吃的大米，是经过几百里用人背来用小车推来的，所以这一伟大胜利是'部队向前打，小车向前推'的总结果。"1951 年 2 月，陈毅在南京接见苏联驻华大使尤金讲到淮海战役胜利原因时说："支前民工达 500 万，遍地是运粮食、运弹药、抬伤员的群众，这是我们真正的优势。人民群众用小车、扁担保证了部队作战。"淮海战役是一次人民战争打败了反人民战争的典范，是人民战争思想光辉胜利的典范。"战争的伟力之最深厚的根源，存在于民众之中。"淮海战役证实了这条真理。

刘瑞龙①
1986 年

---

① 刘瑞龙（1910—1988），淮海战役时为华东野战军后勤部部长。

《支前卷》前言

　　《淮海战役史料汇编·支前卷》分上下两册，上册的主题是"人民支前的组织发展与民工管理"，下册的主题是"人民支前的历史功勋永载史册"。上册突出的是支前工作的组织与领导，下册展现的是人民的贡献。

　　《支前卷》以淮海战役纪念馆馆藏资料为主要依据，广泛收集各方面的史料，包括淮海战役时期与支前工作有关的各类电文、命令、指示、总结、报道、日记、书信、笔记，以及后来整理的总结、回忆录等文献资料，还收录了本馆于20世纪50年代末、60年代初征集到的各地支前资料和支前文物。所有资料均依历史文献原貌汇编，并注明出处。本卷旨在立体地记录淮海战役中人民支援前线的史事与功绩。

　　《支前卷》共计80万字，选用图片约900幅。分为13章33节，在每一章节下方，根据需要，分列若干栏目。全书共列9个栏目：以各类命令、指示、通知为主的"文件精选"；各种报刊中介绍支前工作的"支前报道"；战时或战后关于支前工作经验、教训、思考或统计数字的"支前总结"；支前领导或支前民工写的"支前日记"；支前民工记录的"民工笔记"；亲历者对支前工作进行回顾的"回忆节选"；军民之间、后方百姓与支前民工之间来往的"书信选编"；各地支前机构对民工进行培训的"支前手册"；关于支前工作的其他各类资料，列为"资料选编"。

　　《支前卷》需要特别说明几点：一、每一章节之前由编者添加导语，以简约概括的文字介绍本节的背景和内容，以利于读者理解。二、为明确事件主题，部分标题由编者拟定。三、原文数字多为汉字，包括许多数量很大的数字用的也是汉字，为阅读方便，凡用阿拉伯数字得体的地方，本书都采用了阿拉伯数字。四、为保持历史文献原貌，收录资料均忠于原文，交战双方的敌对性称谓和词语，未作文字上的处理。五、对明显的错别字进行了更正，对日期、人名、地名、部队番号等作了规范统一，无法辨认的字写作□，编者所加的字加在 [ ] 中。六、对当时的习惯用法如"华野"（华东野战军）、"动参"（动员参军）等悉依原文，语句不通顺的地方以及"的"、"地"、"得"的使用等尽量照旧。七、为便于读者查阅原件，所有资料尽量注明出处；凡未注明出处者，均出自淮海战役纪念馆馆藏资料（或为原件，或为手抄件、复印件）。八、所有资料均著录编写、颁布或出版时间，部分资料因原材料未著录时间只好从缺。九、附录中的表和图均由淮海战役纪念馆绘制，并刊载于中共中央党史资料征集委员会主编《淮海战役》第三册，中共党史资料出版社 1988 年版。

由于编者水平有限，本书难免有疏漏和错误之处，敬请批评指正。

编　者

2013 年 3 月

目录

第一篇

人民支前的组织发展与民工管理

　　淮海战役的后勤支前工作，是在中共中央、中央军委、淮海战役总前委领导下，由中共华东、中原、华北中央局和各级党政支前机构直接组织领导和具体实施的。各级党政支前机构大力加强对支前工作的组织领导，抽调大批干部，建立健全各级组织；制定和完善各项政策，颁发各种指示指令，并根据战役发展及时调整；建立兵站、民站、粮站、伤员转运站和医院，组成庞大的支前网络；组织和领导广大人民完成筹集军需、运输物资、修路架线、抢运伤员等战勤任务，保障了淮海战役的胜利。

　　淮海战役的历史证明，没有党的领导，没有适应战争需要并随战争发展不断调整的支前机构及对解放区人力、物力和财力的科学管理和使用，要使落后分散的农村经济保障大规模战略决战的后勤供应，是不可能的。各级党的干部忠于党的事业，不畏艰难、艰苦奋斗、勇于探索的精神和卓越的组织才能、高超的管理智慧是先辈留给后人的宝贵财富。

　　中国共产党领导人民支援前线的伟大壮举永载史册！

第一章　中共中央、中央军委对人民支前工作的领导

　　中共中央、中央军委对淮海战役人民支前和后勤工作极为重视，一再指示中共华东、中原、华北中央局做好充分的准备工作，"应用全力保证我军的供给"，"必须准备全军部队及民夫130万人左右，3个月至5个月的粮食、草料、弹药，10万至20万伤员的医治"，"对于人民，必须实行耕战互助的方针"。为做好统筹安排，中央军委派解放军总后勤部部长杨立三协同华东野战军后勤部部长刘瑞龙和中原野战军供给部部长刘岱峰筹办淮海战役的后勤和支前工作。淮海战役发起后，根据战场形势的变化，中央军委及时决定由刘伯承、陈毅、邓小平、粟裕、谭震林五位同志组成淮海战役总前委，统筹领导淮海前线解放军作战和地方支前工作。中共中央、中央军委的正确领导，是完成淮海战役后勤保障的根本保证。

▶ 中共中央委员会主席、书记处书记毛泽东

▲ 中共中央书记处书记
朱德

▲ 中共中央书记处
书记刘少奇

▲ 中共中央书记处书记
周恩来

▲ 中共中央书记处书记
任弼时

文件精选

中央军委对人民支前工作的部分指示

▲ 位于河北省平山县西柏坡的解放军总部兼军委作战室。淮海战役期间，党中央、中央军委的部分指示、命令，就从这里发往全国和淮海战场

▲ 中央军委发往淮海前线的部分电文

1948 年 9 月 25 日：中央军委指示华东方面做好战役准备工作

9 月 24 日，华野代司令员、代政委粟裕致电中央军委，提出举行淮海战役的建议。毛泽东在复电中指示华东方面做好这一战役的准备工作。

饶粟，并告许谭王，刘陈李①：

我们认为举行淮海战役，甚为必要。目前不需要大休整，待淮海战役后再进行一次休整。淮海战役可于 10 月 10 号左右开始行动。你们应利用目前半月时间，使攻济部队获得短时休息……进行这三个作战是一个大战役。打得好，你们可以歼敌十几个旅，可以打通山东与苏北的联系，可以迫使敌人分散一部兵力去保卫长江，而利于你们下一步进行徐州、浦口线上之作战。因此，你们应在酉灰②以前做好有关这一战役的充分的准备工作，要开一次像上月曲阜会议那样的干部会，

---

① 编者注：饶，中共华东局书记、华东军区政治委员饶漱石；粟，华野代司令员兼代政治委员粟裕；许，华野山东兵团司令员许世友；谭，华野副政治委员兼山东兵团政治委员谭震林；王，华野山东兵团副司令员王建安；刘，中野司令员刘伯承；陈，中野第一副司令员、华野司令员兼政治委员陈毅；李，中野参谋长李达。

② 编者注：酉灰，10 月 10 日。

统一作战意志，调整内部关系。

军委

25 日 19 时

摘自《毛泽东军事文集》第五卷，军事科学出版社、中央文献出版社 1993 年，第 19 页

1948 年 9 月 28 日：中央军委指示华东军区、华野必须做好战役准备工作

9 月 28 日，黄百韬兵团正向新安镇地区收缩。军委判断，新安镇距离徐州甚近，战役打响后，徐州方面的国民党军势必增援黄百韬兵团，战役规模势必扩大。据此，军委指出，战役发起时间可推迟到 10 月 20 日，华东军区、华东野战军必须做好战役准备工作。下文是 9 月 28 日毛泽东为中共中央军委起草的给华东军区政治委员饶漱石、华东野战军代司令员兼代政治委员粟裕和副政治委员谭震林并告中原野战军司令员刘伯承、第一副司令员陈毅和中共中央华东局的电报的第一部分。

黄兵团调回新安镇地区业已证实。你们淮海战役第一个作战并且是最主要的作战是钳制邱李两兵团歼灭黄兵团。新安镇地区距离徐州甚近，邱李两兵团赴援甚快。这一战役必比济南战役规模要大，比睢杞战役的规模也可能要大。因此，你们必须有相当时间使攻济兵团获得休整补充，并对全军作战所需包括全部后勤工作在内有充分之准备，方能开始行动。战役时间包括打黄兵团，打东海，打两淮在内，须有一个月至一个半月，战后休整一个月，故你们须准备两个月至两个半月的粮秣用品。此次济南战役只费 10 天，战后休整似需 20 天左右，淮海战役估计为一个半月，共计两个半月左右。……淮海战役出动时间似须推迟至西哿 [①] 左右。

摘自《毛泽东军事文集》第五卷，军事科学出版社、中央文献出版社 1993 年，第 26 页

1948 年 11 月 9 日：中央军委指示华东、华北、中原三方面用全力保证解放军供给

淮海战役发起后，全国战局及战场形势发生了巨大变化。11 月 9 日，中央军委及时调整部署，确立了在徐州附近歼敌主力的战役指导思想，要求华东、华北、中

---

① 编者注：西哿，10 月 20 日。

原三方面，应用全力保证我军的供给。

粟张，并告华东、陈邓、中原局①：

齐辰②电悉。应极力争取在徐州附近歼灭敌人主力，勿使南窜。华东、华北、中原三方面应用全力保证我军的供给。

军委

佳亥③

摘自《毛泽东军事文集》第五卷，军事科学出版社、中央文献出版社 1993 年，第 184 页

1948 年 11 月 14 日：中央军委指示华东、中原方面全力组织支援

11 月 11 日，黄百韬兵团被包围在碾庄圩地区。为解救黄百韬兵团，邱清泉、李弥兵团组成东进兵团向东增援。碾庄圩地区的黄百韬兵团转入阵地防御，华野攻击部队难以全面突破其防守体系，攻击进展缓慢，伤亡不断增大。这种情况下，中央军委致电华野、中野，要求集中精力彻底解决黄百韬兵团，并指出此次战役为南线空前大战役，华东局、中原局应全力组织支援。

刘陈邓，并告粟陈张，韦吉④，谭王及华东局、中原局：

……（七）此战役为我南线空前大战役，时间可能要打两个月左右，伤员可能在 10 万以上，弹药、民工需要极巨，请华东局、中原局用全力组织支援工作。

军委

14 日 23 时

摘自《毛泽东军事文集》第五卷，军事科学出版社、中央文献出版社 1993 年，第 216 页

1948 年 11 月 16 日：中央军委指示成立淮海战役总前委，统筹淮海前线指挥和后勤支前工作

碾庄圩方向，对黄百韬兵团的总攻受挫，华野攻击部队及时调整部署，展开新

---

① 编者注：张，华野副参谋长张震；邓，中野政治委员邓小平。
② 编者注：齐，8 日；辰，7 时至 9 时。
③ 编者注：佳，9 日；亥，21 时至 23 时。
④ 编者注：韦，华野苏北兵团司令员韦国清；吉，华野苏北兵团副政治委员吉洛（即姬鹏飞）。

一轮攻击。徐东方向，华野正面阻援部队正与敌激战，侧翼部队在迂回途中与敌遭遇。徐蚌线上的宿县已被攻克，由蚌埠向北增援的国民党军停止北援，在固镇地区迟滞不前。从河南增援的黄维兵团正全力向蒙城推进，战略决战的态势已十分明显。中央军委决定成立淮海战役总前委，统筹领导淮海战役的前线指挥和后勤支前工作，并提出了具体要求。

刘陈邓，并粟陈张，告谭王、韦吉，华东局，中原局，豫皖苏分局，苏北工委，华北局：

……（五）中原华东两军必须准备在现地区作战三个月至五个月（包括休整时间在内），吃饭的人数连同俘虏在内，将达80万人左右，必须由你们会同华东局，苏北工委，中原局，豫皖苏分局，冀鲁豫区党委统筹解决。此战胜利，不但长江以北局面大定，即全国局面亦可基本上解决。望从这个观点出发，统筹一切。统筹的领导，由刘、陈、邓、粟、谭五同志组成一个总前委，可能时开五人会议讨论重要问题，经常由刘陈邓三人为常委临机处置一切，小平同志为总前委书记。

中央军委

16 日 18 时

摘自《毛泽东军事文集》第五卷，军事科学出版社、中央文献出版社 1993 年，第 230 页

1948 年 11 月 22 日：中央军委指示迅速调集粮食保证前线供应

此时，黄百韬兵团被全歼。徐南方向，华野调整部署，构筑对徐州之敌的阻击阵地，并积极南下，开辟对蚌埠李延年、刘汝明兵团作战的南线战场。宿西南方向，黄维兵团已逼近浍河。淮海战场迅速向徐州以南地区发展。受毛泽东委托，周恩来起草了致中原局、华北局、华东局等的电报，要求三大解放区迅速调集粮食，保证前线的粮食供应。

中原局、华北局、华东局并告刘陈邓粟陈张：

（一）淮海战役正在胜利开展中。我应作最大估计，准备在徐蚌地区作战三个月到五个月，歼灭蒋介石江北机动兵力 40 个至 50 个师，以利尔后突破长江防线，向江南进军，彻底摧毁蒋介石的中心统治。现据华东局皓[①]电报告：在这六个月中，

---

① 编者注：皓，19 日。

前线参战部队和民工近百万人，每月需粮约 1 亿斤。从 11 月份起，华东、华中已筹粮 2 亿 5000 万斤，但用到前线上的，因距离远，只有 2 亿斤。今后仍将继续筹粮南运。惟距离六个月需要，相差甚大，需要中原、华北分担这一大量粮食的供应等语。据此，现决定中原局应速令豫皖苏分局立即动手筹集和保证中原野战部队及华野转入豫皖苏地区作战部队的粮食，并应从豫西运粮食去。华北局应速令冀鲁豫区调集 1 亿斤至 1 亿 5000 万斤粮食，供给华野部队需要。两局对此如何布置，统望电告我们及华东局。关于弹药接济，除华东负责补充华野外，华北应分担中原及华野一部分的补充，详数另电告。

（二）东北野战军即将入关，其人数亦近百万，除粮食由冀东、热河及东北筹集主要部分外，华北及华东的渤海，应准备相当一部分的粮食供应。具体数字，待东北后勤计划到后再告。

军委

戌养 [1]

摘自《淮海战役》第三册，中共党史资料出版社 1988 年，第 12 页

1948 年 11 月 23 日：中央军委指示做好战役第二阶段的后勤支前工作

11 月 22 日，淮海战役第一阶段胜利结束。中央军委致电淮海前线，庆祝第一阶段的胜利。同时指出国民党军尚拥有 50 个师的兵力，战斗力很强，后勤任务仍然艰巨。

刘陈邓，粟陈张，谭王，韦吉并转各纵委，并告华东局，中原局，豫皖苏分局，华中工委：

……敌直接与你们作战的 66 个师（冯治安 4 个、黄百韬 10 个、邱清泉 10 个、李弥 7 个、孙元良 4 个、黄维 11 个、刘汝明 6 个、李延年 9 个、刘峙直辖 5 个）中，除被歼者外，尚有 50 个师左右。这个敌人是可以消灭的。但是，必须准备给予全战役以三个月至五个月时间，必须准备以几个作战阶段（你们已完成了第一个作战阶段）去取得全战役的胜利，必须准备全军部队及民夫 130 万人左右三个月至五个月的粮食、草料、弹药，10 万至 20 万伤员的医治，必须争取全军各部队在全战役所需时间中，有二分之一以上时间的休息整补，务使士气旺盛，精力饱

---

[1] 编者注：戌养，11 月 22 日。

满，对于兵员必须实行随战随补、随补随战的方针，对于人民必须实行耕战互助的方针……

军委

戍梗[1]

摘自《毛泽东军事文集》第五卷，军事科学出版社、中央文献出版社 1993 年，第264 页

1948 年 11 月 23 日：中央军委指示华东方面做好兵员补充及政治工作

11 月 21 日，华东局致电中央，提出《淮海战役兵员补充计划》。计划动员 11 万名新兵，分三期补充到各部队。中央军委复电指示华野在做好兵员补充的同时，要注重加强兵员补充中的政治工作。

华东局并告粟陈唐[2]张：

戍马[3]电悉。完全同意你们所定关于淮海战役的兵员补充计划。在你们动员地方基干团、县区武装及新兵工作当中，望注意进行公开的政治动员，加强地方上优待抗属烈属和动员逃兵归队及部队中巩固工作，并由军区政治部发一政治动员的训令，责成三级军区政治部抓紧这一工作，亲自布置、督促和检查，以保证11 万人的补充计划的完全实现。华野政治部，亦须准备政治工作计划，以欢迎和巩固这批地方团队和新兵的到来。华东军区应在地方基干团和县区武装逐步调往前线过程中，同时布置地方新的部队，乘着前线不断胜利的影响，加紧进行肃清和瓦解地方土匪特务的武装，以巩固华东后方。济南地区，应控制一个警备旅的兵力。

军委

戍梗

摘自《淮海战役》第一册，中共党史资料出版社 1988 年，第 192 页

1948 年 12 月 5 日：中央军委指示前后方密切配合，确保前方弹药供给

12 月 5 日，中野原定对黄维兵团的总攻因准备工作未完全就绪，决定推迟一天，

---

① 编者注：戍梗，11 月 23 日。

② 编者注：唐，华野政治部主任唐亮。

③ 编者注：戍马，11 月 21 日。

华野对被包围的杜聿明集团实施攻击和阻击，紧缩包围圈。蚌埠西北方向，华野积极调兵南下，阻击李延年兵团。跨越了陈官庄、双堆集、蚌西北的三大战场激战犹酣。军委致电，要求前后方密切配合，合理调配、组织、运送和使用弹药，确保解放军在大规模作战中获得彻底胜利。

华东局、华北局，刘邓陈，粟陈张并告邓李：

据粟陈张江申 [①] 电告，邱李孙三敌（22 个师）现为我分别围攻于萧县以西大回村、薛家湖以东地区，此一战斗规模甚大，为保持炽盛火力与连续作战，要求华东军区急运八二迫击炮弹 30 万发，山炮弹 5 万发，炸药 30 万斤及七九步弹两个基数 [②] 到徐州以东大湖车站附近，我们派仓库接收等语。查华东局、军区在此次大会战的支前后勤工作中，确已尽最大力量，而一部分弹药犹未能及时送到（照粟陈张电所说）者，确因此战规模超过预计，战斗的连续又如此紧迫，兵站线又愈伸愈长，故如此大量的弹药，不可能咄嗟立办，必须前后方密切配合，解决此种困难。前方应根据需要，按类按数，分别先后，早日通知后方，尤重在野战后勤部应随时保持其前线与后方兵站线的密切联络，遇有任何移动必须随时电知后方。后方应集中一切汽车以最快速度，最合理组织，派最得力干部清查沿途兵站，亦按类按数分别先后，押送前线。能如此，弹药运输的次序和时间才可能较为节省，对前方，亦能较应急需。现为保证淮海战役在最大规模中获得最彻底胜利，并按刘陈邓及粟陈张最后一次提出的数目，特将已决定的及此次增加的弹药数目通知如下：

一、七九、六五两类步机枪弹，除在华东兵站线上，尚有七九、六五机枪子弹 216 万发属华野外，华东已发中野 280 万发，华北已发中野 100 万发，兹再规定由华东加发华野步机枪弹 320 万发。

二、手榴弹，已由华北发中野 15 万发。

三、八二迫击炮弹，已由华北发中野先后共 5 万发，华野除在兵站线上尚存有第 9 至第 12 四个基数 10 万发外，兹再规定华东、华北各加送华野 5 万发，共 10 万发。

四、七五山野炮弹，已由华北发中野山炮弹先后共 7000 发，华东发中野野炮

---

① 编者注：江，3 日；申，15 时至 17 时。

② 编者注：基数，军队统一规定的与武器随行携带或储存的弹药基本数量。例如，一支步枪的一个弹药基数通常是 100 发子弹，机枪是 1500 发子弹，一门迫击炮的基数是 50 发炮弹等，部队的弹药基数则是指该部队装备的所有的枪、炮等武器各单件基数的总和。

弹 2000 发，华野除在兵站线上尚存第 9 至第 12 四个基数约 16000 发外，兹再规定华东加发华野四一、九四两种炮弹 34000 发，华北加发中野山炮弹 3000 发。

五、炸药，已由华北发中野 5 万斤，华野除在兵站线上尚存第 9 至第 12 四个基数约 30 万斤外，兹再规定华东加发华野 5 万斤，华北加发中野 5 万斤。

六、此外，华北已另发五〇弹 3 万发，12 公分重迫炮弹 1200 发，15 公分重迫击炮弹 200 发。

七、以上各项，均系就华东、华北现存弹药以最大数目发给前方，有几项本年内后方已完全无存，望前方顾及此情况，严守射击纪律，切戒浪费，尤须注意指导运输，掌握分配。在分配上，中野、华野如因缓急不同，得不受此规定约束，由刘陈邓加以统一调剂。运输路线，除第六项系经德州经华东转前线外，华北弹药分送朱集、白坡，华东弹药应照新地址统送大湖车站。弹药前送的次序和路线，分由华野、中野按上述规定及需要电告华东、华北及我们。已在兵站线上者，由华东军区负责检查前运并将结果电告。

军委
亥微[1]

摘自《淮海战役》第三册，中共党史资料出版社 1988 年，第 15—17 页

1948 年 12 月 17 日：中央军委指示华东、中原、华北各部队对参战部队进行慰劳

12 月 15 日，黄维兵团被全歼。此时，杜聿明集团被包围在陈官庄地区，蚌埠的李延年、刘汝明兵团撤至淮河。为配合平津战役，中央军委指示华野对杜聿明集团暂时围而不打，华野全军转入战场休整。中野各部转至宿县等地休整。自战役发起，解放军参战各部已进行 40 多天连续艰苦作战。对此，军委致电华东、中原、华北部队，对参战部队进行慰劳。

华东局、中原局，并告刘陈邓张，粟陈钟[2]张及华北局：

粟陈钟张铣辰[3]电告，因部队连续作战，日夜不停，并常吃不到油盐，甚为疲

---

① 编者注：亥微，12 月 5 日。

② 编者注：钟，华野政治部副主任钟期光。

③ 编者注：铣，16 日；辰，7 时至 9 时。

劳。建议由华东局、军区首长予参战部队慰劳，平均每人（分指战员）能分到香烟5包，猪肉半斤，举行会餐，恢复精力等语。据此淮海战役已进行月余，前线将士浴血歼敌，辛劳备至，粟陈钟张所提，亟应照准。兹由军委决定，凡我华东、中原参战部队、前线人员，一律慰劳以每人猪肉1斤，香烟5包，凡不吸香烟者，得以其他等价的物品代替。此项款物由华东、中原两军区按所属范围分担。

军委

亥篠 [1]

摘自《淮海战役》第三册，中共党史资料出版社1988年，第18页

1948年12月20日：中央军委指示召开总前委会议或各大区联合支前会议

12月中下旬，战线迅速西移，部队作战分散，参战人员增加，战场需求骤增，前后方距离越来越远，运输线拉长，粮食等物资供应问题极其突出。鉴于供应方面的复杂情况和战场要求，中央军委指示总前委，召开总前委会议或各大区联合支前会议，讨论支前工作的有关问题。

刘陈邓粟谭并华东局、中原局、冀鲁豫区党委、华中工委 [2]：

粟陈张亥删 [3] 关于战区粮食供应情况电悉。如刘陈尚未动身，请小平同志考虑召开一次总前委会议，讨论今后三个月的粮食供应、弹药补给、交通运输及其他有关后勤支前的工作。其中，关于前线者，即由你们直接令行，关于与后方有关者，请以你们决定通知华东局、中原局、华北局并告我们。如你们认为有开联合支前会议必要，即由你们直接召开包括华东、华中、中原、冀鲁豫四方面支前代表的会议，解决具体问题，并由总前委中一人主持。

摘自《淮海战役》第三册，中共党史资料出版社1988年，第19页

1948年12月22日：中央军委询问部队给养和弹药补充问题

12月22日，平津战役前线态势表明，平津之敌南逃西窜的可能性已不存在。军委致电，延长华野休整时间，并询问了部队给养和弹药补充问题。

---

[1]　编者注：亥篠，12月17日。

[2]　编者注：这是1948年12月20日中央军委发出的电报。

[3]　编者注：亥删，12月15日。

粟，并告邓张：

（一）五十四军撤回南京，刘汝明开合肥一带，李延年第三次向北增援之可能性已大减。（二）你们可集中华野全军并多休整数日，养精蓄锐，然后一举歼灭杜聿明。只要杜部不大举突围，你们应休息至下月初，约于子微^①左右开始攻击较为适宜。望酌办。（三）给养情况是否已有改善，弹药准备如何，望告。

军委

22 日 22 时

摘自《毛泽东军事文集》第五卷，军事科学出版社、中央文献出版社 1993 年，第 435 页

---

① 编者注：子微，1 月 5 日。

第二章　人民支前组织工作概况 [1]

　　淮海战役是由中共华东、中原、华北中央局，华中工委及其所属的鲁中南、渤海、胶东、苏北、江淮、豫皖苏、豫西、冀鲁豫行政区和济南、潍坊、郑州、洛阳、开封以及在淮海战役中解放的徐州、商丘、连云港等地区的广大党政军民共同支援的。这些地区先后建立健全华东支前委员会、华中支前司令部、鲁中南支前委员会、渤海支前委员会、豫皖苏后勤司令部、豫西军区支前司令部和冀鲁豫战勤总指挥部等支前机构，对淮海战役物资供应、兵员补充、伤员救治等做出充分准备和周密部署，对民工的组织管理、使用调拨、后勤保障以及政治工作等进行科学安排，为圆满完成淮海战役支前任务提供了强有力的组织保障。

---

　　① 编者注：本章涉及的支前机构图表、支前统计数字和支前区划主要参考了中共中央党史资料征集委员会主编的《淮海战役》第三册，中共党史资料出版社 1988 年版。

第一节　华东解放区的人民支前组织工作

华东解放区由山东解放区和华中解放区组成，东临黄海、渤海，西至津浦路，南依长江，北达天津、大沽口一线，中间贯穿陇海路东段，以北为山东解放区的鲁中南、胶东、渤海三大行政区，以南为华中解放区的江淮、苏北两分区，面积约20万平方公里，人口4400万。华东解放区是人民解放军重要的后方基地。

为做好淮海战役的后勤保障工作，1948年10月2日，中共华东局召开会议，决定在20日以前完成各项准备工作。在华野前委举行曲阜扩大会议期间，华东局和华东军区连续召开后勤、财务、支前、宣传、俘管等部门的主要领导干部会议，进行紧张的战前准备。10月13日，华东支前办公室经过调查研究，制定了《华野秋季第二战役支前工作计划》，从粮食、人力、供应、交通四个方面作出部署。10月25日，发布《关于民站的决定》，对民站的设置、任务、干部配备、经费等作出具体规定。11月4日，华东局正式成立由傅秋涛、张雨帆、魏思文、张劲夫、程照轩、赵锡纯、梁竹航7人组成，傅秋涛任主任委员的华东支前委员会，统一领导华东地区的支前工作。同时，鲁中南、渤海区对已有的支前委员会进行

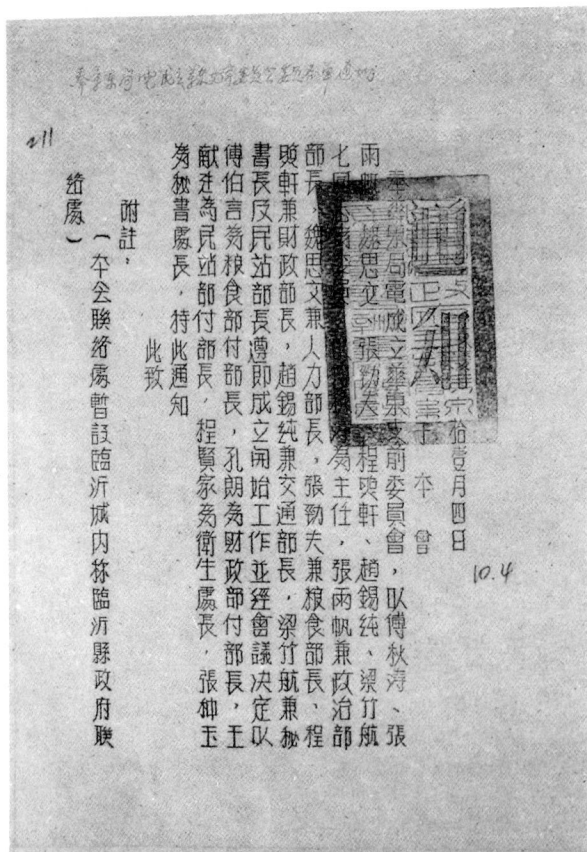

◀ 1948年11月4日，华东局成立统一的最高支前领导机关——华东支前委员会，图为华东支前委员会成立的通知

了充实，胶东区的支前工作由胶东行署直接领导，刚解放不久的济南市成立了支前委员会，华中解放区也于11月22日正式成立华中支前司令部。11月20日，华东局发出了《关于紧急动员起来支援淮海前线的指示》，此后，华东各级党委、各级政府和全体人民全力以赴，紧张投入到了淮海战役的后勤保障工作中。

华东解放区支前机构

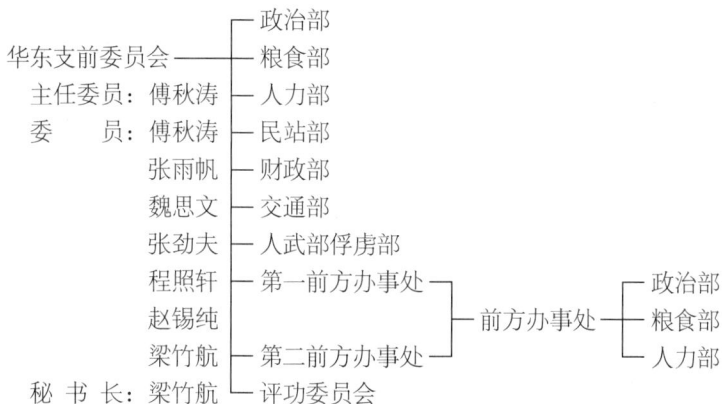

```
                              ┌─ 政治部
    华东支前委员会 ───────────┤─ 粮食部
    主任委员：傅秋涛           ├─ 人力部
    委　　员：傅秋涛          ├─ 民站部                      ┌─ 政治部
              张雨帆          ├─ 财政部                      │
              魏思文          ├─ 交通部        前方办事处 ───┤─ 粮食部
              张劲夫          ├─ 人武部俘虏部                │
              程照轩          ├─ 第一前方办事处──┐           └─ 人力部
              赵锡纯          │                 ├─ 前方办事处
              梁竹航          ├─ 第二前方办事处──┘
    秘 书 长：梁竹航          └─ 评功委员会
```

傅秋涛（1907—1981）　华东支前委员会主任委员

湖南平江人。1929年加入中国共产党。曾任中共湘鄂赣省委书记兼湘鄂赣军区政治委员、新四军第一支队司令员兼政治委员、新四军第七师副师长、中共鲁南区党委书记、鲁中南军区司令员、华东支前委员会主任委员、华东支前司令部司令员、中共中央山东分局第一副书记、山东军区副政治委员等职。中华人民共和国成立后，任中央军委人民武装部部长，中国人民解放军总参谋部队列部部长、动员部部长，中央军委人民武装委员会副主任，总参谋部顾问。1955年被授予上将军衔。

张雨帆（1910—1986）　华东支前委员会委员

山西文水人。1936年加入中国共产党。曾任北京大学左联宣传委员兼左联机关刊物编辑、中共鲁南区委书记兼鲁南军区政委、华东支前司令部副政委兼政治部主任。中华人民共和国成立后，曾任中共浙江省委秘书长兼绍兴地委书记，华东贸易部副部长、党组书记，商业部、水产部副部长，中

央商业干部学校校长，国家水产总局顾问。

魏思文（1910—1967） 华东支前委员会委员

山西文水人。1927年加入中国共产党。曾就读于北平
冯庸大学。曾任山东淄博游击支队指导员，中共山东分局
第一区党委组织部副部长，中共鲁南区党委组织部部长兼
鲁南抗日干部学校副校长，中共鲁南区党委组织部部长、
民运部部长，华东支前司令部人力部和政治部主任。中华
人民共和国成立后，任中共川东区委第二副书记，川东行
署副主任，北京工业学院（今北京理工大学）院长、党委
第一书记兼院长。

张劲夫（1914—　　） 华东支前委员会委员

安徽肥东人。1935年加入中国共产党。曾任安徽省
工委常委兼宣传部长、鄂豫皖区党委常委兼民运部长、新
四军二师政治部副主任、鲁中南行政公署副主任。中华人
民共和国成立后，任国务院地方工业部副部长、中国科学
院副院长、国家科委副主任、财政部部长、安徽省委第一
书记、国家经委主任。

程照轩（1908—1966） 华东支前委员会委员

山东泰安人。曾就读于曲阜省立第二师范学校。1931
年加入中国共产党。曾任山东抗日联军独立一师二团政委，
苏鲁豫皖边区省委民运部长、组织部长，中共山东分局组织
部长，鲁中南行署副主任，华东支前委员会委员兼财政部长，
华东军区支前司令部财粮部部长等职。中华人民共和国成立
后，任中国农业科学院副院长、农业部副部长等职。

赵锡纯（1908—1991） 华东支前委员会委员

山东烟台人。1937年参加革命，1938年加入中国共产党。曾任山东抗日救国军

第三军一路副指挥、山东人民抗日游击队第五支队参谋长、八路军山东纵队第五支队参谋长、鲁中军区人民武装工作委员会主任、鲁中军区司令部参谋处长、鲁中南军区参谋长、华东支前委员会委员兼交通部长、第三野战军徐蚌地区铁道运输司令部副司令员、上海市军管会铁道处副处长兼上海铁路局副局长。中华人民共和国成立后，任重庆铁路局局长，铁道部基建总局副局长、基建局局长，中国铁道学会副理事长兼秘书长等职。

梁竹航（1905—1985）　华东支前委员会委员

山东新泰人。曾就读于山东省立第一师范学校、北京大学。曾任山东省立第一中学教务主任、莱芜县抗日民主政府县长、"鲁南国民抗敌自卫军"司令。后该部被编入八路军第一一五师教导二旅。1945年，被接纳为中国共产党党员。任山东省政府民政厅厅长、山东省政府支前委员会秘书长、华东支前委员会秘书长。中华人民共和国成立后，任中央财政部粮食总局局长等职。

一、鲁中南区

回忆节选

鲁中南支前组织工作概况

当时，由于国民党军队的连年进犯和还乡团的烧杀破坏，加上严重的灾荒，鲁中南人民的生产、生活极其困难。1948年9月1日，区党委根据鲁中南的实际情况，发出了《关于支前生产工作的指示》，向各级党组织提出了战争支前和秋收秋种已成为鲁中南全党目前的紧急任务。要求"首应集中全力完成战争支前和秋收秋耕秋种两大任务，至于土改整党虽很重要，而因客观情况与主观条件势难兼顾，暂可推迟进行。但在秋收秋耕秋种中固定地权，与执行中心任务中通过组织及建设地方武装仍须结合进行"。9月27日，华东局把这个指示加上批语转发到各地党委，并在《大众日报》上发表，要求参照执行，努力生产，搞好支前，保证生产、支前两不误。区党委还对加强支前组织领导专门作了部署，要求地委设支前司令部，县设支前指挥部，区设支前站，村设支前生产委员会，充实了支前干部，配备了人员。接战区的各地委还专门增设了支前供应部，每隔30里设置一个民工站，15里设一个茶水站；有的县区还组织了支前工作队。与此同时，在全区广泛深入地开展了时事形势教育，宣传淮海战役的伟大意义，提出了"解放军打到哪里，我们就支援到哪里"，"以忘我的精神争取光荣的完成支前任务"的号召，迅速地在党员、干部和群众中形成了"为了战役胜利，要人有人、要钱有钱、要粮有粮"全力支前的热潮。不少区、村还纷纷制订了拥军公约。那期间，真是全党动员、全民动员，从地委到区镇，从村庄到各家各户，组织民工担架，筹集粮草物料，为大力支援淮海战役积极行动起来。

摘自高克亭《鲁中南支援淮海战役回忆片段》，见《淮海战役》第三册，中共党史资料出版社1988年，第204—205页

▲ 鲁中南支援前线委员会 1948 年 9 月 25 日关于目前工作的指示

1. 鲁中南区支前机构

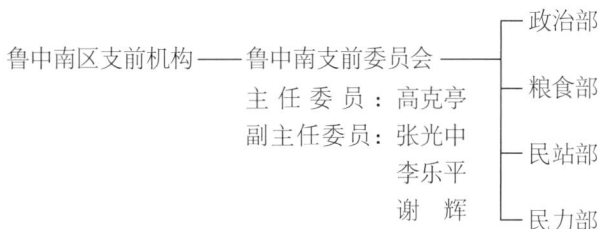

```
鲁中南区支前机构——鲁中南支前委员会——┬ 政治部
    主 任 委 员：高克亭        ├ 粮食部
    副主任委员：张光中        ├ 民站部
              李乐平        └ 民力部
              谢  辉
```

高克亭（1910—1998） 鲁中南支前委员会主任委员

陕西府谷人。1929年加入中国共产党。曾任山西革命互济会党团书记、鲁中区区委副书记、鲁中南区区委书记兼军区政委。中华人民共和国成立后，任青海省副省长、中共青海省委副书记、山东省委书记、山东省第四届政协主席等职。

张光中（1901—1984） 鲁中南支前委员会副主任委员

江苏沛县人。1931年加入中国共产党。鲁南人民抗日武装的主要创始人之一，中共鲁南临时特委委员，中共沛县县委书记，苏鲁人民抗日义勇总队总队长。曾任鲁中南军区副司令，徐州警备区司令兼徐州市市长、市委副书记。中华人民共和国成立后，任江苏省人民检察院检察长兼党组书记、江苏省政协副主席等职。

李乐平（1906—1971） 鲁中南支前委员会副主任委员

山东滕州人。1932年加入中国共产党。曾任中共江苏省军事委员会常务委员、鲁南人民抗日义勇队第一总队政治委员、八路军一一五师苏鲁支队政委、鲁南区党委秘书长、鲁南专署专员等职。中华人民共和国成立后，任中共南京市委常委、南京市副市长、华东军政委员会交通局长、江苏省政协副主席等职。

谢辉（1909—1968） 鲁中南支前委员会副主任委员

山东莒南人。曾就读于山东省立第五中学。1938 年加入中国共产党。曾任中共鲁东南特别委员会委员兼军事部部长、八路军山东纵队二支队副司令员、莒县抗日民主政府县长、滨海行政公署主任、华东支前司令部前方办事处主任和支前委员会主任、华东支前司令部赣东北办事处主任等职。中华人民共和国成立后，任山东省城市建设局局长、中共山东省委工业部部长、三门峡工程局副局长、中共承德地委第一书记、河北省副省长等职。

2. 鲁中南区支前统计表

民工	1781146 人		
粮食	2.8 亿斤	担架	34313 副
食油	70 万斤	小车	197280 辆
食盐	82 万斤	大车	18524 辆
鞋	100 万双	挑子	177425 副
袜子	116 万双	船只	2000 只
军衣	20 万套	牲畜	21863 头
棉被	1.6 万床	面袋	20 万条

二、渤海区

回忆节选

渤海区支前组织工作概况

为了尽快完成任务，区党委和行署立即行动起来，分头召开会议，进行动员和部署。11 月 19 日，区党委书记张晔在全区组织、宣传干部会议上作了《紧急动员起来，争取淮海战役的彻底胜利》的动员报告，要求各级党组织，加强全局观念，团结和依靠群众，克服各种困难，全力以赴地完成支前任务。行署也在同一天召开紧急会议，发布命令，具体部署，把任务落实到第二、三、四专区各县，并严令专员、县长、粮食局长要亲自动员，亲自安排，亲自掌握，要围绕支援战争这一中心，把一切力量集中到这项工作上来，认真落实，切实抓好，务于 12 月 25 日前保证完成任务。会议结束后，粮食局的负责同志和行署干部 12 人，就带领渤海干校学员 102 人，分赴各专区帮助筹粮。渤海第四专区立即召开了县长联席会议，认真贯彻上级会议精神，畅谈淮海战役大好的胜利形势，讨论部署筹粮运粮任务，不仅顺利地落实了筹粮任务，而且各县还争先恐后地多要任务。中共桓台县委上午接到命令，下午即召开区委书记、区长会议进行部署。随后，县委书记、县长、粮食局长等又分别率领近 400 名干部、县校学员、民兵深入到各乡村筹粮。接受筹运粮食任务的各县、区也都迅速行动起来，广泛深入地向人民群众进行时事形势教育、阶级教育，讲明打胜淮海战役同保卫土改胜利果实，推翻国民党反动统治的关系，号召人民群众以筹粮运粮的实际行动全力支援前线。这样一来，发动群众，依靠群众，克服种种困难，很快形成了"要人有人、要粮有粮"，宁肯自己勒紧腰带，也要保证完成任务的支前热潮。

摘自王卓如《渤海运粮支前的日日夜夜》，见《淮海战役》第三册，中共党史资料出版社 1988 年，第 212 页

1. 渤海区支前机构

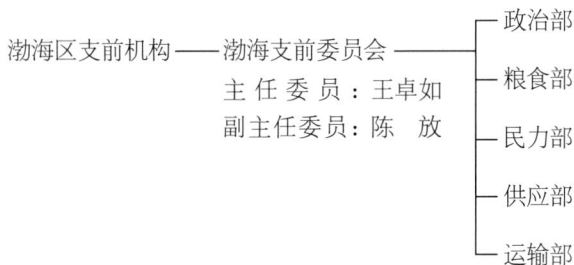

渤海区支前机构——渤海支前委员会
主 任 委 员：王卓如
副主任委员：陈　放
— 政治部
— 粮食部
— 民力部
— 供应部
— 运输部

王卓如（1911—1991）　渤海支前委员会主任委员

河南濮阳人。1927 年加入中国共产党。曾任中共濮阳县县委委员、华北抗日联军第二路军总司令、中共晋东南区党委委员、第十八集团军野战政治部民运部长、中共冀鲁豫区党委委员兼行署秘书长、渤海区党委书记。中华人民共和国

成立后，任山东省人民政府副主席、山东省副省长、全国供销合作总社副主任等职。

陈放（1918—1980） 渤海支前委员会副主任委员

山东文登人。1936年加入中国共产党。曾任中央组织部陈云部长秘书，中共山东省青年救国联合会会长，中共清河区、渤海区区委委员、宣传部部长，主办《群众报》《渤海日报》。中华人民共和国成立后，任华东革命大学教务处长，上海市委宣传部副部长、市教育局局长、市政府文教办公室主任等职。

2. 渤海区支前统计表

民工	258769 人
粮食	11000 万
担架	7450 副
小车	19543 辆
大车	70960 辆
挑子	3500 副
牲畜	154350 头
船只	1250 只

三、胶东区

回忆节选

胶东区支前组织工作概况

［1948年11月］15日，华东支前委员会急电胶东行政公署：调胶东随军常备民工担架2500副，挑子2500副，服务于前线。我作为行署主任，深感任务重大而紧急，在看到电文后，我和胶东区党委书记向明便立即召开了区党委、

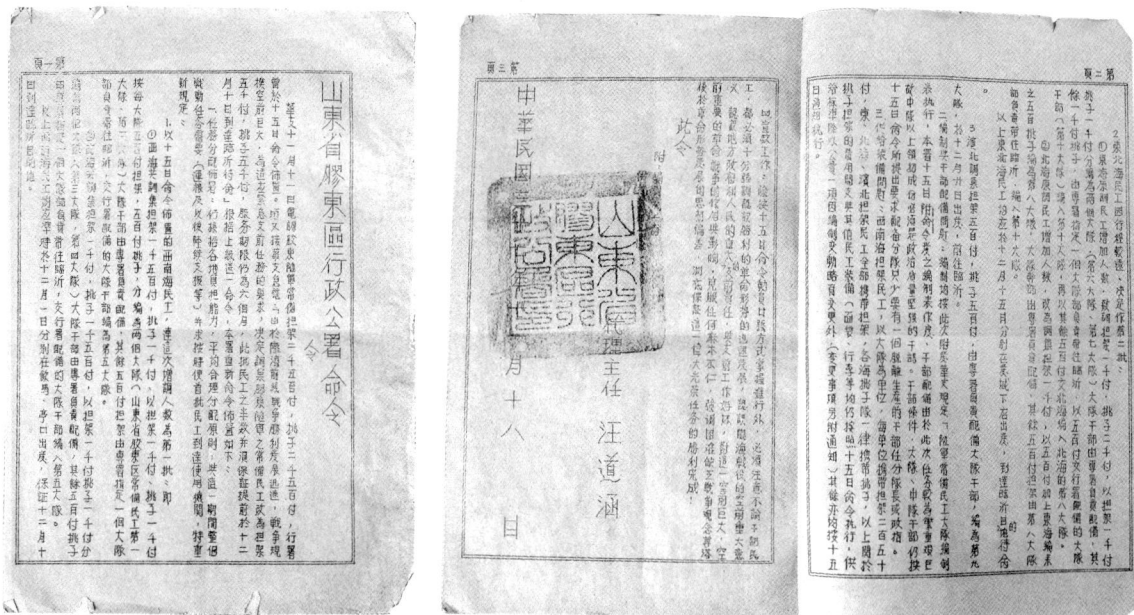

▲ 胶东区行署 1948 年 11 月 18 日关于部署支前工作的命令

行署会议，讨论议定了执行计划。当日，我签发了《胶东行政公署命令》，对这次支前任务作了具体部署。16 日即派出了数十名干部前往各专区帮助落实。17 日华支又急电胶东，由于陇海前线战争发展迅速，战争规模空前扩大，为适应紧急支前任务的要求，决定调集胶东随军常备民工的任务增加一倍，改为担架 5000 副、挑子 5000 副……此批民工之半数需提前 10 天出发，保证于 12 月 12 日前到达临沂待命。随后，又来急电：调集大车 800 辆，子弟兵团 2400 人等。

……

于是，我们再次召开了区党委、行署和民政、工、青、妇等各部门负责同志参加的联席会议，对支前的组织计划、宣传发动及各方面的工作都做了全面的研究和安排。11 月 18 日，我又签发了《胶东行政公署命令》，对支前任务重新做了调整和部署。决定：第一批民工由西海专署、南海专署派出，西海民工担架 1500 副、挑子 1000 副，按华支支前民工大队编制，编为胶东支前民工第一、第二两个大队（每大队担架 500 副，挑子 500 副）后，其余编为第五大队；南海民工担架 1000 副，挑子 1500 副，编为第三、第四大队后，其余编入第五大队。第二批民工由东海专署、北海专署、滨北专署派出，东海担架 1000 副，挑子 2000 副，编为第六、第七大队后，所余 1000 副挑子平分编入第八、第十大队；北海民工担架 1000 副平分编入第八、第十大队；滨北民工担架、挑子各 500 副，编为第九大队。大车 800 辆分别由东海、北海、西海分担，编为 3 个大队。我们要求第一批支前民工于 12 月 10 日、第二批民工于 12 月 15 日前分别到达临沂待命。同时，还要求各民工大队队长要由政治素质坚强的干部担任；各大队要按编制配足人员和用具；要教育干部、民工充分认识淮海战役的重大意义，保证支前任务的完成。

为了保证民工的运输和供给，我们还曾签发了《关于组织群众运输与建立接力站的指示》，对军用物资运输和民工食宿做了妥善的安排。行署各直属部门也都分头进行组织发动工作，区党委组织部再次强调切实加强民工中支部工作，民政处拟定了《胶东民站工作人员立功暂行办法》，工、青、妇等群众团体也先后发出了相应的指示、动员令，各系统、各部门都为做好支前工作积极行动起来了。

为保证完成支前的各项任务，我们做了深入细致的组织工作和思想发动工作。11 月 26 日，胶东区党委、行署、胶东军区联合召开了直属机关干部大会，由区党委书记向明作了《全力支援淮海战役，迎接全国解放》的动员报告。由于从上而下反复进行思想动员，讲清支援淮海战役的重要意义，极大地鼓舞了胶东人民的支前热情，掀起了全力支前的热潮。

一切部署停当后，向明等同志即赴南海前线，我和区党委、行署的一些领导同志分别带领工作团、工作队深入到各专区、县帮助落实支前工作。各地委、专署对支前工作极为重视。行署命令发出后，都立即召开各种会议，层层部署发动，村村户户动员，在短短的时间里，华东支前委员会下达的支前任务，行署的支前命令就迅速传达到千家万户，出现了争相报名去支前的动人场面和许多感人的事迹。……

摘自汪道涵《胶东常备民工随军出征》，见《淮海战役》第三册，中共党史资料出版社 1988 年，第 216—218 页

1. 胶东区支前机构

胶东区支前机构——中共胶东区党委、胶东区行署
中共胶东区党委　书记　向　明
胶东区行署　　　主任　汪道涵

向明（1909—1969）　中共胶东区委员会书记

山东临朐人。1931年加入中国共产党。曾任中共济南市委书记，中共豫鄂边区党委书记，中共盐阜地委书记兼军分区政委，新四军三师八旅政委，中共鲁中区委书记兼军区政委，华东野战军第八纵队政委，中共胶东区委书记兼军区政委。1949年3月起，任中共山东分局组织部部长、第一副书记、第二书记、代理书记兼山东省人民政府副主席等职。

汪道涵（1915—2005）　胶东区行政公署代主任

安徽嘉山人。1933年加入中国共产党。曾任淮南地委财经部部长、行署副主任，苏皖边区政府财政厅副厅长、建设厅副厅长，胶东区行署代主任。中华人民共和国成立后，任浙江省财政厅厅长，华东军政委员会工业部部长，第一机械工业部副部长，对外经济联络委员会常务副主任，对外经济联络部副部长，上海市委书记、市长，国务院上海经济区规划办公室主任，海峡两岸关系协会会长等职。

2. 胶东区支前统计表

民工	129.5 万人
担架	1.01 万副
小车	1.54 万辆
大车	1920 辆
挑子	1.14 万副
牲畜	3296 头

四、华中区 ①

回忆节选

华中支前组织工作概况

淮海战役发起不久，根据华东局"华中应全力支援前线，争取胜利"的指示，华中工委、苏北军区、华中行政办事处于 1948 年 11 月 13 日发出了《华中支前总动员令》，要求华中各级党委、各级政府和全体人民都紧张地投入到伟大的淮海战役之中去，在各自的岗位上，拿出所有的力量，坚决完成自己在这次战役中所担负的光荣任务。为了统一领导苏北、江淮人民的支前工作，11 月 22 日正式成立了华中支前司令部。由华中行政办事处副主任贺希明任司令员，陈国栋、万金培、吕镇中任副司令员，华中行政办事处主任、江淮区党委书记曹荻秋任政治委员，李干臣任副政治委员。为了便于领导和开展支前工作，我们把司令部设在离战区较近的睢宁城西的宋楼（以后移宿县）。支前司令部下设政治、民力动员、财粮 3 个部及参谋处，在睢宁县房村还设立了前方办事处（随着战争的

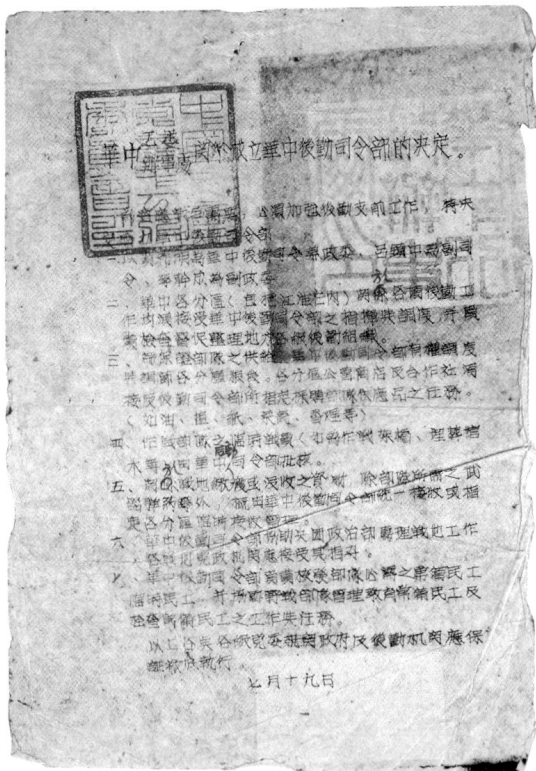

▲ 华中工委办事处 1948 年 7 月 19 日关于成立华中后勤司令部的决定

---

① 编者注：华中解放区东临黄海，南靠长江，西至淮南路和津浦路，与中原解放区相连，北达陇海路，和山东解放区相接，包括江苏省长江以北全部和安徽省东北部地区。上海、南京、海州、徐州，处于全区四周，淮阴居于正中。下辖苏北、江淮两大行政区，50 多个县。淮海战役时期，华中区成立了华中支前司令部，统一领导苏北、江淮区的支前工作。

西移办事处转入江淮地区之时村、烈山），派万金培为主任，李干臣和江淮三地委书记李任之为副主任，负责与前方各部队的联系。各专区、县也相继成立了支前领导机构，地、县领导兼任支前组织的领导，首先从组织上保证做到全华中大规模的支前工作有组织、有计划的全面展开。支前司令部成立以后，我们即进行了紧张的工作，颁布指示、计划、条例、规定，指导支前工作的开展，领导同志也纷纷深入到支前工作的第一线。华中工委书记陈丕显、贺希明从东海边合德镇赶来前线，了解支前工作情况，解决支前工作中的问题。曹荻秋在宿县东北八里张亲自给县以上干部作了动员。为支援淮海战役，各地、县的领导同志更日夜奔波操劳，带头参加运粮队、担架队。如在第五、六两专区（即盐阜、淮海两地区），从专员到县长、区乡负责干部先后约有 2 万人都曾亲自率领民工上过前线。

摘自陈国栋、李干臣《华中人民支援淮海战役》，见《淮海战役》第三册，中共党史资料出版社 1988 年，第 224—225 页

1. 华中区支前机构

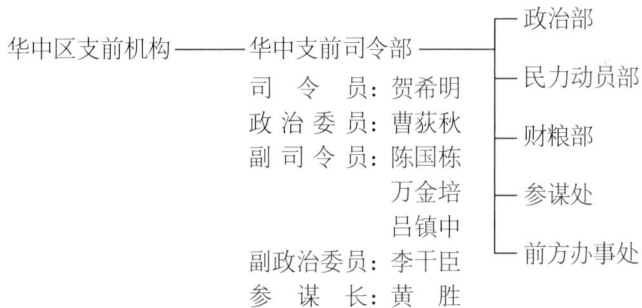

```
                                          ┌─ 政治部
华中区支前机构────华中支前司令部──────├─ 民力动员部
              司  令  员：贺希明          ├─ 财粮部
              政 治 委 员：曹荻秋          ├─ 参谋处
              副 司 令 员：陈国栋          └─ 前方办事处
                          万金培
                          吕镇中
              副政治委员：李干臣
              参  谋  长：黄 胜
```

贺希明（1910—1979） 华中支前司令部司令员

广西桂林人。中国公学肄业。曾任广西航空学校政治教官、寿县县长。1940 年加入中国共产党。后任中共中央华中局政策研究室主任、苏皖边区第一行政区专员、苏北行署主任。中华人民共和国成立后，任广西省财经委员会副主任、广东省副省长、广西省副省长、中共广西壮族自治区区委书记处书记、广西壮族自治区人民委员会常务副主席等职。

曹荻秋（1909—1976） 华中支前司令部政治委员

四川资阳人。曾就读于成都师范大学。1929年加入中国共产党。曾任中共重庆市委宣传部部长、中国左翼文化界总同盟秘书、盐阜行署主任、苏北行署副主任、中共盐阜地委（华中五地委）书记、中共苏北区党委书记、江淮军区政治委员、华中行政办事处副主任、华中支前司令部政治委员、华东支前司令部副司令员等职。中华人民共和国成立后，任中共四川省委第三书记，重庆市市长，中共上海市委副书记、市委书记处书记，上海市常务副市长、市长等职。

陈国栋（1911—2005） 华中支前司令部副司令员

江西婺源人。1932年加入中国共产党。曾任共青团江苏省委组织部部长、苏北行政办事处主任、华中行政办事处副主任、华中支前司令部副司令。中华人民共和国成立后，任中央人民政府财政部副部长，粮食部副部长、代部长，全国供销合作总社主任，中共上海市委第一书记等职。

万金培（1910—1981） 华中支前司令部副司令员

江苏涟水人。1927年加入中国共产党。曾任中共涟水县委书记、中共淮安县委书记、中共上海沪西区委组织部长、中共徐州特委书记、苏皖边区第五专署专员、华中五地委书记、南京军事管制委员会经济部副部长。中华人民共和国成立后，任国家治淮委员会财务部部长、安徽省财办副主任等职。

吕镇中（1910—1993） 华中支前司令部副司令员

江苏溧阳人。1928年加入中国共产党。曾任新四军第一支队苏北地方委员会政治处主任、中共高邮县委书记、淮海分区专员、华中和华东支前司令部副司令和副秘书长。中华人民共和国成立后，任上海市政府秘书处处长、办公厅主

任，市政府副秘书长兼上海市农场管理局局长、党委书记，上海市民政局局长，上海市水产公司经理，白茅岭农场场长，市农垦局副局长、顾问等职。

李干臣（1909—1993） 华中支前司令部副政治委员

江苏涟水人。1930年加入中国共产党。曾任中共宿迁县委书记、共青团河南省委书记、淮海地委组织部部长、淮海区第二中心县委书记。中华人民共和国成立后，任苏州专署专员、中共常州地委第一副书记、上海市市政建设委员会副主任、中共上海市委市政交通工作部部长、中共上海市委常委、上海市副市长、上海市第五届政协副主席、中共上海市委顾问等职。

黄胜（1902—1972） 华中支前司令部参谋长

湖南平江人。曾任华东野战军第四纵队第十二师参谋长、第十师副师长，第三野战军第二十三军第六十七师副师长。中华人民共和国成立后，任华东军政大学第三总队总队长、解放军高级步兵学校队列部部长等职。

2. 华中区支前统计表

	苏北区	江淮区
民工	1075000 人	605481 人
担架	15000 副	26403 副
小车	80000 辆	119455 辆
大车	2500 辆	17016 辆
挑子	474 副	112743 副
牲畜	18260 头	106840 头
船只	3400 只	1873 只

五、济南特别市

▲ 1948 年 9 月 24 日，华东野战军突破济南城墙，同日，济南解放

▲ 济南慰问团赴前线慰问。图为慰问团代表与华野一纵三师七团人民英雄合影。前排右起：济南女中学生代表张志英、济南文艺一中学生代表李涵、一级人民英雄秦之高、一级孤胆英雄崔宝高，后排右起：华东铁路管理局大厂工人罗永海、三级人民英雄叶宝友

支前报道

济南市支前委员会成立

【济南电】为支援淮海战役的迅速胜利，本市最近成立支前委员会。由市委副书记张北华、敌产清理委员会副主任冯平、市府秘书长黄远、警备司令部参谋长黄序周、民政局副局长胡亦农、财粮局局长戚铭、铁路总局局长徐雪寒、公路运输局局长于眉、工商局副局长张宣文等任该会委员，并以张北华、冯平、黄远为正副主任委员，胡亦农任秘书长。分工计有粮食部、运输部、采购部、人力部、秘书处等，各部门负责人，即按原来工作性质分任。

摘自《大众日报》1948 年 12 月 5 日

干部大会上张北华同志动员支前

【济南电】……本市市委会 11 月 28 日晚召开干部大会，由市委副书记张北华同志动员全市干部紧张起来支援淮海战役。他指出：这个战役对华东、中原以至全国均有决定意义。在农村中已集中了一切人力物力支前，现在需要很好的发挥城市的力量，所以在济市的一切干部都应以忘我的精神进行工作，个别因进入城市而昏昏然、纷纷然的现象应立刻纠正，在大批干部抽调支前的情形下，一个人要担负起二个人的工作，我们不但自己要积极工作，同时要把市民动员起来。事实证明市民是愿意支前的，如前些日子民营汽车出发担任第二线的运输任务，以及 × 万条麻袋很快的自市民中借出等等，都说明市民能认识到这次战役的胜利，对济市市民切身的利益能获得更好的保障。因此，我们要动员面粉厂的工人以及资本家多多磨出好的面粉，使前方战士能饱食；纱厂和其他工厂增加产量供应战争的需要；铁路工人加工修理铁路，减少运输上的困难……总之，在济市应尽一切力量来支援尚未解放的地区，而首先在我们干部中应加强战争观念，全力完成这一伟大的支前任务。

摘自《大众日报》1948 年 12 月 5 日

为淮海前线光荣负伤战士服务　济市成立伤员服务委员会

【济南电】本市日前成立伤员服务委员会，以迎接即将来济就医的在淮海战役中为人民解放英勇负伤的人民解放军战士。该会由市警备司令部、政治部、卫生局、市委会等 13 单位负责同志组成，以警备司令部副司令邝任农及省立医院院长宫乃泉为正副主任委员，下设政治、服务、宣传、慰问、房屋调整五部。该会全体人员在支前委员会协助下，正努力做好一切准备工作。市委 18 日晚召开的干部大会上，邝任农同志号召全体干部认真为伤员服务。他提醒大家不要认为这个是医务部门的事，而应该大家负责。我们要抽出好的干部到医院去，抽出床铺火炉来，我们的其他用具也都应在充分照顾伤员的原则下，自动捐出来。这些工作做得怎样，就具体的反映是否加强了战争观念。夏征农同志提出须在这一工作中考验加强纪律的学习的成绩。现为伤员服务的工作人员正调集中。

摘自《大众日报》1948 年 12 月 25 日

六、徐州特别市

▲ 1948 年 12 月 1 日，徐州解放，12 月 2 日，徐州市人民政府成立

▲ 图为徐州花园饭店。徐州特别市军管会主任傅秋涛曾在此居住

◀ 徐州特别市军管会臂章

1. 徐州特别市军事管制委员会组织机构

主　　任：傅秋涛　　副主任：方毅、冯平

设 17 个部：

金融部、工商部、财粮部、军械部、军实部、文教部

铁道部、邮电部、无线电部、工矿部、出版部、生产部

卫生部、公安部、公路运输部、实业部、政务部

文件精选

徐州解放后的支前组织工作

1. 立即（即支日）宣布军事戒严与制止抢劫与破坏。徐市周围近郊群众自敌 1 日撤退，则行抢风与公共场所之大破坏，自宣布军戒后，这种城外到城内破坏的现象业已停止。

2. 徐市接管工作与支援前线相结合，因此所收集之弹药及其他军用物资经华野（白辛夫）、中野（卫垒）负责，如他们须要者，均已拨给，并立即组织徐市商车 150 辆，帮助运送前方粮食与弹药。现在徐市已有物资中，他们须要者，已经遵示拨发。其他各种物资，如飞机零件，柴油、花油等，分散临城小窑一带储存及入仓库保护。

3. 为了支援前线与徐市本身之须要，我们接管干部又与建设铁路相结合，在军管会领导下，组织津浦、陇海临时管理委员会统一领导指挥与调整修路器材，实行抢修，这一任务已顺利完成。西到郑州，南到宿县，东到新安镇，北到济南均已通车。至于新安镇到海州段，须待徐济通车后，集中力量抢修，因为该段破坏厉害，又缺乏铁轨，力求阴历年前通车。现在的问题，对于已通车者是：如何教育我军人员遵守行车秩序与时间，及大量出产煤炭的问题。

4. 我们到徐后，则禁止大吃大喝。邱李匪部未歼灭前，不准请客，中灶亦不超过两个菜，这点在徐州接管干部与工作者中是遵守了的，但战役结束后，估计前方首长来往必多，我们又准备必要的招待。

摘自徐州特别市军管会《关于接管徐州、支援前线等情况给华东局的报告》，1949 年 1 月 22 日

2. 徐州地区人民支前统计表

人口	近 400 万
出动民工	37 万
担架	2.4 万副
大小车	6.45 万辆

挑子	2.35 万副
粮食	3447 万斤
柴草	6000 万斤
抢修公路	1100 公里
修桥	120 余座

根据中共徐州市委党史工作委员会 1988 年编撰的《徐州人民支援淮海战役》整理

第二节　中原解放区的人民支前组织工作

中原解放区创建于 1945 年 10 月。创建之初辖河南（桐柏）、江汉和鄂东 3 大解放区、14 个县。至淮海战役时，中原解放区辖鄂豫、皖西、桐柏、江汉、豫皖苏、豫西和陕南 7 大行政区、34 个专署、10 个市、208 个县、1263 个区、103858 个村，人口 5357 万，土地 9197 万余亩。支援淮海战役的主要是豫皖苏和豫西两大行政区。为做好支前组织工作，两大行政区建立了自上而下的支前组织系统：豫皖苏区成立了支前委员会，军区和行署成立了支前司令部，设办公室和前方办事处，各军分区和专署设支前司令部，各县设支前指挥部，区设后勤指挥部，乡、村设后勤委员；豫西区成立了支前司令部，设民工部、供应部、救护部和办公室，各分区、县设战勤司令部，区设战勤委员，村设战勤组。各支前机构就民工组织、管理、调拨、转运站组织等颁发大量指示、条例，为解放区人民全力支援淮海战役提供了坚实的组织保障。

一、豫皖苏区

回忆节选

豫皖苏区支前组织工作概况

遵照总前委和中原局的指示，豫皖苏分局成立了支前委员会。军区和行署联合成立了支前司令部，由刘瑞龙负责，参加司令部工作的有毕占云、陈明义、彭富千、杨一辰等同志。支前司令部设办公室和前方办事处，办事处设兵站部前方分部、财粮部、民力部、秘书处。各军分区和专署成立支前司令部，各县成立支前指挥部，区成立后勤指挥部，乡、村均设后勤委员。同时，党政军和各群众团体广泛深入地开展了支前宣传动员工作。

豫皖苏地区本是富庶之地，但因连年灾荒、兵燹，人民生活十分艰苦。但他们一听说解放军要打徐州，要打国民党军，都十分高兴，个个喜形于色，奔走相告，并坚决表示："全力支援前线"，"解放军打到哪里，我们就支援到哪里"，"保证作战部队吃饱、穿暖"，群众纷纷报名参加担架团、运输队，各区乡都超报几百人、上千人，只好动员他们留在家乡，保证了支前民工按要求开赴集合地点。豫皖苏分局和军区为保护群众支前的积极性，规定了奖励、优抚办法。

摘自陈明义《豫皖苏人民全力支前》，见《淮海战役》第三册，中共党史资料出版社 1988 年，第 239 页

文件精选

豫皖苏区支前组织体系

一、豫皖苏后勤司令部为全区工作的领导机关，除兼职外，设办公室、专职秘书 1 人，干事 4 人，进行经常工作。

为了适应战时的要求，后勤司令部组织前方办事处，随野战军行动，代表后勤司令部帮助与指导各分区后勤工作，战时根据作战布置直接指挥与布置各分区

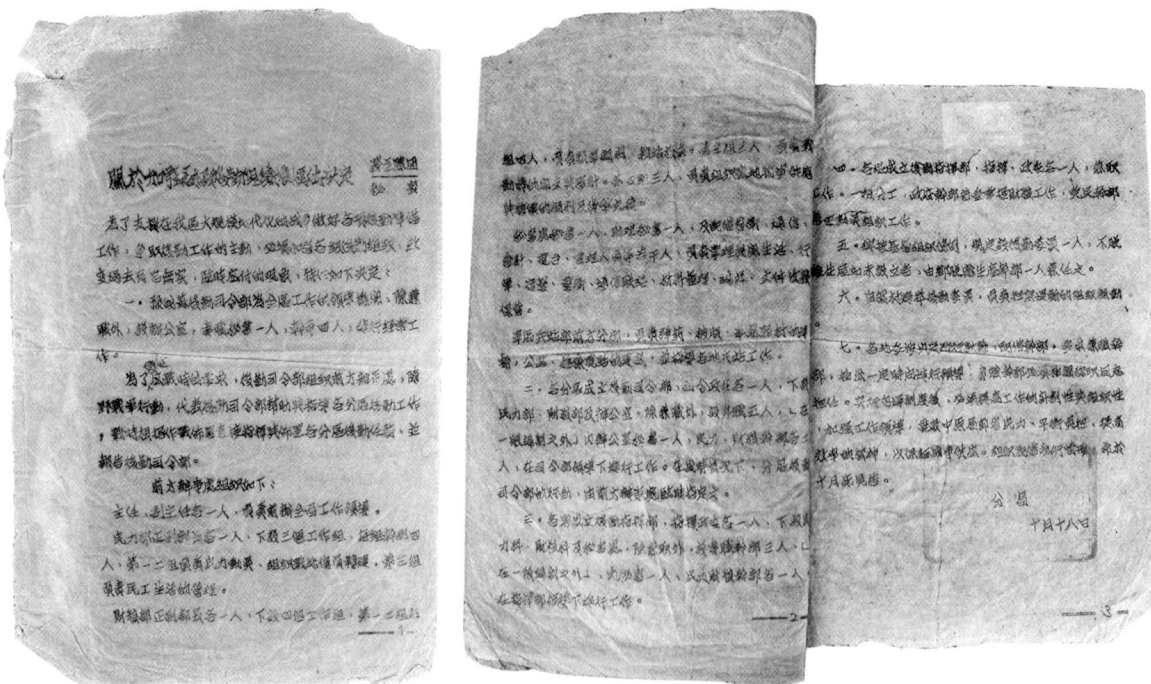

▲ 豫皖苏分局 1948 年 10 月 18 日《关于加强各级后勤组织机构的决定》

后勤任务，并报告后勤司令部。

前方办事处组织如下：

主任、副主任各 1 人，负责前办全面工作领导。

民力部正副部长各 1 人，下设 3 个工作组，每组干部 4 人，第一、二组负责民力动员，组织战地伤员转运。第三组负责民工生活的管理。

财粮部正副部长各 1 人，下设 4 个工作组，第一、二组每组 4 人，负责粮草调剂，粮站检查。第三组 3 人，负责战勤费的开支与审计。第四组 3 人，负责组织战地物资供应与物价的调剂及货币兑换。

秘书处秘书 1 人，助理秘书 1 人，及配备警卫、通信、会计、电台、管理人员等若干人，负责掌理机关生活、行军、宿营、警卫、通信联络、材料整理、编辑、文件收发保管。

军区兵站部前方分部，负责弹药、被服、军需器材的运输，公路、桥梁、电话的建设，并指导各地兵站工作。

二、各分区成立后勤司令部，司令、政委各 1 人，下设民力部、财粮部及办公室。除兼职外，设专职 5 人（在一般编制之外），内办公室秘书 1 人，民力、财粮干部各 2 人，在司令部领导下进行工作。在战时情况下，分区后勤司令部的行动，由前方办事处临时指定之。

三、各县成立后勤指挥部，指挥、政委各 1 人，下设民力科、财粮科及秘书处，除兼职外，设专职干部 3 人（在一般编制之外），内秘书 1 人，民力、财粮干部各 1 人，在指挥部领导下进行工作。

四、各区成立后勤指挥部，指挥、政委各 1 人，兼职工作。一般分工，政府干部着重掌握财粮工作，党民干部着重动员组织工作。

五、乡按基层组织条例，规定设后勤委员 1 人，不脱离生产，如未设立者，由乡脱离生产干部 1 人兼任之。

六、自然村选举后勤委员，负责担架运输的组织调动。

摘自中共豫皖苏分局《关于加强各级后勤组织机构的决定》，1948 年 10 月 18 日

1. 豫皖苏区支前机构

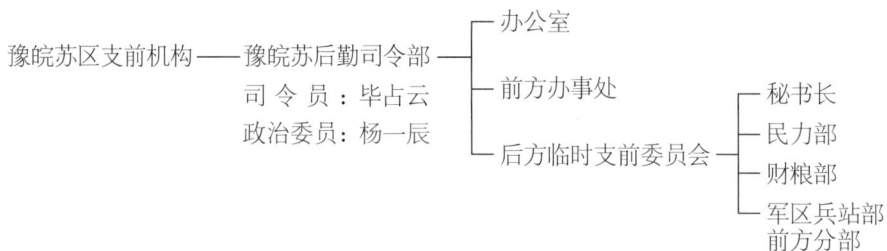

豫皖苏区支前机构——豫皖苏后勤司令部
司 令 员：毕占云
政治委员：杨一辰

┌ 办公室

├ 前方办事处

└ 后方临时支前委员会 ┬ 秘书长
├ 民力部
├ 财粮部
└ 军区兵站部
前方分部

毕占云（1903—1977） 豫皖苏后勤司令部司令员

四川广安人。1928 年加入中国共产党。曾任红二十二军第六十六师师长、红八军参谋长、红九军参谋长、中央军委第一局副局长兼参谋主任、绥德警备司令部参谋长、太岳军区参谋长、太岳纵队参谋长、冀东军区副司令员、豫皖苏军区副司令员、河南军区副司令员。中华人民共和国成立后，任河南省军区司令员、武汉军区副司令员等职。1955 年被授予中将军衔。

杨一辰（1905—1980） 豫皖苏后勤司令部政治委员

山东金乡人。1927 年加入中国共产党。曾任中共山东省委秘书兼省赤色救济会党团书记、沈阳市委书记、哈尔滨市委书记、奉天特委书记、中共华东局城工部部长、华东野战军兵站政委、中共豫皖苏分局委员、中共河南省委第二副书记。中华人民共和国成立后，任中共广州市委第二书记、国家商业部部长、河北省副省长等职。

2. 豫皖苏区支前统计表

民工	111 万		
粮食	2.64 亿斤	抢修铁路	170 公里
柴草	6.5 亿斤	公路	1100 公里
食油	100 万斤	修桥	69 座

（续表）

食盐	70 万斤	架设电话线	1150 公里
被服	50 万套军服	常备担架	8.5 万副
军鞋	60 万双	大小车	14.56 万辆
牲畜	43.8 万头	船只	16 只

二、豫西区

回忆节选

豫西区支前组织工作概况

为了更好地支援前线，保证我军有足够的粮食。豫西行署、豫西军区于 1948 年 8 月 11 日发出《关于今后战勤工作的指示》。指示中指出："豫西根据地战勤任务很重，有经常的，大量的，也有零星分散的"，要求"明确认识支前的意义，有组织、有计划地完成目前我区党、政、军、民的共同重要任务"。当时，豫西军区和各分区、各县都成立了战勤司令部，区设战勤委员，村设战勤组，并分别确定了各级支前机构领导干部名单和主要职责，制定了《加强民工参战领导与组织和战勤纪律》的条例。1948 年 9 月 8 日，豫西军区战勤司令部改为中原豫西军区支前司令部。司令员由豫西军区副司令员文建武兼任，政委由豫西行署主任李一清兼任，副政委由巩丕基担任，参谋长由豫西军区参谋长李懋之兼任，副参谋长由贾一平担任。支前司令部分设民工部、供应部、救护部、办公室。民工部负责人力、畜力的组织、动员、训练及转运伤员、物资；供应部负责地方军、野战军粮食、柴草的供给及民工工资；救护部负责组织医生，转送伤员及医疗；办公室负责调整、检查支前工作。豫西行署又于 9 月 13 日发布了《豫西各级支前组织暂行条例》，并建立了兵站和粮站。当时支前司令部决定设立洛阳经临汝至鲁山；许昌经郏县到鲁山；西平经叶县、舞阳到鲁山；泌阳经方城到鲁山；内乡经南召到鲁山 5 条兵站干线，并在每条线上 30 里为一小站，60 里为一大站。建立以鲁山为中心至洛阳线，设白沙、临汝城站；至许昌设颍桥镇、郏县、脂肪街、龙尖关、宝丰 5 个站；鲁山至西平线，设吴上镇、澧河店（舞阳县属）、瓦店营（叶县属）3 个站；站与站相距 50 里至 60 里的四条运输粮食线。为了战略上的需要，洛阳、许昌、郑州、西平粮食屯集站均设在铁路线上。10 月 15 日，豫西支前司令部又颁发了支前工作中民工组织、政治、纪律、奖惩、战时转运站组织等几个条例。这样，整个豫西就形成了一个有组织、有计划、有纪律、自上而下的支前网。

摘自李一清《远隔千里为前线》，见《淮海战役》第三册，中共党史资料出版社 1988 年，第 243 页

1. 豫西区支前机构

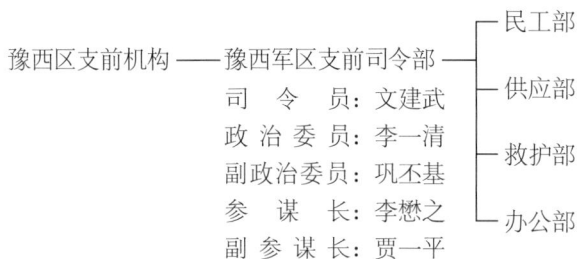

```
豫西区支前机构 ── 豫西军区支前司令部 ──┬── 民工部
          司　　令　员：文建武      ├── 供应部
          政　治　委　员：李一清      ├── 救护部
          副政治委员：巩丕基      └── 办公部
          参　谋　长：李懋之
          副　参　谋　长：贾一平
```

文建武（1911—1950）　豫西军区支前司令部司令员

安徽金寨人。1931 年加入中国共产党。曾任红三十军参谋主任、红四方面军前方供给部部长、八路军一二九师司令部作战科科长、新四军第五师参谋长兼鄂豫皖湘赣军区参谋长、中原军区第二纵队司令员、晋冀鲁豫野战军第十二纵队司令员、豫西军区副司令员、河南军区副司令员兼参谋长。中华人民共和国成立后，任中国人民解放军河南军区副司令员兼参谋长等职。

李一清（1908—1996）　豫西军区支前司令部政治委员

山西昔阳人。1935 年加入中国共产党。曾任牺盟会教导团五团政治主任、晋冀鲁豫边区政府太行行署主任、中原临时人民政府副主席。中华人民共和国成立后，任中南军政委员会财政经济委员会副主任、武钢首任总经理兼党委书记、中共广东省委副书记、中共中南局第一书记、国家邮电部第一副部长等职。

巩丕基（生卒年不详）　豫西军区支前司令部副政治委员

籍贯不详。1941 年任辽县（后改名为左权县）抗日民主政府县长。1946 年后担任过林县县长、豫陕鄂三地委专员。1948 年郑州解放后，任陇海、平汉铁路郑州联合管理委员会副主任委员等职。

李懋之（1907—2009）　豫西军区支前司令部参谋长

山西襄垣人。1943 年加入中国共产党。曾任山西青年抗敌决死第一纵队游击大队副大队长、太岳纵队第二十五团参谋长、中国人民抗日军政大学太岳分校教育长、太岳军区第四纵队参谋处处长、豫西军区参谋长、河南军区副参谋长。中华人民共和国成立后，任中国人民志愿军第三兵团副参谋长、中国人民解放军第二炮兵副司令员等职。

贾一平（1919—2004）　豫西军区支前司令部副参谋长

河北平山人。1938 年加入中国共产党。曾任豫西军区第二司令部参谋长、郑州市人民政府秘书长、中原公路局局长、武汉市军管会公路接管处处长、华南公路工程指挥部副总指挥。中华人民共和国成立后，任中共北京市委建筑工程部副部长、北京市房地产管理局局长、北京市建设委员会副主任等职。

2. 豫西区支前统计表

民工	16 万人
小车	3.39 万辆
担架	1.7 万副
牲畜	2.45 万头
粮食	2740 万斤
柴草	1200 万斤
军鞋	79 万双

第三节　华北解放区的人民支前组织工作

　　华北解放区成立于 1948 年 5 月，由晋察冀和晋冀鲁豫两大解放区合并组成，东至津浦路与山东解放区相接，南至陇海路与中原解放区相接，西至同蒲路与晋绥解放区相接，北至平绥路及北宁路平津段与冀察热辽解放区相接，共辖 7 个行政区和 2 个直辖市，人口 4400 万。支援淮海战役的主要是冀鲁豫行政区。战前，区党委根据上级指示，向下属各级党组织发出"做好足够的准备"的指示，并召开后勤会议，对军需物资、民工动员、运输线路的修护等进行了周密部署。战役期间，区党委又抽调大批干部充实冀鲁豫战勤总指挥部。指挥部积极贯彻华北局及区党委的指示，特别是在华北局"筹集 1 亿斤小米运送前线"的任务下达后，指挥部召开会议进行了逐级动员，各专署按照指挥部部署分别召开各县指挥长、财经科长、仓库主任紧急联席会议，落实筹集粮食、设置粮站等事宜。此后，全区掀起了筹粮运粮的热潮。

文件精选

华北解放区支前组织体系

　　1. 从军区到村，在各级人民政府与各级军区首长领导下，组织统一的后勤部。二级军区以上，军队为主。分区以下，地方为主。分区以上，各级后勤之正副司令员、正副政治委员，由各级党政军民负责干部中遴选适当人员兼任，必要时得设专职。县之后勤指挥部，主任、政委由县长、县委书记兼任。区村后勤指挥部主任、副主任由区村长及农会主任，分别担任。后勤部之组织如下：

　　甲、二级军区以上，在军区首长直接领导下，设后勤司令部，司令部设司令员 1 人、政治委员 1 人、参谋长 1 人与参谋若干人。

　　乙、部队原有之供给、卫生、兵站、军械等部门，归后勤部建制。

　　丙、党政军民各部门中与战役后勤工作有直接关系之部门，在不脱离原组织的原则下，吸收其参加后勤组织，按其性质设如下专管部门：

　　动员部：以人民武装部为主体，加人民团体、民政部门指派之干部组成，武装部负责干部，兼动员部主要职务（如二级军区动员部长由武装部长、副部长或秘书长兼），其他部门指派之干部则兼副职。办公地点设于武装部（或武装部与后司合署办公），负责人力畜力的动员、组织训练与战勤负担之调剂，检查非法动员等。

供应部：由部队供给部与政府财政部门、工商部门组成，以财政部门指派之干部兼任供应部主要职务，其他部门指派之干部为副职。办公地点设于财政部门。负责筹划粮秣、柴炭、菜、油、盐、军鞋、作战器材、稳定战场物价、掌握新区货币使用与交换。

分区以下设组宣部：由地委宣传部、政府教育科、分区政治部参加，必要时得吸收人民团体与报社参加，担任战地宣传、支前教育、组织慰劳慰问工作。

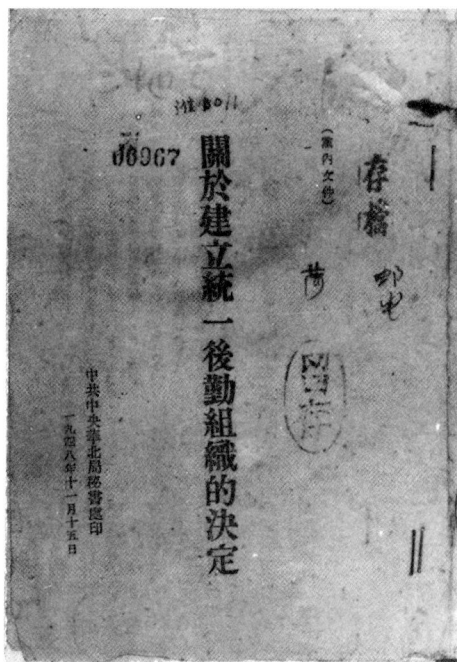

▲ 华北局 1948 年 11 月 15 日《关于建立统一后勤组织的决定》

2. 兵团建立统一的后勤部（即为华北军区后勤部的分部），受军区后勤部与兵团首长双重领导。兵团供给、卫生、兵站、军械、民工等部门，均划归其建制。后勤分部代表军区后勤部驻兵团，处理兵团后勤工作中一切问题，并执行兵团战役后勤工作。后勤分部在执行任务时，如遇有兵团首长与军区后勤首长意见不一致时，应根据下列原则处理：即平时应执行后勤部之指示，战时应执行兵团首长之指示。后勤制度上应执行后勤部之指示，战地后勤实施上，应执行兵团首长之指示。

3. 为了统一指挥战役后勤工作，于执行战役任务时，以兵团后勤部为基础，组织战役联合后勤指挥部，掌握全战役的战地后勤工作。

4. 关于几个主要工作关系的确定

甲、关于战役后勤的部署（包括人力物力的动用数及分配调剂调遣战费的开支等）及有关原则性问题的确定，统由军区后勤司令员、政治委员提出计划，经华北人民政府批准后，由后勤部命令执行。

乙、各级后勤部在各级人民政府与军区首长直接领导下，在上级后勤部的指挥下进行工作。

丙、关于民力动员等，一般均应根据华北人民政府所批准者逐级布置，以便各级后勤好调剂民力负担。

丁、战费由后勤部统一掌握，审计、核发报销工作，统一由供应部处理。

摘自华北局《关于建立统一后勤组织的决定》，1948 年 11 月 15 日

▲ 冀鲁豫战勤总指挥部 1948 年 12 月 14 日关于修补运输干线及建立供应站的指示

回忆节选

冀鲁豫区支前组织工作概况

淮海战役前，冀鲁豫区就开始了淮海战役的支前准备工作。冀鲁豫区党委根据上级意图，向下属各级党组织发出指示："具有历史意义的淮海战役即将开始，我区党政军民必须从思想上、组织上做好足够的准备，尽一切人力、物力，完成艰巨复杂的支前任务，以保证战役的彻底胜利。"10 月中旬，区党委、行署召开后勤会议，对支前工作所需柴粮油盐、被服鞋袜、弹药棺木的准备，对车辆、担架、民工的动员，对公路、桥梁的修护等，一一作了详尽的研究和周密的布置。根据中共中央军委 11 月 9 日的指示，区党委采取切实措施，进一步加强了支前工作，并抽调大批干部，充实了冀鲁豫战勤总指挥部。此时，战勤总指挥部由刘致远任司令员，袁子扬任副司令员，韩哲一任政治委员。区党委再次明确由我们共同承担冀鲁豫区支援淮海战役的具体组织领导工作。

摘自韩哲一《冀鲁豫人民支前的壮丽画卷》，见《淮海战役》第三册，中共党史资料出版社 1988 年，第 249 页

1. 冀鲁豫区支前机构

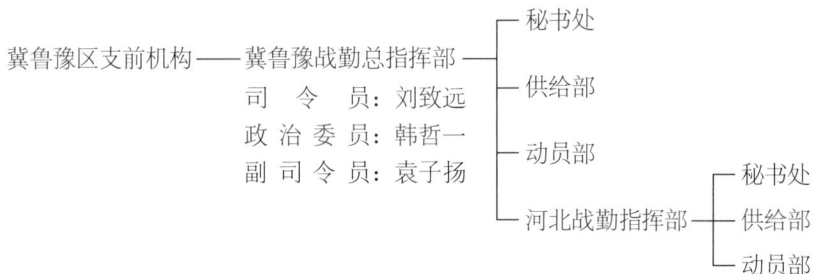

冀鲁豫区支前机构 —— 冀鲁豫战勤总指挥部 —— 秘书处 / 供给部 / 动员部 / 河北战勤指挥部 —— 秘书处 / 供给部 / 动员部
　　司　令　员：刘致远
　　政　治　委　员：韩哲一
　　副　司　令　员：袁子扬

刘致远（1904—1954） 冀鲁豫战勤总指挥部司令员

山东潍县人。1933 年加入中国共产党。曾任鲁西北抗日游击司令部第十支队二团团长、一二九师先遣纵队参谋长、延安抗大一分校三支队副支队长、鲁西军区四（运东）分区司令员、冀鲁豫军区一（泰运）分区司令员、冀鲁豫军区司令员。中华人民共和国成立后，任山西省军区第一副司令员等职。

韩哲一（1914—2011） 冀鲁豫战勤总指挥部政治委员

回族，山东禹城人。1932年赴苏联学习，1938年加入中国共产党。曾任八路军冀鲁边支队战地工作团团长、中共冀鲁豫区党委经济部副部长、中共冀鲁豫区党委委员、冀鲁豫行署副主任、平原省人民政府副主席。中华人民共和国成立后，任国家计划委员会副主任，国家经济委员会副主任，国家物资供应总局局长，中共上海市委书记等职。

袁子扬（1911—1992） 冀鲁豫战勤总指挥部副司令员

山东沂水人。1937年加入中国共产党。中华人民共和国成立后，任平原省人民政府秘书长兼财政厅厅长、中共山东省委财贸办公室主任、山东省副省长、中国农业银行副行长等职。

2. 冀鲁豫区支前统计表

民工	30万人
人工	5850万个
粮食	1.42亿斤
大小车	15万辆
担架	1万副
畜工	1200万个

第三章 人民支前运动的发展历程

淮海战役前，中共中央、中央军委指示华东方面做好战役的准备工作。为此，中共华东局、华东军区、华东野战军分别召开会议，就民力动员、粮食供应、弹药储备、伤病员的转运治疗、供应运输网的建立等作出全力动员和充分准备，并成立华东支前委员会，统一领导华东的支前工作。中原、华北等解放区也积极行动起来，动员发动群众支援前线。战役发起后，战局发生巨大变化。战役由歼灭黄百韬兵团等迅速发展为歼灭国民党军南线主力的战略决战。中央军委指示"华东、华北、中原三方面，应用全力保证我军供给"。中共华东局、华北局、中原局接到指示后，采取了切实措施，进一步部署支前工作，人民支前运动更深入广泛地开展起来。此后，战役规模不断扩大，参战人员不断增加，战场从徐州以东向南伸展。至战役第三阶段，部队全线西移进入豫皖苏地区作战，后勤补给线延长，军需物资供应骤增。为适应战役发展需要，各级支前机构采取紧急措施，全党动员、全民动员、全面动员，健全支前机构，增调民工，调整供应部署，调拨经费及粮食、柴草、油盐、服装等物资，赶修交通干线，延伸运输路线，增设兵站、粮站、民站、医院和转运站，组织火车、汽车运输。大规模群众性支前运动在东起黄海，西至豫西，北自渤海，南达长江，9000多万人口的鲁、苏、豫、皖、冀五省广大地区，轰轰烈烈地展开了。

第一节　战役发起前的物资筹备

　　1948 年 9 月，根据中央军委的指示，考虑到解放军参战部队高度集中、战区辽阔、地形复杂、作战方式多变、战役持续时间长等因素，各级党组织、人民政府分析研究了战役可能出现的问题，为保证战役供应进行了紧张的准备工作：充分发动群众，进行政治思想动员；部署后方指挥机关；调整兵站网，选定并抢修后方交通运输线路；开展民力动员，扩充运力；部署弹药储备，确定弹药运输分工；按战区分布进行粮食部署；设立被服库，保障被装的补充和准备；设立伤员转运站、配置医院。各地党政军民全力以赴，积极筹备物资，保障前方供应。

文件精选

最初设想的战役规模

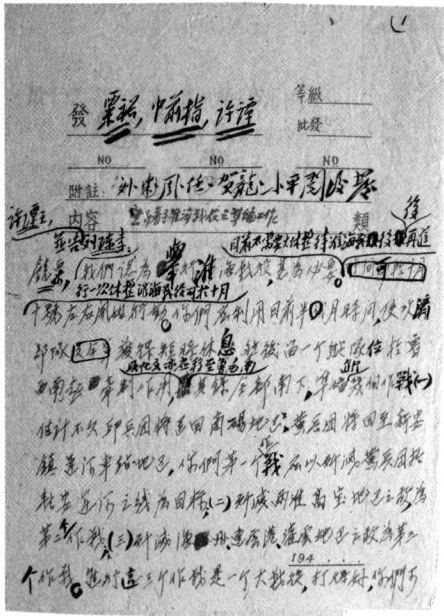

▲ 中央军委 1948 年 9 月 25 日关于同意举行淮海战役给华野、中野的电报

　　（一）本战役第一阶段的重心是集中兵力歼灭黄兵团，完成中间突破占领新安镇、运河车站、曹八集、峄县、枣庄、临城、韩庄、沭阳、邳县、郯诚、台儿庄、临沂等地。为达成这一目的，应以两个纵队担任歼灭敌一个师的办法，共以六个至七个纵队，分割歼灭敌二十五师、六十三师、六十四师。以五个至六个纵队，担任阻援及打援。以一个至二个纵队，歼灭临、韩地区李弥部一个旅，并力求占领临、韩，从北面威胁徐州，使邱李两兵团不敢以全力东援。以一个纵队，加地方兵团，位于鲁西南，侧击徐商段，以牵制邱兵团一部（孙元良三个师现将东进，望刘陈邓即速

部署攻击郑徐线牵制孙兵团）。以一个至二个纵队，活动于宿迁、睢宁、灵璧地区，以牵制李兵团。以上部署，即是说要用一半以上兵力，牵制及阻击及歼敌一部以对付邱李两兵团，才能达成歼灭黄兵团三个师的目的。这一部署，大体如同九月间攻济打援的部署，否则不能达成歼灭黄兵团三个师之目的。第一阶段，力争在战役开始后两星期至三星期内结束。

（二）第二阶段，以大约五个纵队，共歼海州、新浦、连云港、灌云地区之敌，并占领各城。估计这时，青岛之五十四师、三十二师很有可能由海运增至海、新、连地区。该地区连原有一个师将共有三个师，故我须用五个纵队担任攻击，而以其余兵力（主力）担任钳制邱李两兵团。仍然是九月间攻济打援部署的那个原则。此阶段亦争取于二个至三个星期内完结。

（三）第三阶段，可设想两淮方面，那时敌将增加一个师左右的兵力（整八师正由烟台南运），故亦须准备以五个纵队左右的兵力去担任攻击，而以其余主力担任打援及钳制。此阶段，大约亦须有二至三个星期。

三个阶段大概共须一个半月至两个月的时间。

摘自中央军委《关于淮海战役作战方针》，1948 年 10 月 11 日

资料选编

华野、中野战前后勤工作部署

遵照毛主席和中央军委的指示，中野、华野两军，对战役的支前与后勤工作进行全面的规模巨大的动员、组织和准备：

（一）进行了政治思想动员

华野、中野各级后勤部门，战前充分发动群众，以毛主席关于"军队向前进，生产长一寸，加强纪律性，革命无不胜"的指示为武器，深入学习毛主席和中央军委关于淮海战役的一系列重要指示。并联系思想工作实际，认真总结经验，吸取教训；同时分析淮海战役后勤工作的有利和不利条件，提出克服困难做好工作的措施。为争取时间，动员工作采取边准备边动员的方法进行。通过动员，使广大后勤与支前人员，认清形势，提高了对争取淮海战役胜利的重大意义的认识。鼓舞了士气，巩固了部队，坚定了保障战役胜利的信心与决心，从而为全力以赴，

▲ 中野后勤部署图

做好战役的后勤与支前工作打下了良好的思想基础。

（二）部署了后方指挥机关

根据前委的决心，华东、中原两军后方指挥机关战前的部署是：华东军区后勤部设在益都，其前指设在蒙阴。华东野战军后勤部和华东支前委员会设在曲阜。华东支前委员会前方办事处（华支前办）设在临沂。东兵团后勤部设在邹县。苏北兵团后勤部设在三界首。中原军区后勤部设在开封。中原支前委员会设在郑州。豫皖苏军区后勤司令部设在槐店。冀鲁豫战勤指挥部设在菏泽。

（三）调整和部署了兵站网

华东军区和华野后勤部取消了兵站与供给、卫生、军械四大部并列的组织形式，将供给、卫生、军械系统的仓库划归兵站系统统一领导，从而加强了以中站为主的兵站仓库工作（被服、药品、弹药分开存放）。

华东军区后勤兵站部下设两个兵站处，每处下设 3 个中站，另外有 2 个直属中站，共 8 个中站。每个中站下设 2 至 3 个分站。第一兵站处驻临沂，其一中站在博山，二中站在蒙阴，以接运两路南运的物资，三中站随兵站处在临沂机动，以待向郯城方向布置站线。第二兵站处驻三界首，该处向北在莒县派出第五中站，以接运胶东及青州运来的物资，其余第四、六两个中站随兵站处在三界首机动，以待越过陇海路向华中布置站线。直属一中站驻沂水，在马站驻一个分站，负责接运青州物资及集中鲁中各厂被服和弹药南下。直属二中站在益都，负责接运渤海及胶东物资南运。此时主要任务是集中运输弹药。

华野后勤兵站部下设 5 个中站，每个中站下设 2 至 3 个分站。战前一中站在济宁，五中站在曲阜，主要负责向前运送野后携行弹药；尚有 3 个中站在曲阜保持机动，以待各纵队展开后随时开设兵站线。另在鱼山、东阿、泰安、太平邑、大义集设立了 5 个分站，主要负责向各纵队运送物资。

中原军区运输司令部有 5 个中站，每个中站下设 2 至 3 个分站，战前均在开封保持机动。豫皖苏后勤司令部前方办事处所属之军区兵站部，战前在扶沟、槐店、郸城、亳县、太和五处设立了中站，在鄢陵、逍遥镇、周口市、太康、鹿邑、坞墙、界首等地设立了分站。其任务主要是集中与转运弹药、被服。

（四）部署了后方交通运输

1. 选定了交通线路

中原地区根据部队的分布和前进方向，共选定了 3 条交通线：

一条，由漯河——周口——槐店——亳县；

二条，由许昌——扶沟——太康——柘城——鹿邑——亳县；

三条，由郑州——开封——商丘（铁路）。

华东地区共选定了纵贯交通线 6 条：

一条，由东阿——兖州——济宁——单县；

二条，由济南——泰安——兖州——邹县——滕县；

三条，由张店——莱芜——蒙阴——平邑——费县——梁邱；

四条，由益都——沂水——临沂；

五条，由高密——诸城——莒县——三界首；

六条，由东阿——袁口——济宁（水路）。

另选定了横贯交通线 3 条：

一条，由济南——张店——益都——高密（铁路）；

二条，由济宁——兖州——蒙阴——沂水——莒县；

三条，由邹县——城前——白彦——梁邱——费县——临沂——三界首。

以上各条线路，于战役开始前抢修完成。

2. 调配了运力

为保证战役后方物资前送和伤病员后送任务的顺利完成，除继续动员济南战役之随军民工为部队服务外，又重新动员 60 余万民工，以备调用。

鉴于以往民工中老弱较多，组织混乱，工具缺少等情况，对民工进行了整编。经过整编后，每个纵队直接掌握随军民工担架 500 副（3000 人），挑子 500 副（500 人），合编一个担运团（干杂全部 3600 余人），另野卫掌握机动担架 1000 副。由地方支前机关掌握担架 7500 副，挑子 9000 副，小车 13000 辆，负责一线伤员粮弹转运。另军区后勤掌握小车 2000 辆，并适当掌握一部分机动运力。各种运力，按担架、挑子、小车、大车分别编组为大队、中队、分队和小队。总计当时前方一线运力为担架 16000 余副，挑子 17000 余副，小车 20000 辆，共 146000 余人（不包括中野）。二线转运和后方临时转运的民工，则由各地支前机关根据任务调配使用。

各兵站的建制运输力（汽车、马车）也进行了维修和调整，并尽可能在各城市雇用商车（包括汽车、胶轮马车），扩充运力，增强部队现代化运输能力。

（五）储备了弹药

根据军委的规定，战役弹药预备消耗量为重十三、轻四基数。弹药的储备区分为：纵队携行轻、重各两个基数；兵团后勤和野后控制重二、轻一基数；军区后勤掌握重九、轻一基数。

弹药的储存：华野弹药集中在孔村。华东军区弹药分三线储存：

第一线，储存重三基数。囤积地点：临沂（供野司直属各纵队），梁邱（供山东兵团），邹县（供十、两广纵队），尔后视战况转移。

第二线，储存重二、轻一基数。囤积地点：三界首、临沂、梁邱、济宁四处，随第一线弹药跟进。

第三线，储存重四基数。囤积地点：莒县、沂水、蒙阴、泗水。

各囤积地点均设立弹药库。

中野弹药集中在郑州。中原军区和豫皖苏军区后勤部在扶沟、太康、鹿邑及周口、槐店等处设立仓库，囤积了弹药。

弹药的运输分工：原则上确定，军区后勤负责由第三线运到第一、二线囤积点，野后负责由第一线囤积点运到师（旅）一级前方补给站，纵队后勤由前方补给站运到团营阵地部队。

（六）布置了粮食和粮站

从 9 月下旬开始，华野、中野分别提出了初步计划，要求各地支前机关一面沿途布置行军吃粮，一面开始突击征收粮食，组织加工，以作大规模淮海战役粮食供应的准备。

战场吃粮人数，华野将近 60 万人（部队 42 万，民工 18 万），中野将近 30 万人（部队 18 万，民工 12 万），按军委规定两个月至两个半月的时间计算，共需加工粮：华野 12200 万至 15250 万斤，中野为 5400 万至 6750 万斤。当时，考虑到作战地区长期被敌人劫掠，又连年遭受水灾，群众生活贫苦，粮食负担能力薄弱，如此巨大数量的粮食要完全采取就地供应是不可能的，必须依靠后方调运解决。但后方调运，距离很远（千里内外），困难很多（主要靠小车、挑子运输），因此，决定采取后方调运与就地取给相结合的方针，按战区分布进行粮食部署。部署的原则是：以靠近战区的现地粮食为基础，由远及近，逐步向战区集中调运。规定部队行动，自带 3 天粮食，3 天以内无粮由部队负责，3 天以外无粮由地方负责。地方保证将粮食运到师（旅）一级粮站，师（旅）以下粮食运输由部队负责。

根据上述原则，粮食和粮站布置如下：

中原地区，由豫皖苏就地征集，中野所需的粮食 1.9 亿斤，并在兰封、民权、杞县、睢县、宁陵、柘城、亳县等地设置粮站，负责供应一、三、四、九各纵队；在漯河、上蔡、商水、项城、槐店等地设置粮站，负责供应二、六纵队。同时从豫西后方积极向战区运粮。

苏北地区，从江边向涟水、沭阳等地运粮 2300 万斤，以负责华野南下各纵队之粮食供应。

山东地区第一步布粮 1.63 亿斤，其中第一线粮食 1 亿斤，由鲁中南四、五、六分区组织运力。在邹县、城前、梁邱、驼驿、朱陈、巡会、朱范等地设置粮站，直接供应华野直属各纵队；第二线粮食 6300 万斤，由鲁中南一、二、三分区组织运力，在兖州、平邑、费县、临沂、汤头、古城等地设置粮站，供应华野山东兵团各纵队。

冀鲁豫地区筹粮 1 亿斤，并在菏泽、定陶、曹县、城武、郓城、金乡等地设置粮站，负责冀一、三旅及华野三纵、两广纵队的粮食供应。

除粮食外，部队所需的油盐副食，则主要由各地支前机关向各地工商部门统一布置任务，由工商部门抽调干部，设立供应站，每站经常保持油盐 3000 至 5000 斤，按当地市价低 10% 至 15% 售给部队。蔬菜等副食品主要依靠部队就地采购。

柴草则采取就地兑换办法，即统一由地方支前机关在布置粮食的同时布置柴草供应任务，部队在各地取用柴草后，按照规定价格折成现粮，由团以上单位出具领粮凭证，战后由政府凭以偿还。

（七）被装的补充和准备

华东方面：战前各部队均发放了冬衣。并准备了战役第一阶段所需的伤员被装及俘虏被服，计4万伤员的血衣血被，18万尺包尸布，9.8万名俘虏被服。规定血衣血被按伤员总数的50%发给。布鞋、毛巾及日用品按伤员总数100%发给，手套、脚套按30%发给，重伤员每人发公用棉被一床。血衣血被按医院25%、纵队10%、野供15%分发。手套、脚套医院按25%、纵队5%、野供25%分发。布鞋、毛巾、日用品及重伤员棉被全部由医院掌握使用。因时间紧，大部分伤员被服和俘虏被服在战前未来得及分配，部队即出发了。为了及时保证供给，华东军区后勤部在袁口设立了被服总库，又在临沂和独树头设立了分库。

中原方面：战前除二、六纵队未及时穿上冬衣外，其余各纵队均提前发放了冬衣。为保证战役供给，由中原军区后勤部责成豫皖苏军区后勤部赶制了棉衣20万件，棉被10万床，帽子40万顶，袜子40万双。此外，还准备了一部分包尸布和装具，郑州解放后，又订制了行军锅等炊事用具。中原军区后勤部在临汝、宝丰等地设立了被服仓库，在郑州、开封设立了分库。豫皖苏军区后勤部在界首等地设立了被服库。

（八）配置了医院和伤员转运站

华东军区和华野后勤部共抽出了21个医院，战前，除在济南设立医院群外，另在桑村、碑柱、朱范等地开设了11个医院。在岔河、源泉等地开设了伤员转运站。总计收容量为3.1万至3.2万人。

各医院及伤员转运站配置

医院番号	配置位置	任务区分		伤员转运站
		部队番号	伤员数	
野卫	层山			
野卫七院	大戴庄	三、广纵队	3000	
野卫十二院	桑村	七、十纵队	2000	
野卫二院	万村	十三纵队	3000	

（续表）

医院番号	配置位置	任务区分		伤员转运站
		部队番号	伤员数	
野卫三院	磨山	四、八纵队	2000	铁佛寺、洳口、店子、岔河
野直院	碑柱		500	
野卫四院	鲁坊		2500	
东卫	浦汪	一、六、九、鲁、特各纵队		泉源头
一重伤医院	小哨		2000	
二院	八里巷		1500	
十四院	前海沿		2500	
三院	商家山子	二、十一、十二、鲁、特各纵队	1500	大峪子
十五院	朱范		2500	
苏北兵团卫生所		苏北兵团及（中）十一纵队	2000—8000	
合计			31000—32000	

中原军区和中野后勤部，共抽调 1 个总医院、7 个医院和 23 个所，另外，还动员一部分地方医院，可以收容 33500 至 38500 名。

各医院及伤员转运站配置

医院番号	配置位置	附设卫生所	拟收伤员数	伤员转运站位置
中野卫生部	白庙			高庄
总医院	亳县			
军区一医院	大朱庄	3	3500—4000	
野卫三医院	西段楼	4	6000—7000	
野卫六医院	张庄	2	2000—2500	
野卫二医院	魏岗	7	9000—10000	临涣集书案王庄
野卫五医院	宋集		3000—4000	
野卫四医院	大清宫	5	7500—8500	
军区二医院	蒋营	2	1500—2500	
合计			33500—38500	

摘自中国人民解放军总后勤部军政干部学校训练部编印《淮海战役后勤工作》，1976 年 3 月

第二节　战役发起后支前工作的调整

战役发起后，由于战前准备充分，粮食、弹药、被服等物资比较充裕，部队的后勤供应和伤员转运工作，初期均未遇到太大困难。随着战役的发展和战线的延长，各级党组织及时对后勤支前部署作出调整：前移指挥机关、延伸兵站线、增设兵站和弹药库、转移被服库、开设伤员转运站、转移与增设医院、增设地方供应站、增设民运站并延伸地方民运线。战役第二阶段，战略要地徐州解放后，大力加强火车、汽车运输的组织，极大地提高了运输力。粮食供应上，采取预存应急和就地筹措相结合，增设粮站、分段运送和直接运送相结合等方法。战役第三阶段，在徐州召开四大战略区联席会议，划分供应区域，协调分配运力，保障粮食供应。总之，由于战前准备充足，战役中又能根据实际情况及时调整部署，组织支前，淮海战役后勤保障任务得以顺利完成。

一、战役第一阶段（1948 年 11 月 6 日—1948 年 11 月 22 日）

战役第一阶段作战经过

1948 年 11 月 6 日，华东、中原野战军遵照中共中央军委"集中兵力歼灭黄兵团，完成中间突破"的战役方针，对国民党徐州"剿总"刘峙集团发起全线攻势，首战黄百韬兵团。东线，华野主力沿陇海铁路两侧由东向西追击，苏北兵团沿宿迁、大王集一线迂回拦截黄百韬兵团。北线，山东兵团争取国民党第三绥靖区部队起义后，迅速插向徐州以东大庙、曹八集地区，与位于陇海路以南的华野各部南北呼应，切断黄百韬兵团西撤之路。各路大军人不歇脚，马不停蹄，一路猛追猛打，于 11 月 11 日，将黄百韬兵团 4 个军包围在江苏邳县碾庄地区。并于窑湾地区歼灭了担任黄百韬兵团左翼掩护的国民党军第六十三军，在邢圩地区迫使国民党军第一〇七军投诚。西线，中野主力及华野一部由陇海商（丘）砀（山）线进逼徐州。在张公店地区歼灭国民党军第一八一师后直插津浦线徐蚌段作战。于 11 月 16 日一举攻克宿县城，全歼国民党军第一四八师和交警十六总队等部，控制了徐、蚌间约 100 公里的铁路，切断了国民党军唯一的陆上交通补给线，牵制并阻击了黄维兵团以及蚌埠国民党军的增援，完成了对徐州的战略包围。

11月22日，华野攻击部队在徐州以东打援部队的有力配合下，全歼黄百韬兵团于碾庄地区。

淮海战役第一阶段，共歼灭国民党军1个兵团部、8个军部（含起义、投诚部队）、18个整师，计17.8万余人，使徐州国民党军完全陷入孤立，为战役顺利发展创造了极为有利的条件。

▲ 华野不顾国民党军飞机轰炸与地面部队袭扰，昼夜兼程，勇猛追击黄百韬兵团

资料选编

战役第一阶段后勤部署的调整

根据当时战况发展，适应部队作战需要，我野战军后勤和地方支前单位在部署方面□做了如下调整：

1. 前移指挥机关，华东军区后勤前方指挥所由蒙阴移至临沂，第一兵站处由博山移临沂，华东野战军卫生部移至苍山，供给兵站部前移临沂，中原野战军后勤移至商丘，卫生部移至亳县，华东支前委员会民站部移至台儿庄。

2. 延伸兵站线

中原地区：一条由商丘、亳县前伸至永城

　　　　　一条由槐店至涡阳

华东地区：一条由单县经砀山伸至黄口

　　　　　一条由单县经丰县伸至敬安集

　　　　　一条由滕县至韩庄

　　　　　一条由临沂经新安镇、炮车至古邳

　　　　　一条由三界首至新安镇

　　　　　一条由济宁至韩庄（水路）

3. 增设兵站

华东野战军：二中站设古邳，三中站设新安镇，四中站设台儿庄，并在马良集、罗砦设立了分站。

中原野战军：在商丘、亳县、永城设立了中站，由分区在涡阳、张存铺、会亭集设立了分站。

4. 增设弹药库

华东野战军：在郯城、新安镇开设了弹药库。

中原野战军：在百善集、临涣集开设了弹药库。

5. 华东军区被服总库由袁口移至郯城

6. 转移与增设医院

华东方面：小哨医院移至新安镇，八里巷医院移至窑湾，并在坝头、草桥、邳县、马兰屯、鲁坊、南凹（滕县南）、徐塘集、杨集增设了医院，另在泉源头、山左口、鲁坊、邳县、皂河开设了伤员转运站。

中原野战军：大清宫医院移至龙山集，魏岗医院移至百善集，贺苍医院移至八里庄，并在大朱庄、张庄、宋集、段楼开设了医院，另在五里庙、书安店、龙山集、殷家庙、杨柳集、临涣集、苗桥开设了伤员转运站。

7. 增设了地方供应站共 30 个：

华东地区有：晓店子、古邳、沟上、山口县、郭集、枣庄、韩庄、皂河、泗县、灵璧、沭阳、运河车站、黄口、砀山、窑湾、占城、土山。

中原地区有：商丘、会亭集、永城、百善集、西二铺、大苍集、陈集、唐家集、五沟集、孙町集、商口张集、临涣集、曹市集、顺河集、涡阳、义门集。

8. 地方民运线也进行了延伸，并增设了民运站，另外华东支前委员会还组织了伤员转运总站，随部队医院行动，第一总站设在吴闸子，第二总站在古邳，第四总站在徐塘集，并沿伤员后送线每隔 30 里设一个分站。

摘自北京后勤学院编印《淮海战役后勤工作》，1965 年 5 月

二、战役第二阶段（1948 年 11 月 23 日—1948 年 12 月 15 日）

战役第二阶段作战经过

为挽救岌岌可危的局势，国民党军统帅部决定，以徐州邱清泉、孙元良兵团，蚌埠李延年、刘汝明兵团会同由豫南来援的黄维兵团南北对进，三路会师，打通徐

▲ 1948 年 12 月 1 日，解放军经过徐州追击杜聿明集团

蚌交通线。中共中央军委采取南北阻击、中间围歼的方针，将第二阶段的作战目标指向远道而来、孤军冒进的黄维兵团。

11 月 23 日，黄维兵团沿蒙（城）宿（县）公路及其两侧向南坪集、宿县方向攻击前进，先头部队渡过浍河后发现进入中野预设的袋形阵地，遂缩回浍河南岸。中野趁黄维兵团向后收缩混乱之际，全线出击，猛力合围，于 11 月 25 日将其包围在安徽濉溪双堆集地区。为确保全歼黄维兵团，华野及中野一部坚决阻击了徐州和蚌埠国民党军的增援。徐州国民党军南进受阻，又恐孤城难守，于 11 月 30 日放弃徐州沿萧（县）永（城）公路向西撤退以迂回解救黄维兵团。12 月 1 日，徐州获得解放。华野集中兵力经 4 昼夜迅猛追击，将杜聿明集团近 30 万人马合围在河南永城陈官庄地区。孙元良兵团在突围中被歼。在杜聿明集团和黄维兵团同时被包围的态势下，总前委决定先歼黄维兵团，围困杜聿明集团，阻击李延年、刘汝明兵团。经 22 昼夜激战，至 12 月 15 日，黄维兵团全军覆灭，杜聿明集团被压缩在以陈官庄为中心的狭小地域内。

淮海战役第二阶段，全歼黄维兵团，合围杜聿明集团，歼灭了企图突围的孙元良兵团，给予李延年、刘汝明兵团以沉重打击。共歼灭国民党军2个兵团部、6个军部、16个师（含1个师起义、1个师投诚）、1个快速纵队，计20余万人，解放了徐州，收复了淮阴、淮安，使淮河以北除杜聿明集团所据河南永城地区小块据点外，均获解放，为夺取战役全胜奠定了坚实的基础。

资料选编

战役第二阶段后勤部署的调整

1. 在弹药补给方面，由部队派人带领，由运输部门直接送到纵队驻地的办法，至敌12兵团被包围，补给站较固定后，才从后方运来大批弹药补充了部队，同时徐州解放后把缴获的弹药也分发给部队。这才应付了前线需要，保障了战役胜利。

2. 在粮食方面，开始以部队自带，就地筹借，缴获为主，后根据新的情况变化，作了第二次部署：在山东方面紧急运粮6100万斤，二线粮食也组织船只前运。华中方面紧急运粮7500万斤，二线粮食也由后方前调。

3. 在伤员救护方面，医院迅速向前转移收容与后送伤员。华东军区卫生部白部长率医院进到铜山东茅村镇、荆山铺一带负责收容北线伤员，华东野战军卫生部李部长率医院和转运站进至古饶集附近收容南线伤员，并决定将南线伤员往高楼、灵璧医院后送，北线伤员往运河站窑湾、宿县一带医院后送，重伤员利用运粮车或民工后送至华东、华中后方。

4. 为适应战役需要，后方部署又作了如下调整：

①华东军区后勤前方指挥所移至郯城，第一兵站处由临沂移至兖州，第二兵站处由三界首移至临沂，华东野战军供给、兵站部经炮车移至符离集，卫生部移至张老河，中原野战军卫生部移至古饶集，华东支前委员会和民站部移至徐州，中原支前委员会移至商丘，华中支前指挥部设至宿县。

②兵站线延伸

一条由永城至百善集和临涣集

一条由敬安集至徐州

一条由韩庄经徐州至宿县

一条由新安镇至徐州，另经徐迁、睢宁、时村至符离集。

③兵站转移：

华东军区一中站由博山移济宁，直属一中站由马站移沂水，二中站由蒙阴移兖州，三中站由临沂移韩庄，六中站由莒县移宿迁，另五中站设在独树头，七中站设在新安镇。

华东野战军：一中站由济宁移单县，五中站由曲阜移王寨，另在睢宁、灵璧、时村、花庄集、符离集设立分站。

④弹药库增设：华东野战军在张大陆、大湖、符离集、固镇、宿县开设了弹药库。

⑤医院转移：

华东方面：磨山医院移至刘庙子，朱范医院移至苍山，济宁医院移至终兴集，大错庄医院移至朝阳集，商家店医院移至浍塘集，碑柱医院移至高家楼，另鲁坊、马兰屯两个医院调中原野战军机动，并在界沟集、濉溪口、柳子集、大朱家、桃园集、任桥、萧县开设伤员转运站。

中原野战军：大朱庄、八里庄、龙三集3个医院移至古饶集，宋集医院移至丹城集，张庄医院移至高楼，段楼医院移至汤集。

⑥地方组织之伤员转运总站也向前进行了转移，第一总站由吴闸子移至和尚王，并在二郎庙开设了第三总站。另外民运线也向前延伸，增设了民运站。

⑦地方粮站增设了20个地点如下：台儿庄、土山镇、卞塘、宿羊山、窑湾、双沟、褚兰、睢宁、朝阳集、徐州、萧县、夹沟、薛家湖、瓦子口、五户张集、濉溪口、宿县、古饶子、任桥、固镇。

摘自北京后勤学院编印《淮海战役后勤工作》，1965年5月

三、战役第三阶段（1948年12月16日—1949年1月10日）

战役第三阶段作战经过

黄维兵团被歼，李延年、刘汝明兵团撤向淮河以南，被围困在陈官庄地区的杜聿明集团处于孤立无援的境地。淮海战役转入以华野主力围歼杜聿明集团的第三阶段。

此时，平津战役已经发起，为了不使蒋介石迅速决策海运平津地区国民党军南下，给被围的杜聿明集团造成更大的困境，使解放军获得充分的休息和整顿，中央

▲ 战役第三阶段战场休整期间，战士们对敌喊话

军委决定对杜聿明集团围而不歼，华野于12月16日转入战场休整，围困杜聿明集团。中野集结于宿县、蒙城、涡阳地区进行战备休整，随时准备协同华野歼灭杜聿明集团。

20天战场休整期间，解放军对包围圈内的国民党军展开了强有力的政治攻势，广泛开展战地政治工作，恢复和整顿战斗组织，充实兵员，补充粮弹，深入进行形势任务教育，全军上下从思想上、组织上、物资上、战术技术上充分做好了总攻杜聿明集团的准备。

1949年1月6日，华野以10个纵队和冀鲁豫军区部队组成东、北、南三个突击集团，对拒不投降的杜聿明集团发起总攻，经4昼夜激战，至1月10日，全歼杜聿明集团。

战役第三阶段共歼灭国民党军1个"剿总"前进指挥部、2个兵团部（不含孙元良兵团）、8个军部、22个师、1个骑兵旅，共计17.6万余人。至此，淮海战役胜利结束。

资料选编

战役第三阶段后勤部署的调整

由于当时参战人员达150万人，而且大部集中于豫皖苏地区，为解决粮食供应问题，在徐州召开了山东、华中、冀鲁豫、豫皖苏4个大战略区联席会议，划分了供应区域，在战场东南方向部队由华中负责供给，在战场东北方向部队，由山东负责供给，西面和西南方向由豫皖苏负责供给，另由冀鲁豫调小米1亿斤拨给华东，因当时徐州解放，运粮有利条件增加了，后方粮食可以用火车运到徐州，并在城市中动员了商家汽车250多辆，从徐州向前赶运粮食，由于各个战略区共同协力进行供给，而且又增加了新的运输力量，故使第三阶段中的粮食供给得到了解决。

（1）中原野战军卫生部转移至临涣集。

（2）华东野战军第三兵站由新安镇移至濉溪口，第四兵站由台儿庄移至徐州，并在徐州、五户张集、官庄设立分站。

（3）华东野战军在符离集、大吴集、丁小楼，设立了弹药库，对部队进行了弹药补充。各纵队补足2个基数，兵团控制2个基数，军械部还准备4个基数。

（4）为补充油料在符离集设立了油料库，各纵队补足1个月的油料。

（5）运输工具进行了调整。

（6）被服、弹药也进行了补充。

（7）粮食供应在黄桥、丁小楼、大吴集、王桃园、前顾厂、邰山增设了粮站。

（8）战品收集处在大湖车站、丁小楼、符离集，开设了收集点，并组织了萧县、永城地区的战场物资处理委员会。

（9）地方伤员转运站也进行了转移，第一转运总站由和尚王移铁佛寺，第二转运总站由古邳移柳集，第四转运总站由徐塘集移大张庄，并延伸了民运线，增设了民运站。

总之在第三阶段内由于部队位置比较固定，事先准备充足，所以很顺利的圆满的完成了后勤各种保障任务。

摘自北京后勤学院编印《淮海战役后勤工作》，1965年5月

回忆节选

豫皖苏三分区支前工作的组织领导

这时候［1948年11月以后］支前工作一定要做到心里有数，究竟有多少部队在我们这里，我们要准备多少物品，跟总前委联系了，他们告诉我们一个账：进入三分区的部队，战场上要吃粮的人数是120万，其中：中野是20万，随军民工25万，后方转运民工15万；华野是50万，随军民工20万，转运民工20万，4万匹马抵10万人，除了这个总账以外，另外加10万人预备供粮，共合需要170万人的粮。每人每天以2斤粮食来加工，每天需加工粮食280多万斤。12月6日地委总支前委员会还在永城，我们司令部几个人是怎么分工的呢？这里介绍一下，

专员许希连到宿县，地委书记寿松涛在永城，副专员李时庄到南线，我到北线。南线一、二、四、六分区，北边这一线除了我们以外还有晋冀鲁豫四个省的。6日分工以后，我带了一些干部，三十六团一个营和一部电台从永城出发。走了一天，百十里路，8日晚上我带这些人住在太丘集附近的庄子。晚上休息，疲劳得很，就睡了。天刚亮，枪响了，枪响以后，我就指挥部队打了，并联络太丘区区队，太丘区区队也有100人。打了以后，开始还不知道，是当逃兵打的，但不断有逃兵过来。仗从上午打到下午，中间发现是敌孙元良部的逃兵，其中有三四百人由敌师部率领到一个庄子上固守，我们没有重武器，没打下来。这时路北有一支部队过来，有重武器，有炮，我们配合他们进攻，把庄子攻下来了。整个战斗共俘虏国民党师长以下1500人，这时才知是国民党孙元良部下突围逃跑的一个师，这一仗就叫太丘战役。因急于赶路，把处理俘虏的事交给三十六团的一位负责同志请示团部处理。事后得知经过政策教育后，大部分俘虏都走了。仗一结束，我就带一个连，一部电台到萧县去了。我连夜赶到萧县，这个时候北线总粮站已设在黄口，山东的谢辉副首长带一批人也到来了，他也有电台，我俩接上了头。接头以后就成立北线指挥部，北线指挥部就是鲁皖两省。北线指挥部是向寿松涛、刘瑞龙发电报、请示、汇报的，谢辉任指挥，我任政委。我们两个接头一会，交换了情况。那时华野指挥部在宿县符离集，我们还到符离集向刘瑞龙作了汇报，接受任务。北线接受的粮食是来自山东、山西、河南，我们地区就是永城、萧县、砀山、夏邑、亳县、商亳鹿柘这样六个县，非战区，再加上豫东。山东河北运来的主要是小米，麦子很少。河南麦子多。我们组织干部参加接收粮食，布置下面加工，再送到前方，这个工作量相当大。每天有5000—10000斤的粮食，他们都是用小车推，你们要是看到这个情形，那是十分感人的。他们有的用小车几天几夜才能推到这个地方，有人将自带粮食吃完，宁肯自己挨饿，小车上的军粮也决不动一下。我们设了好多仓库，我们这里六个县主要粮食是小麦，大米也少，包括河南来的一部分米，还有部分面，然后从这送到前方。我们供应的办法是这样的，北线部队就是许谭兵团，这个兵团十几万人，我们就供应他们粮食。我们北线指挥部设了一些粮站，这些粮站就是跟他前方的后勤部队接头，将加工好的粮食送到前方去。这个时期是冬天，前线战士不便做饭就做包子，所以我们部队有的是包子吃。当战士们手捧包子和大馒头的时候，都感动地说："我们的父母忍饥挨饿，把好东西都拿出来支援我们，我们一定要好好打仗，彻底消灭敌人，来报答我们的父母。"与我们相比，敌人的处境却极其悲惨，邱清泉兵团在青龙集被我们紧紧包围，他们吃水靠挖井，吃饭靠空投，空投的东西不足，就你争我抢，以至火拼。我们的人发现那边敌人很饿，就用传单包着馒头甩过去。尽管敌军军官欺骗说有毒不能吃，但敌兵因肚子饿还是要吃。一吃根本没有毒，就争抢着吃。这种"馒头战术"的作用还很大，吃过馒头，看过传单的敌兵，他们有的就整排整连投降了过来。

摘自《往事回顾——王光宇口述》，安徽人民出版社 2010 年，第 72—73 页

第三节　徐州联合支前会议

　　淮海战役第三阶段，战场迅速西移，参战人数不断增加，前后方距离拉远，加上雨雪交加，粮食供应出现前所未有的困难。1948 年 12 月 15 日，华野致电中央军委建议召开联合支前会议。12 月 20 日，中央军委指示总前委"如你们认为有联合支前会议必要，即由你们直接召开"。总前委决定派华野后勤部部长刘瑞龙具体负责筹备、组织此次会议。1948 年 12 月 26 日至 29 日，根据中央军委指示，联合支前会议在徐州召开。参加会议的有华东、华中、中原、华北冀鲁豫区及两大野战军代表，华野后勤部部长刘瑞龙和华东支前委员会主任傅秋涛轮流主持会议。会议明确了各解放区的任务，协调了各地区的支前工作，讨论了粮食供应及民力安排问题，并对交通、统一货币以及部队南进后支前机构的领导和组织形式等问题作出安排。此次会议，是淮海战役中唯一一次由四方代表参加的支前会议，对满足战场需要、圆满完成淮海战役以及部队南下作战的支前任务，起到了十分重要的作用。

▲ 徐州联合支前会议会址　　▲ 受总前委委托，华野后勤部部长刘瑞龙（左）和华东支前委员会主任傅秋涛（右）轮流主持徐州联合支前会议

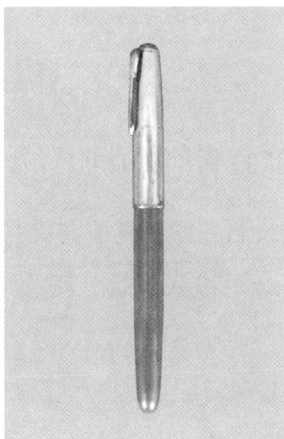

▲ 刘瑞龙使用过的油灯和派克笔　　　　　▲ 傅秋涛使用过的望远镜

▲ 参加联合支前会议的部分领导：

1. 华东支前委员会政治部部长张雨帆
2. 华东支前委员会委员粮食部部长张劲夫
3. 华东支前委员会委员人力部部长魏思文
4. 华东支前委员会委员财政部部长程照轩
5. 华中支前司令部司令员贺希明
6. 华中支前司令部政委曹荻秋
7. 华中支前司令部副政委李干臣
8. 豫皖苏后勤司令部政治委员杨一辰
9. 冀鲁豫战勤总指挥部政治委员韩哲一

1	2	3	4
5	6	7	8
9			

文件精选

徐州联合支前会议的召开

1948 年 12 月 15 日，华野建议召开联合支前会议

战役第二阶段，中野及华野全军进入豫皖苏三分区战场，吃粮人数约计 120 万。中野主力及地方部队 20 万，我方随军民工 5 万，后方临时转运民工 15 万；华野本身新兵及俘虏共 50 万，随军民工 20 万，后方转运民工 20 万，马匹 4 万抵 10 万人消耗，再加 10 万人预吃借粮，共 140 万人。每日每人以 2 斤加工粮计，每日共需加工粮 280 万斤，据报 1 个月共需加工粮 8400 万斤，合毛粮 1 亿 1000 余万斤，5 个月需加工粮 4 亿 2000 万斤，合毛粮 5 亿 5000 万斤。战役已过去一个半月，今后可以三个半月计，尚须加工粮 2 亿 9400 万斤，合毛粮 3 亿 8850 万斤。至各地供应能力，山东计划可动员 2 亿斤，现在韩庄至运河窑湾一线有 5000 万斤，华中可动员 1 亿斤，大部在运东一二九五分区，江淮存粮不多，拟在五分区借粮 1500 万斤，二分区现已可筹 1000 余万斤，豫皖苏可动员 1 亿 5000 万斤，但运力不足，加工迟缓，冀鲁豫 1 亿斤约须 2 个月始能全部运达战区，豫西供应能力不详。

……

凡此均须由统一支前机构在总前委意图下通盘筹划，此一支前机构，我们意见即以傅秋涛之华东支委为基础并以宋任穷、傅秋涛二人负责为宜，并建议迅速召开一次包括华东、中原、冀鲁豫、华中四方面代表之联合支前会议，即由宋傅召集并主持，如何？请总前委及中原局、华东局决定示知。

摘自华东野战军《关于战区粮食供应情况和意见向军委的报告》，1948 年 12 月 15 日

1948 年 12 月 20 日，中央军委批示召开联合支前会议
中央军委的电文参见本书第一章（12 页）。

1948 年 12 月 26 日，徐州联合支前会议预备会召开
1. 时间：12 月 26 日上午 9 时至下午 1 时
2. 地点：傅主任办公室

3. 出席人数 15 人，计：刘部长瑞龙、周司令骏鸣、傅主任秋涛、张部长雨帆、张部长劲夫、魏部长思文、程部长照轩、梁秘书长竹航、方主任毅、华中支前司令部司令贺希明、政委曹荻秋、冀鲁豫王部长维、豫皖苏行署主任杨一辰、郭部长金林、白副部长辛夫。

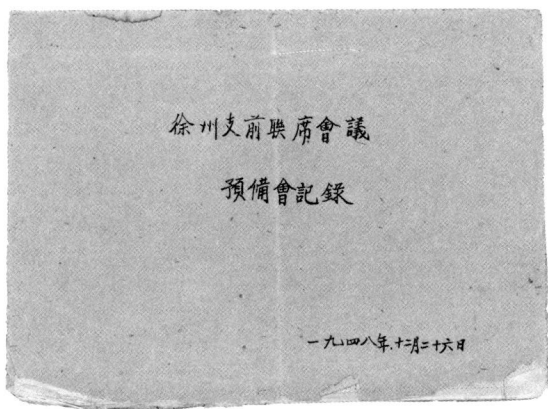

▲ 徐州联合支前会议（又称支前联席会议）预备会记录

4. 主席：刘瑞龙

5. 记录：蒋杰

会议讨论经过及内容：

一、主席刘部长报告会议召开经过、任务及前方情况

甲、会议召开经过及其任务

从淮海战役开始以后，部队从山东出发不久即进入江淮，以后又转至豫皖苏，华野与中野并肩靠背作战，支前工作也从山东扩展到华中，豫皖苏以及华北之冀鲁豫。现在各方面的力量都支上来了，部队的粮食供应是比较充分的，数量很大，但其中还有许多事情需要统一调节，这不仅对部队的供应更有保证，也可以减少很多浪费；除粮食以外，其他支援工作各地用的力量也很大，根据前方的经验，几个地区密切联系，协同一致，用力虽小，收效很大，各地区支前工作的协同一致必须加以发展。为了这个目的，华野前委曾向总前委并华北局、中原局与华东局建议召开一联席会议，中原局早有此议，华东局也表示同意，总前委也指示在徐州召开一联合支前会议。这个会议的任务，主要是解决：（1）统一调节中野、华野的粮食供应；（2）协同徐州周围几个地区支前工作。另外需要交换意见研究的：第一，继续进军前有关支前各种准备工作，我们在此虽不能作决定，但可以研究，尽量争取时间准备。第二，是部队南进时的支前机构问题。这个会议前委指定我参加，因为是联席会议，我意会议可轮流主持。

乙、前方情况（略）

丙、此次会议须讨论的几个问题：

（一）我们这次会议首先研究的是粮食问题，根据运输能力及供应需要，拟分为三期部署：（1）围歼邱李兵团战役的粮食供应，按预定半月时间，共需 4200 万加工粮，合原粮 5500 万（华野、中野均在内，部队位置略）。粮食解决的办法：第一，部队每人保证带三天粮食；第二，在可能前进的方向，由两个前办可分头布置粮食；第三，华中前办带 100 万斤随军前进，谢辉带 300 万斤随军前进；第四，敌人突围方向不存粮食，这样围歼杜邱李兵团的粮食基本上解决了，目前主要是粮食调剂问题，现粮站五分之四是小米白面，中野二、九纵已吃到大米，部队中的供给标准比无线电还快，有差别不行，须设法调剂。

（2）休整期间的粮食问题，以 2 个月计共需 1 亿 6800 万（部队休整位置略）。

（3）部队进到江淮地区，估计须准备一个半月粮食，共须 1 亿 2600 万。

以上 4 个月 3 期粮食，共需粮 3 亿 3600 万斤，其中须说明的：1. 马料占八分之一强。2. 运费不在内。3. 逃亡数与耗损数已计算在内。4. 当地地方机关与城市调剂未计算在内。5. 民工复员与战区救济互相抵销。

以上粮食计调山东 1 亿斤，冀鲁豫 1 亿斤，华中 3000 万斤，豫皖苏 5000 万斤，豫西 2000 万，共计 3 亿 1000 万斤，缺数还不很大。

在休整期间最困难的是：（1）烧柴问题，中野在休整期间还不成大问题，最困难的是华野所住地区，因本地柴少，我们有三个建议请斟酌：第一是烧炭，但须解决炉条，每个伙食单位，须 3 个锅，每锅 4 条，共需 5 万多条，再加 × 万根火铣约需 10 万斤铁。第二是用木柴，但该区可否搞出这样多木柴。第三炭柴各半。

（2）中央军委指示，凡淮海战役参战部队每人慰劳 1 斤肉，5 包纸烟（100 支）。据说财办有指示，过年支前干部每人半斤，民工每人 4 两，约需 120 万斤到 150 万斤，2 万口猪才行，纸烟需 350 万包，这是个大问题，我们最初步意见是发款自己买，但恐发下这样多货币，遍地是货币是危险的，也恐无这多香烟可买，故仍须设法买部分肉，甚至买到一半也好，纸烟还不成大问题。因洛阳、开封、济南、青州等地纸烟都可来，地方也有生意可做。油盐不成大问题。

（3）粮食管理的机构与制度问题，这 3 亿多粮食的管理是大问题，专门机构我们建议由华支粮食部负责统筹，因粮食多在徐州周围调度，华支粮食部也已有成熟经验。

在制度方面，第一是粮食成色问题。第二是运送问题，责任要明确。前几天我们接中央电报，说冀鲁豫本月 8 日运到砀山 5000 万斤粮食无人接收，后经检查与韩、王、谢 3 人证明确无此事，因此接收手续须明确确定。第三是保管问题。第四是拨发问题。第五是折秤问题，现冀鲁豫是十四两六，山东是十三两六，中原是十六两，也须统一解决。第六是各种粮食折合率问题。第七是粮食使用问题。这些问题必须解决，才能克服粮食工作上的混乱至减少浪费。

（二）民工问题：

1. 华野 × 个兵团，每兵团给 5000 人的医院，两个转运站，所需民工未在预算之内，中野所需民工我们也要照顾。

2. 新的常备民工服务期是否须作延长准备，不然浪费太大。

3. 在休整期间民工须复员多少，以及将来民工的工具（过江须用轻便担架），鞋子、单衣、雨具等都须尽早准备，民工供给现四个地区四样也须统一解决。

（三）交通问题——我们提议由交通部规定军用车辆办法与军人乘车办法，经华东、中原批准，以便下达。

（四）货币问题——这个问题对作战地区的群众及部队生活影响很大，现有 6 种货币，而且比值不统一，对蒋币及银币的政策办法也各有不同，现部队呼声是：我们是中央军但无中央票子，须统一解决，市场最缺的是油、盐、日用品 3 种实物，如有实物支持，货币也好解决。

最后关于支前机构，将来部队南进，由谁负责，采取什么形式，也须交换意见，向上级提出建议以备采择。

二、最后议决，1. 会议由傅、刘轮流主持，2. 会议地点在中央银行，3. 时间两天至三天。

摘自《徐州支前联席会议预备会记录》，1948 年 12 月 26 日

1949 年 1 月 3 日，联合支前会议后，华野后勤部长刘瑞龙向总前委提交报告

总前委：

一、联合支前会议经前总决定，26 日于徐州召开，29 日结束。到会者华东局代表傅秋涛及华支各部长，华中代表曹荻秋、贺希明、李干臣，中原代表杨一辰，中野苗科长。冀鲁豫代表韩哲一未赶到，由该区粮食部长王维代表。总前委指定刘瑞龙出席，会议由傅、刘轮流主持。26 日开预备会议，由瑞龙报告召集会议经过，前方情况及有关会议内容的建议，决定讨论目前急需解决的两大具体问题：一、粮食及有关供应问题；二、民力问题。至进军准备中的各地任务及进军后的支前机

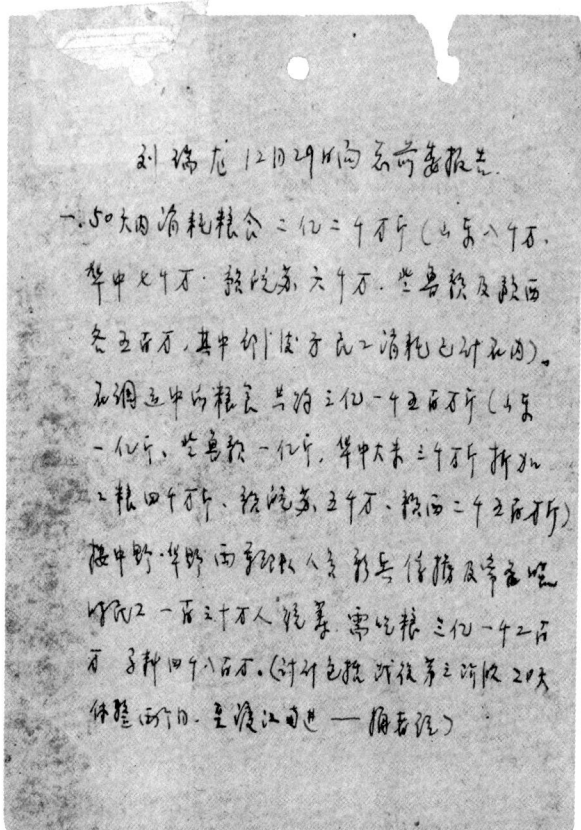

▲ 刘瑞龙 1948 年 12 月 29 日向总前委提交的报告

构，因牵涉太宽，拟今后交换意见向中央及各中央局暨总前委提出建议，以备采择。今后并将记录及共同意见复写发各区代表。

二、会议通过之共同意见，共计两项

（一）关于粮食及其他供应。各地报告自淮海战役发起迄今 50 天内，消耗粮食共约 2 亿 2000 万斤（内山东 8000 万，华中 7000 万，豫皖苏 6000 万，冀鲁豫及豫西各 500 万，其中部分后方民工消耗已计算在内），此外，各区正在调运尚可供给前方粮食，共约 3 亿 1500 万斤（内冀鲁豫 1 亿斤，山东 1 亿斤，华中大米 3000 万斤，折加工粮 4000 万斤，豫皖苏 5000 万斤，豫西 2500 万）。按中野华野两军部队人员新兵俘虏及常备临时民工 130 万人统筹，以 4 个月计，需吃粮 3 亿 1200 万斤，马料 4800 万斤。运输过程中除包运工资外，其他损耗大致已计算在内，收支相较，缺数准备进军中在新区筹借一部分弥补。

会议拟将粮食供应分为三期，第一期为淮海战役第三阶段之供应，暂以 20 天计，需粮 5500 万斤，如到一月底即需 6500 万斤，马料、烧柴、马草均就地筹给，此事已作具体部署，分头进行。第二期为休整两个月之供应，需加工粮 1 亿 6000 万斤，中野所需粮食分布周口、上蔡间 1000 万斤，由豫西运给，涡蒙阜 600 万，亳鹿太 1400 万，由豫皖苏筹给。华野所需粮食分布于徐东、临枣、徐宿、砀山、兖济、徐州、两淮 7 个粮区。第三期为部队进入江淮地区之供应。准备上述二期余粮调剂。至进入江南地区后接济部队及调剂京沪杭之民粮，未作讨论。

各地运屯粮食接管发送，拟作如下分工。豫皖苏 5000 万，豫西 2000 万，除已运铁道者外，其余均供中野，交接手续由豫皖苏直接与豫西商定办理。冀鲁豫运开封、黄口之间之 6700 万斤粮食，一期拨华野北线 2000 万，二期拨徐州及砀山休整部队 1050 万斤，余存原地待命，该线由冀鲁豫负责设站接管拨送。济南南运粮食（冀鲁豫 3300 万，山东 5000 万）屯徐州一带 4000 万，徐宿段 4300 万，原在韩庄 2000 万不动，兖州 1000 万，滕县、临城各 500 万，运河站、瓦窑 1000 万，运两淮 500 万，两淮大米 3000 万，2500 万不动，运 500 万到运河交华支分配。陇海、津浦沿线部队，徐济段及陇海东段粮站由华支负责。两淮及徐宿段粮站，由华中负责。今后前委对休整位置略有变动，拟在新海灌驻一个兵团，拟请华东局由胶东或滨海调运 2000 万斤到该处，由华支派人接收。

烧柴、马料、马草均由当地筹给。猪肉，中野由豫皖苏负责，华野所需由山东代购两批，第一批 39 万斤已运到分发各部，第二批 40 万斤于 1 月中旬到达，第三批 30 万斤由华中代购，1 月底到达。油盐决由豫皖苏负责于中野驻地分设油盐站，华支及华中分于徐州、宿县、两淮分设油盐站。烟叶由华支代购 20 万斤，纸烟发钱由各部自购。豫皖苏工商机构拟订购一批到战区分售。此项供应对战区物价调节作用甚大。徐州第一批猪肉到时，市价即由 4000 余元跌至 3200 元。

有关粮食供应的几个规定，初步商定意见：①一律以十三两六的市秤及十六两秤为标准，市秤折老秤为八五折。②在统一供给标准未颁前，暂定野战军每日定量为市秤一斤十二两。③各区粮票在战区均可共同流通使用。战区以外不准互相使用。部队整训期间，由各中央局财办互相清理。④原粮票换加工粮，部队以麦票交粮站换粮为八折（100 斤换 80 斤面），政府向群众收面为七五折，5 斤损耗由政府贴补。此事山东、华中、冀鲁豫均同意，中原因未得上级指示未同意。苞谷为八五折，秋粮换菜豆为七折，麦换大米为六六折，秋粮换大米为七三、七五折。⑤粮食口袋装粮时，以后要有定量，减省过秤手续。部队领粮食按口袋大小扣粮，领粮后动员交回。

（二）关于民工问题：在前方服务的民工约计 50 万人（山东 28 万，华中 14.8 万，中原 8 万至 10 万人），各地后方运粮民工未计。其中山东、华中之常备民工到期的达 70%。为保证歼灭杜集团，决定保持第二线担架 12000 副，预备担架 9000 副，小车 23000 辆，华中挑子 2700 副，豫皖苏大车 1100 辆继续服务外，其余担架 9500 副及到期过期的挑子一律整训复员。复员也分三期，第一期、第二期各复员四分之一，淮海战役结束后，全部复员。随华野南进之常备民工团，由山东调出者计 22 个，因沿途逃亡可整理成 18 个，准备每个纵队 1 个，每个兵团 1 个，野卫 1 个，共需 21 个，所缺 3 个由华中负责动员拨交苏北兵团部及十一、十二两纵。常备团以后缺额，由华中一、二、九分区动员补充。华东调给华野之 10 个民工团，则分配野司野政及各兵团担任后方警戒、看管俘虏等。对民兵供给及民兵干部政治生活待遇，此次战役中发生问题甚多，棉衣不及时，医药领不到，个别部队照顾不好，决由华支、华野重申前令，保证执行。随军支前干部会议除建议部队必须下决心建设本身的建制担架外，并建议中野是否也配备适当数量之常备民工，至出处请中原局决定。

三、会议提出未能一致要求上级决定者：（一）如此巨大之粮食及民力供应，拟由华支负责统一调度，以免浪费。（二）华东随军粮站干部，此次在新区帮助部队筹粮，作用很大，工作亦较熟练，华支以干部困难，准备逐渐抽回复员，瑞龙提出最好留部队继续服务。（三）各区粮食折合率，麦票换面，必须统一。

四、以上措置未知妥否及未解决问题，盼予复示。

摘自刘瑞龙《我的日记——淮海、渡江战役支前部分》，解放军出版社 1985 年，第 132—136 页

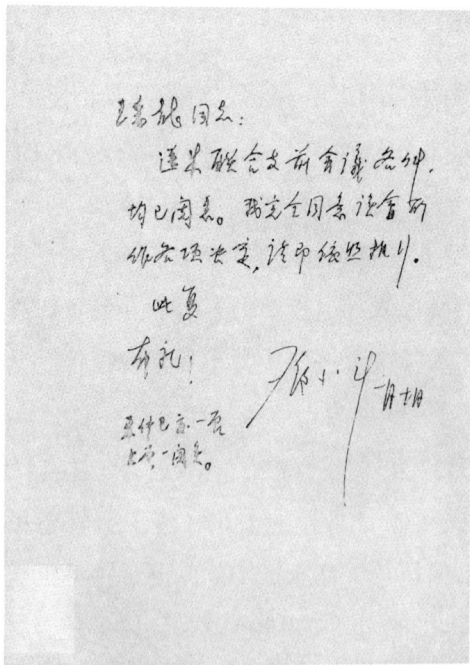

1949 年 1 月 10 日，总前委书记邓小平给刘瑞龙的复信

瑞龙同志：

　　送来联合支前会议各件，均已阅悉。我完全同意该会所作各项决定，请即依照执行。此复

布礼！

邓小平

1 月 10 日

来件已交一辰、占云一阅矣。

▲ 总前委书记邓小平 1949 年 1 月 10 日给刘瑞龙的复信

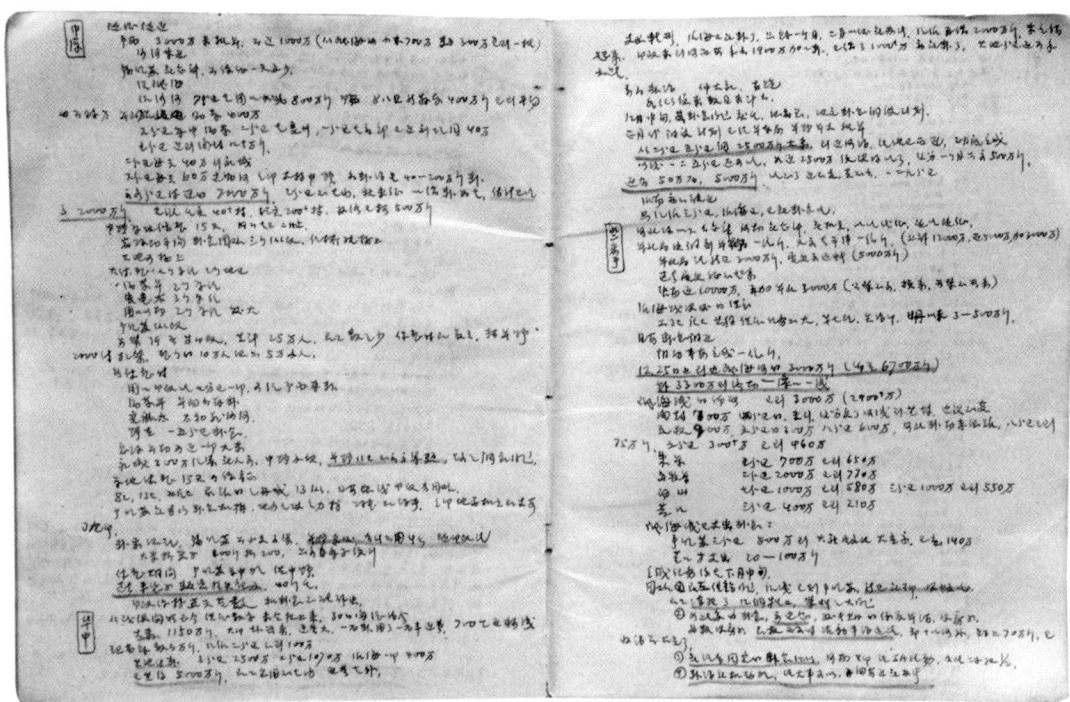

▲ 刘瑞龙的淮海战役日记

支前日记

刘瑞龙：我的日记

1948 年 12 月 26 日

联合支前会议报告第一号

联合支前会议今日开预备会，华东、中原、华中预定人员均到，冀鲁豫来一部长，潘、韩未到，已去信催促，中野刘部长未到，派苗科长代表出席。首由我将前委意见提出，继定此次会议讨论内容，主要是粮食供应及有关内容，其次民工、交通、战区金融等有关支前工作，最后对统一支前机构拟交换意见，并向中央局及总前委提出具体意见。27 日正式进入讨论，拟 29 日结束。

1949 年 1 月 3 日　于蔡洼

向总前委汇报联合支前会议的情况，及在徐工作，对三个时期的粮食部署及民工处理基本同意，只新、海、灌需布置一个兵团休整两个月的粮食。一般民工仍以战役结束后复员为好。一致认为华野后勤部门须加强。继续向南进军必须有支前机构随军工作，以便协助与指导新区党政就地取给以补后方接济之不足，我军必须有地方群众人力物力之支持。指定我起草给总前委的报告。

摘自刘瑞龙《我的日记——淮海、渡江战役支前部分》，解放军出版社 1985 年，第 121，131—132 页

回忆节选

陈国栋、李干臣：战场东、南两面的支前工作由华中负责

12 月 26 日至 29 日，联合支前会议在徐州召开，会议由刘瑞龙、傅秋涛轮流主持。华中由曹荻秋、贺希明、李干臣参加会议。徐州联合会议上提出，华中区的支前任务：战场东、南两面的支前工作由华中负责。

摘自陈国栋、李干臣《华中人民支援淮海战役》，见《淮海战役》第三册，中共党史资料出版社 1988 年，第 227 页

韩哲一：我在会上汇报了冀鲁豫区前段支前情况

我在会上汇报了冀鲁豫区前段支前情况，说明已供给淮海战役前线小米 500 万斤，华北局决定我区继续支援前线小米 1 亿斤。为保证战役胜利，我们一定完成任务，其他均按会议决定执行。会议结束的当晚，刘瑞龙、张劲夫等同志和我，骑马赶到前方指挥部，粟裕接见了我们，并交待了战勤支援工作的具体任务及要求。尔后，我即速返回，向冀鲁豫区党委作了汇报。

摘自韩哲一《冀鲁豫人民支前的壮丽画卷》，见《淮海战役》第三册，中共党史出版社 1988 年，第 251—252 页

资料选编

支前大事记

1948 年 9 月

中原军区发出《禁止无价派差，实行给资包运》的布告

1948 年 9 月 18 日

豫皖苏分局颁发《关于加强各级后勤组织机构的决定》

1948 年 9 月 28 日

中央军委指示华东军区、华东野战军必须做好淮海战役的准备工作

1948 年 10 月 2 日

华东局召开会议，对部队弹药补给、民工组织、运输等工作作出部署

1948 年 10 月 13 日

华东局支前办公室拟定《对华野秋季第二战役支前工作计划》

1948 年 10 月 18 日

豫皖苏分局作出《关于加强各级后勤组织机构的决定》

1948 年 10 月 25 日

华东局支前办公室下发《关于民站工作的决定》

1948 年 10 月 26 日

华东局支前办公室下发《关于执行新颁支前经费供给标准会计系统及供给办法的通知》

1948 年 11 月 1 日

华东支前委员会政治部下发《关于民工政治工作的指示》

1948 年 11 月 4 日

华东局正式成立统一的最高支前机构——华东支前委员会

1948 年 11 月 9 日

中央军委指示"华东、华北、中原三方面应用全力保证我军的供给"

1948 年 11 月 10 日

华东局指示华中工委全力支援前线

1948 年 11 月 13 日

华中工委、苏北军区、华中行政办事处联合发出《华中支前总动员令》

1948 年 11 月 15 日

中原局发出《关于全力支援淮海战役的紧急指示》、《中原局对徐州会战之工作布置》

1948 年 11 月 16 日

中原局下发《关于战勤工作致豫皖苏分局的指示》

1948 年 11 月 20 日

华东局发出《关于紧急动员起来支援淮海前线的指示》

1948 年 11 月 22 日

中央军委指示中原局迅速命令豫皖苏分局调集粮食

华中支前司令部正式成立

1948 年 11 月 24 日

中原军区颁发《关于加强后勤保障的命令》

豫皖苏分局财办下发《关于支前物资调度的决定》

豫皖苏分局下发《关于加强兵站工作的规定》

1948 年 11 月 29 日

豫皖苏分局作出《关于淮海战役支前工作的若干决定》

1948 年 11 月 30 日

中原军区运输司令部成立

1948 年 12 月 3 日

华野拟定《战役第二阶段后勤工作部署》

1948 年 12 月 8 日

华东支前委员会成立油盐供应总站

1948 年 12 月 13 日

华中工委下发《关于筹借公粮确保战争供应的决定》

1948 年 12 月 14 日

华北局作出《关于拨运小米支援华野部队给冀鲁豫区党委的指示》

冀鲁豫区党委作出《关于运粮工作的紧急指示》

1948 年 12 月 26 日

联合支前会议在徐州召开，至 29 日，会议结束

1948 年 12 月 31 日

华东军区司令部、政治部发出《给淮海前线全体指战员、伤病员的慰问信》

编者整理

第四章　人民支前主要力量（民工）的组织与管理

　　据不完全统计，淮海战役各解放区共动员民工 543 万人，其中随军民工 22 万人，二线转运民工 130 万人，后方临时民工 391 万人[①]。另有成千上万的人民群众在后方积极投身各项支前工作。要组织管理好这支庞大的支前队伍，任务极其繁重，工作极其复杂。各级党的组织积极贯彻耕战互助的方针，紧紧围绕解决民工支前中的实际问题和完成支前任务两方面内容，制定了一系列兼顾支前和生产、战争利益和人民利益的科学管理制度，建立健全了民工后勤保障体制，并开展了自上而下有组织有计划的民工政治工作，确保了战役支前任务的顺利完成。

　　[①]　中共中央党史资料征集委员会主编《淮海战役》第三册，北京：中共党史资料出版社 1988 年，第 359 页。

第一节 民工的动员

人民战争，人民支援。民工是解放军前方作战的重要保障力量。淮海战役中，从物资筹集到粮草被服加工，从运输物资到转送伤员，从修筑道路到架设电线……大量工作需要民工来完成，民工动员任务艰巨繁重，工作极其复杂。为此，各级党组织纷纷制订动员制度，颁发战勤条例，开展动员活动，在解放区掀起了全民总动员、人人忙支前的热潮。

淮海战役动用民力统计表

淮海战役动用民力（人）：543 万	随军常备民工：22 万 二线转运民工：130 万 后方临时民工：391 万	
华东	鲁中南	1781146
	渤海	258769
	胶东	129525
	济南	13958
	苏北	1075000
	江淮	605481
中原	豫皖苏	1110000
	豫西	160000
华北	冀鲁豫	300000

注：随军常备民工：指拨配部队建制的常备民力，接受部队领导和调度使用，一般随军服务两三个月以上。二线转运民工：指服务一个月以上的民工，由各转运站、民管部门等掌握，执行前后方之间的一切转运任务。后方临时民工：指服务期 10 天左右，在当地完成各种临时支前任务的民工。

根据淮海战役纪念馆馆藏资料整理

一、民工动员的基础

1. 解放区的土地改革

回忆节选

淮海战役前，山东解放区基本完成了土改

我党制定的各项政策代表了广大人民群众的利益，特别是土地改革运动，反映了千百万贫苦农民的愿望。1946 年，山东一些老解放区开始土地改革，1947 年进行土地复查，到 1948 年淮海战役前，解放区已基本完成了土地改革。据当时不完全的统计，鲁中南区有 200 多万亩土地分给贫苦农民；胶东区有 100 万翻身农民得到 180 多万亩土地；渤海区有 200 多万翻身农民分得土地 200 余万亩。广大农民获得了土地，政治上翻了身，表现出极大的革命积极性和生产热情。他们一致表示："反蒋、保田、保饭碗！""要人出人，要钱出钱，要粮出粮！""挡大门，保田地，解放军打到哪里，我们就支援到哪里！"这就是当时山东翻身农民一致的行动口号。

摘自张劲夫《兵民是胜利之本——忆山东人民对淮海战役的支援》，见《淮海战役》第三册，中共党史资料出版社 1988 年，第 189—190 页

▲ 翻身农民清算地主罪行

▲ 翻身农民丈量土地

◀ 民兵宣誓：誓死保卫土地！

翻身做了主人的广大农民阶级觉悟空前提高

从 1946 年下半年到 1948 年底，冀鲁豫黄河以北大部地区进行了土改和土改复查运动，确定了地权；黄河以南地区，则在极端艰苦的游击战争的条件下，开展了分田、保田、保家的群众运动。广大人民群众特别是贫苦农民，经过土地改革运动，翻身做了土地的主人，生活有了保障，阶级觉悟空前提高，从思想上认识到只有跟着共产党，打倒蒋家王朝，才能真正过上和平、幸福的日子。因此，便自觉自愿地积极踊跃地担负起了支援前线的各项工作，直至全国解放。

摘自韩哲—《回忆冀鲁豫边区人民在淮海战役中的支前工作》，见《战勤工作资料选》，黄河出版社 1988 年，第 399—400 页

▶ 各地民工、民兵的臂章

▲ 渤海子弟兵团臂章

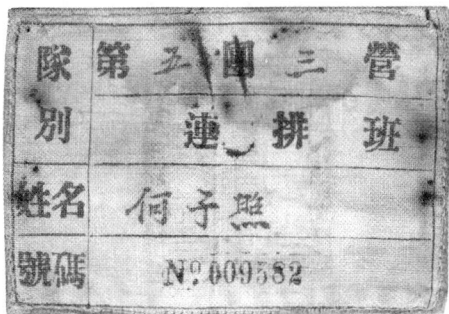

▲ 民工何子照的臂章

2. 国民党军的暴行

回忆节选

蒋介石军队的暴行把人民逼得走投无路

▲ 宣传画"保卫我们父母、老婆、儿子、粮食和耕牛"

蒋介石军队惨绝人寰的暴行，把人民群众逼得走投无路，人民只有依靠共产党，才能死里求生。解放战争开始后，蒋介石先是要水淹我华北地区的千百万人民，冀鲁豫边区人民则首当其冲；继之国民党屯兵于冀鲁豫黄河以南地区，对我解放区实行彻底破坏和战略摧毁，无恶不作。仅在 1946 年 9、10、11 月三个月内，国民党军队就在湖西地区的 11 个县，杀害群众 11000 多人，湖西人民在这三个月里蒙受的损失，超过该地区八年抗战所受损失的总和。鲁西南地区三分之二的村庄、房屋被烧毁。敌人暴行从反面教育了人民，人民便成了埋葬蒋家王朝的掘墓人。

摘自韩哲一《回忆冀鲁豫边区人民在淮海战役中的支前工作》，见《战勤工作资料选》，黄河出版社 1988 年，第 400 页

支前总结

苏皖第六行政区惨遭国民党军抢劫破坏（见下页表）

苏皖第六行政区一年来遭受国民党军抢劫破坏损失统计表　1949年1月3日

项目	数字	县别	宿北	淮阴	涟水	泗沭	东海	灌云	沭阳	宿迁	潼阳
人口遭受迫害	死亡	名	614	710	137	226	285	543	667	266	466
	打伤	名	345	163	35	83	272	365	290	198	286
	抓去壮丁	名	767	1135	132	76	386	1332	245	375	429
	流离失所	名	427	1692	404	33	465	1321	404	712	642
	强奸妇女	名	506	6018	200	394	520	791	880	263	1534
烧毁破坏	房屋	间	5258	2042	777	978	2379	4282	3067	2603	2875
	树木	棵	287365	271886640	20191	80667	944203	51307	1904561	254810	152221
	草	斤	6520334	6371347	895879	406150	1759500	7792589	7945297	6124858	7524002
	什物	件	37791	5884	4604	11856	13562	162411	228126	77616	296722
	其他估价	元	4226626	26379161	2323832	1774500	43233096	162206954	35845593	71687137	68951899
抢劫	粮食 小麦	斤	2657036	4560510	438379	74050	204078641	1689216	4122454	645207	3058426
	稻头	斤	2113280	24689248	340493	89392	1899992	3365246	934306	790234	3832957
	什粮	斤	972877	14508426	66969	14134	983982	2413220	585314	282228	2244389
	花生	斤	98766	77966376	2440	11450	24588	3965	227649	68063	238964
	油	斤	27531	193190	29809	7561	174714	21140	285065	7110	81931
	饼	斤	34116	88787	137397	3726	260582	16987	74274	13279	165260
	其他	斤	32041	180293	16522	800	994074	1935159	51153	15425	38123

（续表）

	项目	数字	县别	宿北	淮阴	涟水	泗沭	东海	灌云	沭阳	宿迁	潼阳
抢劫（续）	牲畜	牛	头	695	650	589	368	892	1116	975	740	1994
		驴	头	1088	340	102	74	852	468	597	450	2058
		猪	头	6292	37948	7420	4720	4094	3909	14669	2838	32766
		羊	头	1142	1867	752	334	4068	1856	1664	2251	2153
		鸡鸭	只	115666	85114	10361	16502	61765	118016	134933	52588	281355
	衣物	被子	床	2968	2761	612	1589	5322	2392	4757	1672	5441
		各种衣服	件	20289	25744	8011	1854	55683	18720	29219	5921	34272
		布纱	斤	13841	11041	1353	781	3322	6379	5537	1335	5476
		包袱	个	2204	9042	651	465	7192	7896	4231	1493	7430
		鞋袜等	双	3568	26548	1625	1070	29449	75688	13386	5791	37603
	农具	牛车	辆	225	222	3	10	321	521	653	146	754
		小车	辆	1781	8521	751	457	616	1533	2201	1176	1370
		犁耙	件	714	1521	233	185	1335	1795	1829	1283	1980
		锄	把	1925	2392	338	577	2520	8540	5055	19492	7974
		其他什件	件	11076	7735	1316	1581	23936	14288	4630	2963	22847
	什物用具	锅整	口	2583	8057	1879	725	26174	9299	7054	3630	8420
		缸罈罐	口	7975	3106	2644	1474	8118	14261	19930	7280	261168
		门板	副	13100	16904	2623	2572	15393	7098	22359	8933	13963

（续表）

项目	数字（单位）	宿北	淮阴	涟水	泗沭	东海	灌云	沭阳	宿迁	潼阳
抢劫（续）	厨房用具 件	11355	25817	9588	1434	10627	12216	42622	14027	30178
	大床 张	2188	1271	439	353	1712	1662	3818	3595	7853
	桌椅板凳 张	9263	5520	1645	980	13454	14999	11444	8242	14401
	箱柜 只	2378	1455	411	685	13517	11875	7216	2312	11078
	织袜机 架	43	178	29	55	165	2851	942	788	892
	其他什件 件	25287	9459	5594	724	9108	28046	1632	14434	127710
	银款 白洋 枚	42743	142007	12863	28547	84815	328629	380158	37961	163410
	华中币 元	33675117	177176334	9756418	766133	70123800	27356140	226910048	3771806	27853770
	铜元 枚	31145591	976042	35813426	184543	625100	604275575	2490072	148891	11466369
	其他首饰估价 元	161386	159582718	888922599	5720000	107387962	5762595	1220870	401615	6632900
投租勒索	地亩 亩	132010	382080	93328	1719	8266315	153746	88247	30408	95836
	粮食 斤	3081201	1109590	165105	121800	1668081	3545404	1328183	1008987	9998088
	白洋 元	35140	2388572	4951	17078	39663	99260	87658	863201	247829
因蒋匪破坏荒废田亩 亩		16529	18796	8216	1705	65003	131944	30105	16919	418130

摘自《苏皖第六行政区一年来遭受蒋匪抢劫破坏损失统计表》，1949年1月3日

3. 民力负担的政策

文件精选

粮食征收中的减免规定

第十三条：凡不属于私人之土地，如公地尚未分配之果实地及逃亡户之代管地，一律按每中亩全年征 15 斤公粮计算；种麦粮者，每亩交麦粮 5 斤，余交秋粮；种高粱谷子等，则全年交秋粮 15 斤（此项地亩不与其家中人口地亩合并计算）。

第十四条：无劳动力之军、工、烈属、鳏、寡、孤、独，其生活困难者，按第八条①计算后酌情减免其负担 20% 至 50%，特殊困难确无负担能力者，报区政府批准可予全部免征。

第十五条：荣誉军人及 5 年以上斗争历史之复员军工人员（因病或年老经组织批准复员，取得证明文件者），及民兵、民工、村干，因支前、治河、对敌斗争而残废，致影响生产者，除依第八条扣除地亩外，其本人再扣除半亩地后，计算负担。

第十六条：凡解放区内，地在甲地，人在乙地者，按人的所在地征收公粮（即在乙地征收），人不在解放区，地在解放区者，以地的所在地征收。

第十七条：出租之土地，公粮由业佃双方共同负担；业佃双方已成协议者，按其协议之规定负担；未成协议者由业佃双方依其得粮比例负担（如业主得粮 3 分，佃户得 7 分者，即以业主负担 3 成，佃户负担 7 成办法计算），但土地每人平均数根据业主家人口计算，由佃户负责缴纳公粮，凭公粮收据，按比例数与业主结算。

第十八条：灾荒之减免。

（一）凡遭水、旱、虫、雹、风灾之土地，呈报本府批准后，得视灾情轻重酌量减免其受灾部分之负担。减免办法另订之。

（二）凡遭受蒋灾及其他意外灾害，实无负担能力者，经政府批准酌情减免。

---

① 编者注：第八条：公粮之征收，以中亩为标准，每亩地全年征收公粮 30 斤，但每人平均 2 亩以下者，每人免除 7 分地不负担，2 亩零 1 厘至 3 亩者，每人免除 5 分地不负担，3 亩零 1 厘以上者不再免负担，即按实有地亩计算。

（三）修路治河及遭水冲毁之土地，减免其受损部分之负担；变为非耕地者，须于明年夏征土地登记时，得在该户地亩总数内退除。遭水毁地之业主，倘以巨大劳力资本修复者，作开荒地减免，并视其所费劳力资本之多少，根据第三条规定，经群众评议其免除负担之年限，报区政府批准转县府备案后施行之。

第十九条：新收复区、新解放区及边沿地区，征粮办法另订之。

摘自《山东省三十七年度修正征收公粮公草暂行办法》，见鲁中南第四专员公署翻印《征收手册》，第11—13页

常备民工的出工减免规定

甲、凡服务军工机关、公营工厂之工人，或生活来源全靠做工者，其本人不担任常备民工。

乙、乡村手工业工人，分得全份土地者，仍须担任常备民工。

丙、城市小商人及专倚为生的摊贩，不担任常备民工，临时民工照出。商人应出短勤，雇人自代者，其代工粮资由各地合理规定。

丁、小学教师不担任常备民工。

戊、残废、暗疾经当地群众公认者，免出常备民工。

己、单身汉服务常备民工者，其生产应由乡村政府或农会指定专人负责，保证不致荒废。

庚、确有特殊原因要求不出常备民工者，均须经当地群众公评确定。否则以规避论处。

摘自《华中民工服务暂行条例》，见苏皖九专署支前办事处编印《支前手册》，1948年11月

长工或短工的出工减免规定

一、长短工均免的人：

1. 有残废痼疾，真正不能劳动并经群众认可的人。

2. 一、二等荣誉军人（如自愿担任后勤服务的应予表扬）。

3. 公营工厂工人缓役。

4. 经规定之乡邮站人员。

5. 现任小学教师及学生。

二、只免常备民工（6个月一期）不免临时民工的人：

1. 全靠自己做工为生的工人。

2. 市镇商人及专倚为生的小摊贩。

3. 军人烈士之嫡系亲属（父亲儿子）。

4. 确有暗疾，不能担任过重劳动并经群众公认的人。

5. 边沿区之基干民兵（一般民兵仍应出后勤）。

6. 确有特殊原因并经群众公平议定的可以不出常备民工。

三、乡村干部中正副乡村长、指导员中分队长、乡村农会长等有轮流担任带领民工任务，乡村财委，专办粮食工作，其他非脱离生产干部均应参加后勤服务。

四、凡有特殊技术的人如木匠、铜匠、医生等在为公家服务中，照记工（但如拿工资的就不记工）。

摘自《什么人可以免出长工或短工》，见华中行政办事处第六行政区支前处编印《支前手册》，1948年10月

合理地组织战勤

1. 干部和党员要起模范带头作用：一般乡村级干部、党员，同样要负担战勤，除某些主要干部，负责繁重工作的干部，经群众民主评议后，可免除战勤负担。其余的一般干部、党员，应起模范带头，如有发现干部、党员中，为包庇亲戚好友而使战勤负担分配不公，给予严格的批评与纠正。

2. 缺少或真正无劳动力的抗烈属（包括战士的年老父母、妻子及未成年的儿女兄弟），应免除战勤负担。但有劳动力的，应和其他群众一样出工。荣誉军人和复员军人，他们原是革命军人，假使身体好，应该积极参加后勤，但要少出工，他们有军事常识，可做带队、看守俘房等工作，身体不好，应免出工。

3. 已出外户，暂不负担，待其回来后，再同样负担，有些地方，对外出户算后勤总账，这会影响争取他们回来的。

4. 尚未外出而一定要外出谋生者，必须在外出前，对战勤负担由其本人负责交代清楚，确定由谁负责代工或请工，这样可以减少或避免为逃避战勤负担而外出现象发生。

5. 中心区民兵一般应同样负担后勤，并教育民兵为后勤骨干。但边区民兵，

积极参加对敌斗争的，应该适当的减轻他们的后勤任务。

6. 地主富农，除反动地主富农外，一般的应根据其劳动力出后勤，但也不能专门要他们去，负担不公。

7. 其他半劳动力，也要很好编制起来，送短差和临时差。

摘自《后勤组织和公平合理》，见华中二地委宣传部编印《支部补充教材：迎接胜利，支援前线》

支前手册

乡村出征采取插花编组的办法

在支前组织办法中规定了乡村出征采取插花的办法编组，其基本精神是同一地方的劳动力要有计划有组织地轮流抽调，不要一次出光，这样就可以既保证完成支前任务，又便利后方坚持生产。因此，插花中的每个基本组织即支前组，必须包括各个不同地方来的人，而不能集中在一个庄子上、一个园基上，或甚至在一家的兄弟叔侄当中，而同一个场上、庄子里适合支前条件（第一队或第二队）的人，则必须分别组织在不同的组里。

这样的组织，以一个村为基本单位（过大不便掌握，过小不便调度），即每个支前组的 5 个人，一般的必须是从全村范围内集合起来的，如此，则一个村可以按照第一队、第二队分别编成若干支前组，这些支前组里的人员，当然不会也不可能在全村平均分布，所以在编成小队时还要根据插花精神加以照顾。譬如这一组东边人比较多，那一组西边人比较多，就应编在一个小队里，而不要把两个集中在东边的小组编入一个小队，小队编成分队也是如此。这样，在一个村里可能把好几个小队或分队插花式地散布在全村当中轮流出征，在出征抽调时也是本插花原则的。一个村如果有两个小队或分队，则一般说来每次抽调一个小队或分队，和其他村抽调的小队或分队合组为分队或中队，这样，就可能保证在每次出发时到处出动而不致有一处劳力出光。

摘自《关于插花编组的说明》，见苏皖九专署支前办事处编印《支前手册》，1948 年11 月

前后方工实行等价相换

实行前后方工的等价相换，解决支前与生产的具体矛盾。这是实现战争支前与秋收秋种两大任务在组织上结合的第三个环节。几年来，支前与生产结合，基本上有 3 种形式，其效果比较如下：

第一种：支前也无组织，生产也无组织；支前也要拨工，生产也要拨工，帮助民工生产也要拨工。且不记工，也不找账的一种毫无报酬的帮工。它的缺点：（1）出 10 个民工支前，起码又需拨 10 个人给民工生产，这样等于加重了战勤负担。（2）因为是拨工，支前也罢，生产也罢，群众认为是干部的事，或给别人做的，应付差事，不好上干，结果民工在前方挂念生产，不安心甚至开小差，生产又未帮好。所以是劳民伤财的办法，支前生产两无保证，村干两面为难。这是最初的也是最坏的一种形式，在今年的支前生产中已抛弃和纠正着这一方式。

第二种：出工由自卫团轮流，生产由变工组帮助。支前生产各自记工找账或各自制工票，互不交换。变工组生产工为工资制，帮民工家属生产为义务制，这种办法比较第一种已有进步，但也有缺点：（1）把给前方民工家属生产，不视为支前，作为变工组义务。凡是加入变工组就要白帮民工家属生产而吃亏，不参加变工组的人占便宜，影响今后组织变工。（2）因为帮助民工家属生产是无代价的义务，则给民工家属做活不尽心，生产仍无十分保证，不能使民工安心于前方工作。（3）由于支前工不能换生产工，群众支前情绪必然不高，重视生产忽视支前。这是一种支前生产只有分工没有合作的方式。

第三种是使支前与生产既分工又合作的全村前后方变工形式。这是几年来各地从上述两种办法中摸索出来的，现已认为最好的办法，它的主要好处是：（1）按照支前生产工等价相换的原则，使支前与生产统一起来，不论谁出发支前赚一个工，可以马上在村里换得一个工给他生产，使在外支前的可以有人给他在家生产，而且这个给民工家属生产的工，同样可以作为支前工，使出工者放心家庭生产，安心于前方工作。（2）使在家生产的人，也可以得到以生产换来的支前工，克服了帮助民工家属生产是"白搭"工的缺点，群众自动为民工家属帮工。（3）实行这种办法的结果，不仅是支前生产都有保证，而且可以提高群众支前与生产的积极性，因为一个劳动力，如果支前赚 10 个工，但家中生产别人帮他 5 个工，那么他只余下 5 个支前工了。所以他便设法在未出发前，就主动的、自觉的突击生产，或督导其家庭妇女生产，以免被人赚了工去；而没有出工的人，亦千方百计想在家生产中，多给民工家属干些活，以赚些支前工，弥补他没出工的缺额。这样支前就不是耽误生产而是保证与推动了生产。

这三种办法应予推广第三种，提高第二种，克服第一种。实行前后方变工并不困难，据各地经验：以工票，而且是支前生产统一的工票来达到前后方变工，民工家属可按期向村领支前工票，并以此票自行找人帮助生产。或在民工出发前，已自报公议方式，议定自己需多少工，由本班本组负责其报出之生产，班内（或组内）赚其议定的工票，如沂源县青龙区上枝村，将全村凡年在 18 岁以上，45 岁以下，除有病不够出工条件的外，统一编入自卫团，分成班或排，选出忠诚老实的人负责制定出发工票，村干民兵也按具体情况评定编入，开会等任务由群众讨论顶工。如有支前任务，即通过自卫团，向班排抽调，排班再按出工多少及排定之次序确定谁去支前，谁在家生产。出工后由其家属向村团部领取工票，以此工票可换人工代其生产。村内定期以十天或半月一次将工票收回，结算找平。从此看来，生产支前工相换简单易行，并不麻烦。但亦有的人认为：在老区，有基础有变工组的村庄才能实行。事实亦不如此。该村自 1946 年即实行此种办法，至今已 3 年多，当时该村亦不过是刚解放不足一年的新地区，没有变工组的村，如果实行工夫相换，还可将民工家属土地，用民主评定需多少工，以包工办法解决，因此这种办法不论在老区或新区都可实行，而且也能实行的好，只要领导上重视。

摘自《大众日报》1948 年 11 月 19 日

支前手册

合理负担的记工办法

一、为什么要记工？

支前任务日益巨大，生产工作必须坚持，实行记工是很好完成支前与生产的重要保证，因为：

第一，既要支前又要生产，一批青壮出工支前，后方生产便要组织劳力互助。要解决出发支前与后方代耕在劳力上如何调度，生产工与支前工如何折算诸问题，便须实行记工办法。

第二，服务战勤的性质各有不同，各人家庭情况、劳力强弱也有分别，有的人有技术，有的人有工具，凡此等等，各种人如何出支前工，出多出少，必须实行记工办法，才能公平合理。

第三，在深入思想动员，加强干群战争观念的基础上，实行记工办法，更可鼓励情绪，提高效率。

二、怎样记法

（一）各种支前工如何计算？

1. 凡是出发支前的，叫出征支前工。凡不出发在乡做支前工作的叫后方支前工。凡代出征支前民工家庭生产的、为军烈属代耕的，也算后方支前工。

2. 各队内部的记工

根据支前组织条例，除免役缓役的人外，凡应服务的人都已分别组织在第一队、第二队、第三队里，根据"各尽所能"的精神，能做什么就做什么，合理负担。所以各队的人只要在各队内能完成规定的任务，便要照记支前工，不因劳力强弱有所折扣。例如二队上的人做一天就不能因为他比一队的人做一天劳动效果少些而少记支前工，所以一队或二队，出发做支前工作一天都记出征支前工一个，从奉命集中脱离家庭生产的一天起，到回家的一天止，有一天算一工，虽集中出发而不曾有任务也照算。但因后方支前工作往往不是整天做，因此后方支前工不以天数记工，以他做出来的成绩多少算工。到底做哪一桩事要做多少为一个后方支前工，由各地群众具体评定。

3. 各队之间互相调度的记工

因为后勤任务的需要不同，有时需要一队多，有时需要二队多，有时需要三队多。这种情况下，就要进行调度。为了鼓励劳动热情提高效率，规定一、二队调做后方支前工作时，也以工作成绩记工。一队与二队之间调度出征支前工时以10与8之比折算。就是编在二队上的人，调做一队上的支前工，完成了规定给一队每人的任务，要加二五记工。每做一天，算一个带二分半出征支前工，以鼓励二队的人做一队的工。而原在一队上的人调做二队上的工，完成规定给二队每人的任务，要打 8 折记工，即每做一天算 8 分支前工。但如果超过了规定给二队每人的任务，这超过的部分，折合加记出征支前工，以鼓励充分发挥劳动强度。例如规定二队每人每天运米一石，一队调来的人 10 天运了 15 石，便超过了 5 石，相当于二队一个人做 15 工的成绩，这个调来的一队上的人应照 15 工打 8 折记支前工 12 工，而不是照 10 个工打 8 折记 8 个。

（二）支前工与生产工如何折换？

为了保证支前，必须坚持生产，对生产与支前结合的办法，除有基础有条件的进行自由结合等价交换的伴工外，在大批青壮出征支前的情况下必须统一调度劳力，互相代耕，采用记工办法，解决支前与后方生产的矛盾，并规定出征支前与生产代耕工的关系与记法如下：

1. 凡一批民工出征后，家庭生产，必须调度劳力保证解决，此批民工复员后，对出征期中别人代他耕种所做的生产工，可以两种办法处理：一种办法是根据等价交换原则，照伴工习惯还生产工。此时只记出征民工的出征支前工，双方之生产工均不记。第二种办法，如不还生产工，则代耕者等于做了后方支前工作，应记其后方支前工，而出征者本人所记出征支前工当中，要扣除相当于这后方支前工的工数。例如张三做出征支前工 20 个，李四替张三家做生产工 10 个（姑作这 10 个生产工可抵 10 个支前工，详见下面），张三不还李四的生产工，则张三的出征支前工被扣去 10 个，还剩 10 个了。而李四可记上后方支前工 10 个。如果该村这个时期中，平均每人负担出征支前工 20 个，后方支前工 25 个，则在出征支前工方面，张三还要做 10 个。在后方支前工方面，李四还要做 15 个。

2. 为了防止希望以后方支前工代替出征支前工来避免出征，使出征支前力量不致因代耕生产工可充作后方支前工而遭受影响，规定各人的出征支前工和后方支前工要分开来计，出征支前工可抵还算后方代耕工，后方支前工（包括代耕工），不能抵作出征支前工，这样做了代耕工的人，还要同样负担出征支前工，和未做代耕工一样，但后方支前工作却因做了代耕而减轻。

3. 替民工家属代耕，如本人不还工，则代耕的人不管是全劳动力或半劳动力，都记一个后方支前工，如出征本人愿以出征支前工扣还，则按劳动成绩折算，一般一个全劳动力做一天扣一个出征支前工，半劳动力则扣半个，如本人愿还生产工，则照伴工习惯按等价原则计算。

（三）几种特殊工的记法：

1. 对技术人员（如医生、匠人）以技术支前的，一般要比出劳力的算工多些，即加几成或加几倍计算，什么技术算多少，由各地群众根据实际情况评定。

2. 有些支前工作（如做米、磨粮等）规定的办法，以能保证做户得到实际代价的不能记作支前工。

3. 为鼓励修理添置工具，节省人力，使生产支前两利，凡出重要工具支前的，应该记工；各种工具记工标准由当地群众参酌此项工具出租工资适当评定。在一切为了支前精神下，须低于一般出租工资。有些工具（如农村民船）大小、功用，相差甚大，可分几等记工，小型工具不记工（海船、商船、牛车等有专门规定）。

（四）记工手续

1. 各级支前组织中，都要设记工委员会，专责记工。

2. 记工委员记工时，须有根据，下面三方面的证明，有一即可：

（1）使用这批民工机关所发证明书。

（2）带领民工的干部数人之证明。

（3）一齐做的民工互相证明。

3. 记工以每个人为单位记，不能以每一户为单位记，因为一户之中有人应在一队，有人应在二队等。

4. 平时临时支前工作随时随记，每月结算一次，战时大批支前工作，每批结束，结算一次，结算以后，向村民大会公布，以便大家比较，是否公平合理。

5. 小组里负责记每个人出什么工多少，村负责记各人出什么工多少，乡负责记各村出哪一种工多少，区负责记乡，这样按级记工以便于掌握合理调度。

摘自《保证支前生产，统一调度劳力，贯彻合理负担的记工办法》，见苏皖九专署支前办事处编印《支前手册》，1948 年 11 月

支前手册

怎样记工

后勤记工是保证出工公平、负担合理的唯一办法，要想使记工记得好必须要民工自己保证，光靠干部是不行，这里仅提出几个主要问题供各地记工参考：

一、几个原则

1. 后勤记后勤工，生产记生产工，前后方不抵工。

2. 常短工不分开。

3. 闲工忙工不分开。

4. 驻军后勤单独记工。

二、记工标准

1. 不论长短工每一天即算一工，包运物资，每出一天算半工（以全劳动力为标准）。

2. 牛抵两人工，驴抵 1 人工。

3. 牛车抵 3 人工（牛及人工不在内）。

4. 其他用具不算工。

三、证明及登记手续

1. 长工一般以原区乡村干部证明（因长工多半是集体出工），必要时可互相证明。

2. 短工应有原使用机关或部队证明，必要时互相证明。

3. 长短工经一定证明后，即随由乡（或村）记工员予以登记。

四、记工执据——民工服务经记工后，本人应取得一定执据，以便月终结账为凭，一般可采用后勤服务证，每一民工一张，逐次填写，如无此条件可制发竹签木签，或按村按组在墙上划"正"字记工等其他办法亦可。

五、结算工账——一般以每月算工一次，必要时将按每一战役算一次，凡出工少的，在下月则应先行摊工按次轮流。

摘自《在支前运动考验中要提拔干部、发展党员》，见江淮二分区支前司令部编印《支前手册》，1949 年 3 月 20 日

二、民工动员的制度

文件精选

渤海区战勤负担办法

凡渤海境内年龄在 18 岁以上，55 岁以下之男子，牲口车船，除下列规定减免

者外，均务有战勤之义务。

为加强前后方战勤工作，分常备民工与短期民工，凡年龄在 20 岁以上、45 岁以下之男子编为常备民工，18 至 19 岁和 46 岁至 55 岁以下之男子编为短期民工。

摘自渤海行署《关于战时勤务负担暂行办法》，1948 年 10 月 27 日

华中区民工服务条例

第一条：华中自转入反攻后，战争规模日益扩展，后勤任务日益繁重，为有效使用民工，减少浪费，长期支持自卫战争并保证其胜利起见，特订定本条例。

第二条：凡居住解放区年龄在 18 岁以上 45 岁以下身体强健之男子，不分阶层，均须轮流担任常备民工。轻便之临时民工，得自 45 岁延长至 55 岁。

第三条：交通工具如民船、牛车、小车等，亦应服务后勤，其征调使用办法，照各地原有规定。商船渔船，依靠为一家生活者非遇紧急情况，不得征用。各机关、部队、团体或个人，不得擅自封船封差（出钱自雇者例外）。此类交通工具征用调动之权，属于当地区以上政府后勤机关。

第四条：常备民工服务时间暂定为 3 个月（注：以在部队之时日计算），由华中行政办事处按实际需要及各地区民力负担情形统筹征集之。临时民工一次服务时间，以战时不超过一次战役，平时不超过一次任务为限。由当地区以上政府后勤机关临时动员。

第五条：常备民工服务期满后，其所在服务之部队机关须保证放回，并发给民工复员证，不得延期。地方政府亦应保证在期满前动员第二批送到，以便接替。临时民工一次服务完毕时，亦应于所发服务证上载明服务天数，凭证向乡村政府记工。

第六条：凡合于本条例第二条之规定者，均应服务民工，但有以下之实际情形者，可分别规定如下：

甲、凡服务军工机关、公营工厂之工人，或生活来源全靠做工者，其本人不担任常备民工。

乙、乡村手工业工人，分得全份土地者，仍须担任常备民工。

丙、城市小商人及专倚为生的摊贩，不担任常备民工，临时民工照出。商人应出短勤，雇人自代者，其代工粮资由各地合理规定。

丁、小学教师不担任常备民工。

戊、残废、暗疾经当地群众公认者，免出常备民工。

己、单身汉服务常备民工者，其生产应由乡村政府或农会指定专人负责，保证不致荒废。

庚、确有特殊原因要求不出常备民工者，均须经当地群众公评确定。否则以规避论处。

第七条：常备民工之使用，限于部队因作战及行动所必需之民工（如伤员之转运，攻坚器材、弹药、粮秣之运输等）及后方军政机关之必需常备民工者（如供给部、卫生部、军工部、银行、仓库等），所需数额，由各机关部队主管人精密计算后，再由华中行政办事处统筹分配，不得直接动员。

第八条：凡使用临时民工之机关、部队、团体或个人，均须持有县、团以上机关之介绍信，注明所需民工之数额；使用期限，应由当地区以上政府后勤机关统筹支拨。但部队作战行军所需之向导，各地区乡政府应随时予以协助。

第九条：除按照第五、第六条规定之手续使用民工外，今后所有各级党政军民机关及个人，一律不得擅自动员民工，地方亦拒绝供应。生产营业机关，不得使用民工，如有运输，须出钱自雇。

第十条：常备民工之组织以 12 人为一小队（班），3 个小队为一分队（排），设分队长 1 人。4 个分队为一中队（连），设中队长、指导员、文化教员、事务长上士各 1 人，通讯员 2 人，炊事员 6 至 10 人；中队以上组织，大队设大队长、教导员、组织干事、宣教干事、通讯员 3 至 5 人，伙食随中队，3 个大队以上须成立团部，配备团长、政委（或政治主任）、组织、宣教、通讯班、管理员上士各 1 人，炊事员 2 至 3 人，以上干部及杂务人员之配备，均由地方负责。各级必须配备之副职及卫生、供给人员，由部队负责配备；全部干杂人员，不得超过全民工人数 20%。集中时照顾其区域性，尽可能不拆散其原有编制。

第十一条：常备民工集中后，生活由所在政府供给。分配至服务机关部队后，粮草、菜金、津贴均照野战军供给标准发给。但如人数不多不单独起伙时，供给与使用机关同。民工干部级别、待遇，与原在机关同；民工在服务期间 3 个月内，发鞋子 1 双，毛巾 1 条，肥皂 1 块（或折发代金粮食）。复员回家时，路费由部队发给。临时民工，由使用机关供给来往及服务期间之伙食。民工在服务期间如有伤亡疾病，应与所服务机关之指战人员享有同等待遇。

第十二条：无论常备及临时民工应征后，其家庭生产，须由乡村政府及农会负绝对责任，发动当地群众代耕、代收、代种，其伴工互助办法，可由各地农会召集群众民主讨论决定，务使其生产不致荒废。

第十三条：民工积极服务并在服务期间建立功绩等，由所在单位记功，结合地方上立功运动，分别奖励奖赏之。对逃跑民工，除罚其重行服务（先前服务时日一概不算）以及赔偿代耕工资或照工还工外，并由所在乡村群众开会，予以教育、批评或处分。如组织并率领民工逃跑者，依法予以严惩。

第十四条：各地区业经颁布之有关民力动员单行办法，与本条例有抵触者，依本条例处理。

第十五条：本条例自公布日起施行，如有未尽事宜，由华中行政办事处明令修正之。

（注：常备民工服务期限，经华中第二次后勤会议决议已改为6个月。）

摘自《华中民工服务暂行条例》，见苏皖九专署支前办事处编印《支前手册》，1948年11月

豫皖苏区战勤服务办法

必须全面的将全体人民组织起来（出民夫时不以地亩为标准，以每户现在的人力为标准）为战争服务，并加以普遍的训练，不断的检查与检阅。凡无残疾的男女公民，年在16岁以上55岁以下者，均有为战争服务之义务；视体力之强弱，经民主讨论，分班排组织起来。女子担任碾米磨面，做衣做鞋，洗衣看护等工作，及不得已情况下短距离的运输向导工作。男子视体力之强弱分任担架运输向导等工作。未满16岁，45岁以上及身体较弱者，担任近夫、轻夫、临时夫。18岁至45岁之壮年男子，担任远夫、重夫或常备夫，但必须民主讨论，以昭公允。在行政村及自然村中，除担架运输队的组织以外，在村政权及战勤委员领导下，应建立向导组、招待组、粮秣组、慰劳组、助炊组，以招待过往军队。每户并应编制草毡、席、箔供部队铺用，借以节省马草。在进行组织中以及组织起来以后，必须普遍的进行时事教育、阶级教育，打破群众的疑虑，使了解"谁胜谁败"、"为谁打仗"、"为谁出夫"等问题；并开展立功运动，检查其工具装备，检阅其编队演习。训练时先骨干后群众。群众的训练应以区村为限，时间要短，以一日到三日为宜，应启发自觉开展竞赛。对于牲口及大小车辆应进行调查，同运输队一起

组织起来。

摘自豫皖苏区党委《关于加强战勤工作的指示》，1947 年 11 月 9 日

豫西区民工服务办法

一、凡年在 16 岁以上 55 岁以下之壮年男子，及能服役之牲口车辆，皆在被动用之列。但为照顾其体格、生产、工作起见，以下之人员可不服勤工：

1. 脱离生产之军政人员。

2. 学校学生教员，中学以上学校之干杂人员。

3. 军工厂及其他文化机关社会福利事业机关之干杂人员。

4. 荣誉军人及因残老退休之人员。

5. 残废及疾病与有其他重大事宜者（如婚丧嫁娶等）。

6. 因残废疾病生育老幼不能劳动之牲畜。

7. 鳏寡孤独之独立生活者。

8. 行政村之财粮、村长、农会主席、支前委员。

二、为照顾工商业之发展作如下之规定：

1. 工商业者不出工，但需出勤工米，其办法由政府另行规定。

2. 手工业者与小商贩，可移动其出工时间，及准许与别人换工。

3. 动用城镇之商车（专以此为生者）市民，须按市价当面商议，取得群众之同意，但不得借口而拒不出工。

三、为照顾民工之身体按年龄划为两种勤工：

16 岁—17 岁与 46 岁—55 岁者，为半劳动力，出工时间在 2 日之内，任务为后方转运者。18 岁—45 岁为整劳动力，得服革命战争之各种任务，前后方转运均在内。

四、每次出工总数不得超过整劳动力之二分之一，特殊情况及短期转运例外。

摘自《民工动用暂行办法》，见豫西军区支前司令部《支前工作暂行办法》，1948 年 10 月 15 日

冀鲁豫区战勤服务办法

一、凡年在 18 岁以上，45 岁以下之男子均称全劳力（村干民兵在内），

一律编入自卫队（长期疾病、残废，群众公认者除外），均有支援前线代耕之义务。

二、凡年满17岁及46岁至50岁之男子均称半劳力（村干民兵在内，疾病残废者同前），不编入自卫队亦不出担架，但一律参加代耕组织，并负担短差任务。

三、村干免差标准，应根据各该村庄之大小，村干工作之繁简，由民主评议酌定1人至6人免除支差代耕任务外，其余村干当按其年龄分别编入支差代耕组织，负担支差代耕任务。

四、军工烈属依据家有一个劳动力者，光出短差，不出长差，有两个劳动力者一人出短差，一人出长差的原则解决之。

五、荣誉军人家属之代耕及其本人支差代耕免除与否，参看行署1948年6月8日秘字第44号通告（翻印附发）。

六、军工烈属（直系亲属，自幼扶养成人之伯叔，及向依其生活未成年之弟妹），凡无劳力者，其土地一律代耕，有劳力者应采取自认办法，能超一般平均数一亩者（由全村全劳力与半劳力除全村应代耕亩数所得之数谓平均数），可减少8至10天短差，以示奖励。

七、请假不归及逃亡战士均属非法人员，不应编入自卫队，县区村经常积极动员，务使迅速归队，在家时间即停止应享受之一切军属待遇，并负担支差代耕任务，该员不得拒绝，自归队之日起恢复其军属待遇。

八、民兵支差代耕问题

1.民兵少的村庄出发时间经常超过自卫队支差代耕的任务者，可暂不编入自卫队，应单独组织生产小组便于轮流出发相互代耕。短差期内其生产代耕事宜应由其组内自行互助解决。如民兵家劳力多，本人不愿参加互助者，可适当分配给支差代耕任务。

2.凡半年以上和边缘区长期脱离生产之民兵武工队，及应担架大车与常备担架之民兵民工等为时很久妨碍生产者，在出发期间应享受代耕待遇。

摘自冀鲁豫区四地委《为实行人力畜力支差代耕给各县委区委的一封信》，1948年7月14日

三、民工动员活动的开展

1. 颁发紧急动员令

文件精选

华东——紧急动员起来支援淮海前线

一、此次淮海战役，如果发展顺利，可能将黄百韬、邱清泉、李弥、孙元良等4个兵团约40万人马全部歼灭并解放徐州，则长江以北局势大定，全国局面亦可基本上解决。此次战役为我国空前大战，需准备付出10万以上的伤亡，及准备在现地区连续作战3个月至5个月。因此，我华东全体党政军民应立即紧急动员起来，集中全力配合中原、华中，力争淮海战役完全胜利并力争歼灭以徐州为中心的杜聿明集团全部或大部。

二、为完成上述光荣任务，除我野战军应不怕疲劳，不怕伤亡，实行边打边补，

▲ 宝应县山阳区沿湖乡召开群众支前动员大会

即补即打，实行连续作战不使敌人有喘息之机外，我各地党政军民应即紧急动员起来，保证下列紧急任务的完成。

第一，一切后方机关十轮卡、六轮卡、道奇汽车应服从后勤司令部调动运输弹药及其他军需供给，以保证前线供给。

第二，抽调大批地方基干团及大批县区武装，补充主力，并保证扩军及归队任务的完成，使主力得到源源的补充。

第三，动员足够民工担架、小车、挑夫及民兵子弟兵团到前线服务。

第四，运输大批粮食供给前线，保证前线战士及民工不饿饭。

第五，抽调足够医院到前线接收伤员，予伤员尽可能的救护及照料。

第六，修筑铁路、公路，架电话线，保证运输及通讯及时。

三、上述各种任务的具体分配，华东局已分别派员到胶东、渤海及鲁中南进行传达，望各地党委立即紧急动员起来，宣传鼓动群众，造成广大群众支援战争的热潮，以保证支前任务的完成。各级党委在集中力量进行支前工作时，应有很好的分工，应有部分负责干部经常照顾生产及党务工作，各地干部应很好学习中央负责人对形势的发言。

摘自华东局《关于紧急动员起来支援淮海前线的指示》，1948 年 11 月 20 日

华中——全体党政军民总动员起来，争取解放全华中的伟大胜利

各支前机关，支前组织，各人民团体及工农青妇全体同胞们，华中过去所获得的胜利，都是由于你们在共产党领导下，万众一心而达到的。你们热烈的支前，紧张的生产，保证了前方的运输与供给。现在，到了全华中要更加解放的时候了，你们要更加紧张起来，一切为了战争，一切为了胜利；凡是可以动员的人力、车力、牲口、船只，都要为前线服务，保证在服务期间不开小差，勇敢的抢救伤员，迅速的转运伤员，及时的供应粮草，满足前线的一切需要。另外，凡是留在乡里的，不管是全劳动力半劳动力，不管是妇女儿童，都应该解决出发民工的家属困难，加紧副业生产，全部完成秋耕秋种，而且还要磨面舂米，运送前方。妇女们要为伤员洗衣煮饭，儿童们要做到站岗放哨。军队过境时，要热烈的欢迎慰问。总之，你们可以做的工作，就要不分前方后方，不分男女老幼，大家一起动手，彻底做好！各级群众团体要有组织有计划的来领导支前，要做到公平合理，干部带头，要把后方的革命秩序维持好，把生产工作搞好，保证战争的连续与持久，以争取

最后的胜利。

各级党委、各级政府全体同志们！目前你们的工作中心，就是支前工作，你们要把主要的力量，用到支前工作方面来，你们要精密计划，科学分工，深入群众，具体解决群众困难，反对官僚主义，本位主义！一切其他工作应环绕这一中心工作来做，必须抽调出大批干部，来完成这一连续的伟大的支前工作任务！

解放全华中的战幕揭开了，我们必须认识，在前进的道路上，不是没有困难的；但我们坚决相信在全华中党政军民的巨大力量面前，任何困难都是可以克服的。因之，这一次的支前工作一定能做好，这是全华中党政军民的伟大任务，也是全华中党政军民的无上光荣！

全体党政军民总动员起来，争取解放全华中的伟大胜利！

一切为了前线，一切为了战争的胜利！

无敌的中国人民解放军万岁！

华中人民解放万岁！

中国共产党万岁！

毛主席朱总司令万岁！

摘自华中工委、苏北军区、华中行政办事处《华中支前总动员令》，1948 年 11 月 13 日

中原——各地党政军民必须进行紧急工作全力支援

我华野、中野现在正在集中力量进行徐州会战，以围歼国民党在长江以北的最大主力。这是一次最大的决战，也可能是最后一次大决战。此战役如获全胜或大胜，则长江以南将无大战，不仅使中原全境解放，而且要使全国解放更加顺利。所以争取此次决战胜利，不仅是全中原人民的最高利益，而且是全国人民的最高利益。除了前方野战部队不惜一切牺牲，不顾任何疲劳，克服一切困难，以争取歼敌制胜，各地方部队遵照军区命令取得作战配合外，我各地党政军民必须进行如下紧急工作：

（一）要使全党全军及所有机关、学校、医院、企业等全体人员认识此次决战之重大意义，要集中一切人力、物力、财力，高度发挥各人的积极性与智慧，争取此次决战之完全胜利。任何片面的群众观点，任何山头、本位、自私自利、松懈迟缓，任何对战争不利的行为，都是对革命不利的，必须坚决反对，立即纠正。

（二）责成豫皖苏分局加强支前机构与支前工作，授权支前机关全权征调粮草

与民夫担架，保证一切作战需要，不惜任何损失与负担。征调过程中，群众负担不公者，以后允许再行调整，财力供应不敷时，由中原财办辅助。

（三）责成豫皖苏行署及一、三、六专署组织强大的供应站，配合地方合作社并动员民众供应作战部队以油、盐、猪肉、菜蔬（至少有黄豆、花生米等）及黄烟、烟叶、纸张等，保证部队必须的生活水准，以维持部队战斗力。这些物品概照预算规定之价格售给部队，供应站如有亏本，准由公家报销。

（四）各地必须保证铁道、公路之畅通，尤其是陇海路及接通前线之公路、桥梁必须保证经常畅通无阻。未修者速修，损坏者速复，不平者补平（必需经费向财办报销）。各地需按着中原军区交通局之要求密切配合，保证弹药及一切军用物资、伤员之前输后送。这是争取战争胜利的重要关键，任何妨碍或迟滞交通者，都是妨害战争的罪恶行为，必须严加取缔。

（五）各后勤部门必须根据此次战役需要及现有城市交通状况重新部署工作，以保证前方作战需要，如后方医院之设置，医药之配备，弹药军实之供给，军鞋之采购，以及后方通讯、侦察、参谋部门必须百倍加强工作，提高工作效能，以适应战争需要。

（六）为保证上述各种工作顺利完成，各有关党、政、军领导机关必须征调干部加强上述各方面组织，加强政工，保证派得力干部前往传达、具体布置，并严格检查督促，保证达成任务，以利战争。

（七）各地应乘我大胜、蒋军土崩瓦解与土匪特务惊慌失措时机，加强对蒋军及土顽、土匪、特务之政治瓦解工作，以巩固后方。最近郑汴特务及其外围各县土顽土匪纷纷投诚缴械，说明这是瓦解土顽、土匪的最好时机。在此新形势下，各地应有新的认识，应扩大胜利宣传，举行祝捷大会，张贴标语布告，并通过各种社会关系争取土匪缴械投诚。有些地区土匪将近肃清者，应以县或区为单位，限期要土匪、土顽、特务自首自新，逾期严办。各地对蒋军应大量散发宣传品（主要是秋季捷报、新华社关于论局势文章，中央对时局评论与吴化文、曾泽生通电，王耀武告国民党军书，及中原军区四言布告等），并利用释放俘虏及各种社会关系争取蒋军起义或战场上放下武器。这时政治瓦解工作比任何时期都有效，各部队、各地区必须抓紧进行。至要。

摘自《中原局关于全力支援淮海战役的紧急指示》，见《淮海战役》第三册，中共党史资料出版社 1988 年，第 129—131 页

（一）入營之前

一邊是殘暴的抓丁　　　　　一邊是熱烈的參軍

強迫抓丁如虎狼，　　　　　政治覺悟熱情高，
繩細索綁像豬羊。　　　　　掛花騎馬萬人送；
妻兒丟下無人理，　　　　　自願參軍把身翻，
呼天搶地哭斷腸！　　　　　家屬後面益著忙！

比一比　　　　　　　林藝作
（二）入伍以後

一邊是當囚犯來看管　　　　一邊像到家一般溫暖

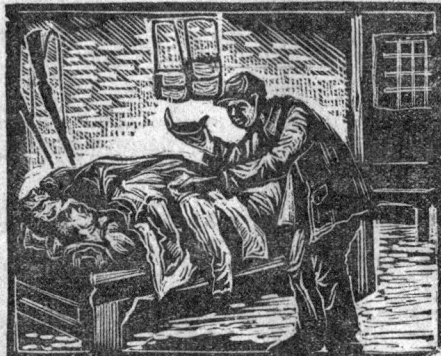

蔣軍新兵像囚犯　　　　　解放軍是個大家庭
關到屋裹不見天　　　　　見面問寒又問暖
天冷無被熱無水　　　　　官兵平等一條心
個個心裹似油煎　　　　　親親熱熱像弟兄

比一比　　　　　　　林藝作
（三）兩種家屬命運

一邊是滿田荒草無人管　　　一邊是大家代替來生產

響應勞軍運動

編者

壯年抓去上火綫　　　　　弟兄自願參了軍
留下老小受飢寒　　　　　大家幫他把田耕
滿地荒草無人管　　　　　深犂細耙莊稼好
婆娘相對淚漣漣　　　　　支援前綫打敵人

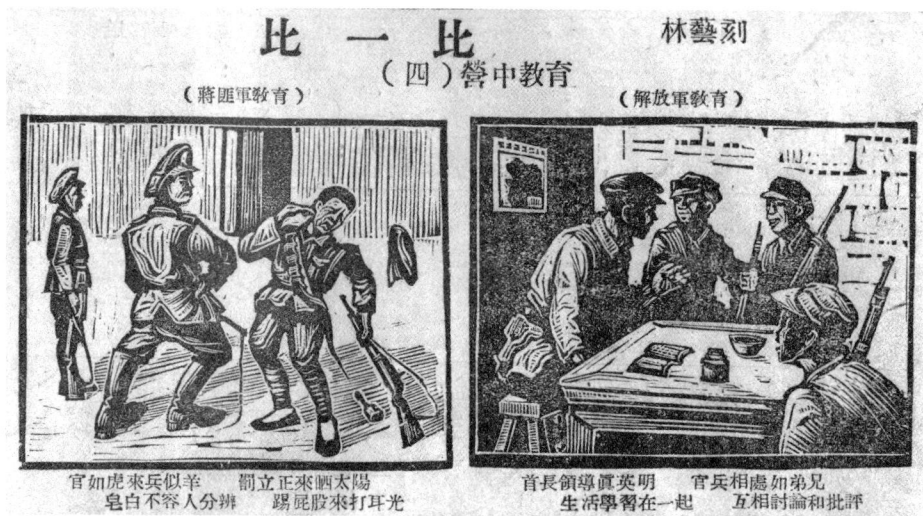

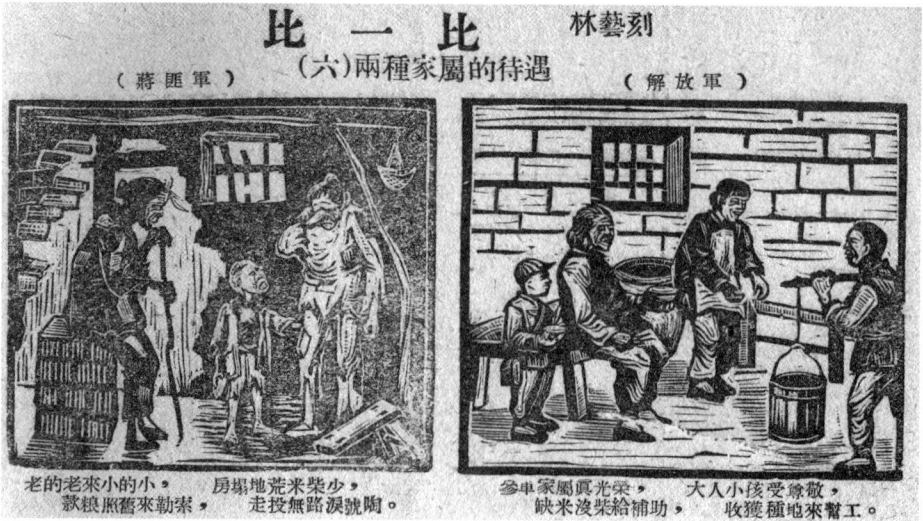

▲《开封日报》刊载的动员群众支前的木刻画

华北——全力组织粮食运输支援前线

奉中央戌养电，淮海战役正在胜利开展。准备在徐蚌地区再歼灭敌军四五十个师，以利今后突破长江防线，进兵江南，彻底摧毁蒋介石统治的中心。因此需要筹足大量粮秣，指定由华北区拨给华野粮食 1 亿至 1 亿 5000 万斤。我们已复电同意，由冀鲁豫拨运小米 1 亿斤。此事关系革命战争胜利者至巨，希速筹划，并准备组织运输，待命调拨，万勿延误。

摘自《华北局关于拨运小米支援华野部队给冀鲁豫区党委的指示》，见《淮海战役》第三册，中共党史资料出版社 1988 年，第 161 页

支前报道

华中区支前动员宣传口号

（一）一般通用口号

一、全华中人民行动起来，支援前线，争取淮海战役的彻底胜利！

二、全体党政军民行动起来，全力支援前线，争取华中的全部解放！

三、不给蒋介石匪军喘息的机会，勇猛前进，连续作战，全部消灭当面的敌人！

四、庆祝淮海战役第一阶段歼灭蒋匪军 18 个师的伟大胜利！向淮海前线全体指战员致敬！

五、欢迎何基沣、张克侠两将军及 59、77 军官兵们光荣起义！

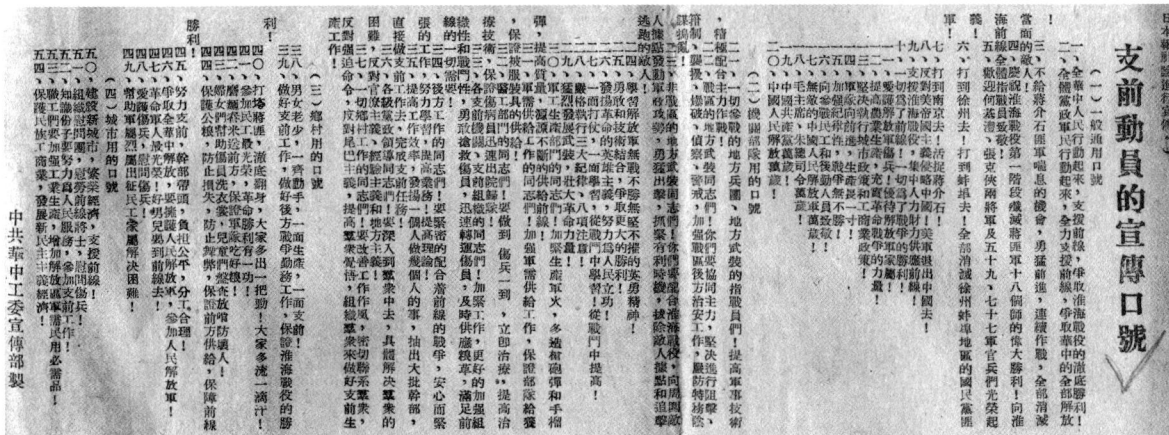

▲《新华日报》1948 年 11 月 30 日刊载的华中《支前动员的宣传口号》

六、打到徐州去！打到蚌埠去！全部消灭徐州蚌埠地区的国民党匪军！

七、打到南京去！活捉蒋介石！

八、反对美帝国主义侵略中国！美军退出中国去！

九、支援淮海战役，集中人力财力供应前线！

十、一切为了前线！一切为了战争的胜利！

十一、爱护解放军伤兵！优待解放军家属！

十二、提高农业生产，充实革命战争的力量！

十三、坚决执行城市政策和工商业政策！

十四、军队向前进，生产长一寸！

十五、加强纪律性，战争无不胜！

十六、向参战民工和后勤人员致敬！

十七、无敌的中国人民解放军万岁！

十八、毛主席、朱总司令万岁！

十九、中国共产党万岁！

二十、中国人民解放万岁！

（二）机关部队用的口号

二十一、一切参战的地方兵团、地方武装的指战员们！提高军事技术，积极配合主力作战。

二十二、战区的地方武装同志们！你们要协同主力，坚决进行阻击、箝制、袭扰、爆破、侦察、警戒，加强战区后方治安工作，严防特务阴谋捣乱！

二十三、非战区的地方武装同志们！你们要配合淮海战役，向周围敌人据点发动军政攻势，勇猛出击，抓紧有利时机，拔除敌人据点和追击逃跑的敌人！

二十四、学习解放军无战不胜无坚不摧的英勇精神！

二十五、勇敢和技术结合，争取更大的胜利！

二十六、发扬革命的英雄主义，努力为人民立功！

二十七、一面打仗，一面学习，从战斗中学习！从战斗中提高！

二十八、严格执行三大纪律八项注意！

二十九、猛烈发展武装，壮大革命力量！

三十、军工生产部门的同志们！加紧生产军火，多造枪炮弹和手榴弹，提高质量，源源不断的供给前线！

三十一、军需供给工作的同志们！加强军需供给工作，保证部队给养，保证被服装具的供给！

三十二、医工部门的同志们！要做到伤兵一到，立即治疗，提高治疗技术，保证伤病员迅速出院归队！

三十三、各支前机关，支前组织的同志们！加紧工作，更好的加强组织性和战斗性，勇敢抢救伤员，迅速转运伤员，及时供应粮草，满足前线的一切需要！

三十四、后方工作的同志们！要紧密的配合着前线的战争，安心而紧张的工作，努力学习，提高业务！提高理论！

三十五、提高工作效率，发扬一个人做几个人的事，抽出大批干部，直接做支前工作去，完成支前任务！

三十六、各级党政领导同志们！要深入到群众中去，具体解决群众的困难，反对官僚主义、经验主义和地方主义！

三十七、一切乡村工作的同志们！要改善工作作风，密切联系群众，反对强迫命令，反对尾巴主义，提高群众觉悟，组织群众来做好支前生产工作！

（三）乡村用的口号

三十八、男女老少，一齐动手，一面生产，一面支前！

三十九、做好支前工作，做好后方战争勤务工作，保证淮海战役的胜利！

四十、打垮蒋匪，彻底翻身，大家多出一把劲！大家多流一滴汗！

四十一、参加民工最光荣，革命胜利有一功！

四十二、磨面舂米送前方，保证军队吃好粮！

四十三、妇女们帮助伤员洗衣裳，儿童们盘查放哨防坏人！

四十四、保护公粮，防止损失，防止舞弊，保证前方供给，保障前线胜利！

四十五、努力支前，干部带头，负担公平，分工合理！

四十六、争取全华中解放，要拥护人民解放军，参加人民解放军！

四十七、革命军人最光荣！好男儿要到前线去！

四十八、爱护伤兵，慰问伤兵！

四十九、帮助军属烈属出征民工家属解决困难！

（四）城市用的口号

五十、建设新城市，繁荣经济，支援前线！

五十一、组织慰问团，慰劳前线将士，慰问伤兵！

五十二、知识分子要努力为人民服务，参加支前工作！

五十三、职工们要加强工业生产，增加解放区军需民用必需品！

五十四、保护民族工商业，发展新民主主义经济！

中共华中工委宣传部制

摘自《新华日报》1948 年 11 月 30 日

2. 开展广泛的教育活动

文件精选

渤海区三地委支前动员教育提纲

一、再有一年左右就能消灭蒋介石。解放战争已经打了两年零四个多月了，头两年蒋匪被我消灭打击和逃亡了 309 万。但他在疯狂抓捕强征中又补充了 244 万，故只减少了 65 万，到今年 6 月还有 365 万人，但战争进入第三年后由于我军强大秋季攻势的开展，仅 4 个月时间我们就打了许多大胜利，歼灭敌人一百万并全部解放了东北，这一来就可和以前不同了，蒋介石征兵也征不及了，抓人也跟不上趟了，就算他 4 个月能抓 30 万人的话，他的全部兵力也不过还有 290 万人。而解放军则不断扩大，现在已到 300 万人，故 11 月 14 日中共中央负责人说我军数量也已占有优势，从现在起再有一年左右时间，就可能将国民党反动派从根本上打倒了。这就很明白的对我们说明全国胜利已经快来。只要大家猛干干得好，隔消灭蒋介石的那一天已经不远了。

二、淮海战役已经打响，这是有决定意义的一次大战。为着早一天歼灭蒋介石，我们对淮海作战已经于本月 7 日打响，蒋介石为了最后挣扎到处凑集虾兵蟹将，就连郑州这样重要的地方也放弃了，赶到徐州共集合了 66 个师的兵力。我们为了完全歼灭他，也集中了比敌人更多更强的队伍，只要我们这一仗打好消灭敌人，江北就是我们的了，蒋匪军即丧失了最后脊骨，我大军就可长驱直入打向长江以南，蒋匪最后崩溃就更快了。由于我们有毛主席的军事领导，由于我军的英勇善战，由于国民党军队在我一连打击下已丧失了斗志，因此我们这次作战是一定能胜利，开始后仅 16 天时间消灭敌人 18 个师，就明白告诉了这一点，现在战争还在猛烈的打着，更大的胜利还在后边。

三、踊跃支前争取淮海战役大胜利，怎样才能取得淮海战役大胜利呢？光军队在前线奋战还不行，还需要我们后方广大群众紧急动员起来支援前线，使前方千军万马不缺粮草才能打胜仗，须知我们支援解放军打蒋匪，为了解救群众自己不受蒋匪万恶的压迫统治，好使我们更好的生产过好日子，对老百姓自己有莫大的好处，这就说明支前不是为别人也不是和群众自己无关，这完全是为了群众自己，是广大群众应尽的义务，虽然我区已解放，但须知全国还有许多群众未解放，我们不能因这里解放了不管别处未解放的广大群众，我们必须援助他们迅速从蒋匪统治下解放出来，同时也是为了我们这里永远不再为蒋匪再来蹂躏，也须积极支前消灭徐州蒋匪解放广大同胞，所以我们广大群众，要为争取淮海战役完全胜利，必须要立即动员起来踊跃支援前线。

1. 快快把米碾好没有糠，磨面要磨细不粗不假不掺水，使前方将士吃的好打胜仗，过去有的老百姓自私自利，图便宜，米里糠多麸多面粗有假掺水，这都是不对的。

2. 踊跃送军粮，这次上级分配我们每个县好几百万军粮，并要于短期时间送到火车站，用火车送向前方，使前方将士不饿饭争取胜利，这是很重要的。我党政民全体上下必须一致努力完成。因此我们赶快组织大车小车队，我们不要怕出夫，要踊跃自愿，要好车好牲口去送军粮，送军粮顶生产（因是包工），对公对己都有利，要求我们送公粮多载快走早日完成任务，要爱护军粮，不浪费、不贪污、不偷盗，须知公粮是群众的血汗，不加爱护，战争直接受影响，公家受损失，群众增加负担，这是不对的行为。

3. 迅速组织担架挑子团南下远征，去支援前线，好青年好壮年都要自觉自愿自告奋勇去参加，这是极光荣的，不要抓阄不用雇人不要怕离家远，走后家中生产有人照顾，南下后积极服务好早完成任务。

摘自渤海区三地委宣传部《支前动员教育提纲》，1948 年 11 月 29 日

鲁中南区六地委动员干部群众全力支前

自我军在全国战场展开空前规模速度秋季攻势以来，中国形势已起了巨大变化，并将继续发生更大变化。我华东再次对全国具有决定性意义的大战，又已在我们滨海面前打响；我们滨海党政军民担负了无上光荣而又空前繁重的支前拥军任务。搞好支前工作是争取战争胜利的主要因素之一，同时，我们必须认识战争的

紧张，此次战役时间可能较长，为此，我们必须再次更充分的动员人力物力，全力支援争取这一战役的胜利，但目前检查我们干部与群众思想上准备还相当不够；地委认为必须对干部群众进行更普遍与深刻的战争支前拥军动员，以适应形势任务的要求，并准备迎接更大胜利的到来。

一、对干部动员教育方面

（一）进一步进行形势与战争动员教育，达到集中全力支前，放下一切个人包袱。认识全国目前空前胜利形势与发展前途，为完成目前繁重紧迫的任务，争取革命在全国规模胜利的加速到来，而自觉的动员起来，以忘我的高度积极性，展开革命英雄主义竞赛，以十分紧张的战斗姿态，全力以赴党的任务。这是对每一干部党员战争观念、群众观念与党性的严重考验，与在目前形势任务下的正确态度。要检查克服一切个人思想包袱，与对满足已有胜利而产生的麻痹松懈偏向。为此，县委要根据党报社论文章与区、地委文件，对干部进行传达动员，展开座谈讨论检查，县委进行总结，与改进工作密切结合。这一教育今后县委与分区应经常掌握进行，使干部在明确时事前途鼓舞下，以正确的思想态度进行工作。

（二）通过完成目前繁重紧迫支前工作，加强对干部之支前拥军具体政策与贯彻政策之正确思想作风教育。

在目前干部思想、工作态度与作风上存在着两种情况。一方面有很多干部认识了目前形势，完全服从于目前形势任务的要求，服从于党的组织决定，工作表现了空前的积极热情，任劳任怨，日以继夜，以身作则，说服群众，掌握党的政策，又走群众路线完成任务，因此，党的任务得以胜利完成，并提高了领导与干部思想作风，发动了群众的自觉积极性，使支前造成了庞大的群众运动。这是在干部中应发扬与号召学习的正确的思想作风。领导上应该帮助总结贯彻支前各项具体政策的经验教训，表扬与传播区、乡、村贯彻政策之好的干部与经验，在目前全力支前中继续贯彻。

同时克服部分干部中对形势的盲目性与思想上的个人主义包袱，与作风上强迫命令官僚主义之发展。如有些县区干部想调动而不安心当前工作，另一部分工农干部又害怕调动，缺乏全心全意对待工作之态度，与完全服从组织决定的党性。在完成任务中，缺乏调查研究、耐心说服与具体的组织工作以贯彻党的政策，而又犯了不顾政策、不择手段、单纯分配任务、强迫命令，甚至打骂人的恶劣作风。

必须认识这不仅不能很好的完成任务，而且更走向脱离群众，造成不良的后果。应当接受去年这一教训，克服强迫命令作风，而根据党的政策与上级指示，对群众进行大规模的宣传动员，加强具体的组织工作与对下级的具体帮助，以掌握政策，走群众路线完成任务，如此，不仅完成支前任务，且把干部群众提高一步。对以上具体政策、思想作风之教育应在工作过程中以各种灵活的方式进行。

（三）目前情况下，更应强调党的统一集中之组织纪律教育，使干部认识统一集中对于完成支前任务，争取战争胜利更具有重大意义。必须坚决贯彻上级党的决议，与百分之百的完成所负任务；警惕无组织无纪律状态对党特别对战争之危害性；一方面依照"左派右稚病"二章及前言进行教育，同时进行对实际执行之不断检查，开展批评与加强对上级请示报告制度与对下级具体指导制度相结合。对以上各种具体教育内容，并应注意适当的提高到基本革命知识、基本政策与基本理论进行教育。并注意通过政策与正确思想作风之教育，加强干部之培养，将干部进一步提高，一方面适应目前形势任务之要求，同时为提拔干部，以准备迎接更大胜利之到来作准备。

二、对群众动员教育

各县应立即抓紧在伟大胜利影响下，在庆祝济南胜利宣传与支前拥军宣传教育基础上，紧紧结合目前动员，全力完成支前任务，进一步开展一个普遍深入的胜利宣传与战争动员运动。

这一宣传运动，要在内容上统一起来，应完全根据新华社社论与大众日报、鲁中南报上的社论消息，以及地委所发之宣传提纲，除此外各县区不得自己另提与以上文件内容违背之宣传内容与口号。

宣传中要求掌握以下中心：①伟大胜利的战绩宣传（运用时事对比进行教育）。②我们的口号中心是："庆祝人民解放军秋季攻势伟大胜利！""庆祝人民解放军秋季攻势伟大胜利，打倒蒋介石，建立新中国！""庆祝人民解放军秋季攻势伟大胜利，打到南京去，活捉蒋介石！""庆祝人民解放军秋季攻势伟大胜利，全力支前，大量歼灭蒋匪，争取更大胜利！"其他仍根据庆祝济南解放宣传口号。③宣传中应将战争与群众之利害关系密切联系起来，以提高群众觉悟，激发群众中的对支援战争之积极性（如运用回忆，揭发蒋匪之罪恶，群众所受之苦难等，新收复区可运用国民党与共产党之对比教育）。④宣传老解放区要负责支援新解放区，以更快争取全国解放，打破群众中对当面敌人歼灭后，可能产生的麻痹松懈。⑤支前任务的宣传教育。这一宣传运动的深度与广度上，要求无论边沿中心地区与新收复区应毫无例外的开展，要求达到家喻户晓，人人知道。

宣传中要求与动员群众完成当前的支前拥军实际任务紧紧结合，如动员担架，动员小车，赶制加工粮，赶修公路、桥梁、电话等。

宣传的方式上：要求尽量普遍与深刻，在不妨碍群众生产的条件下，应尽量采取大规模的方式进行，广泛的运用集市宣传，其他多种多样的宣传方法，应根据具体情况采用，不再作重述，并注意密切结合推动支前工作。

三、在加强党的集中统一上，这时期有很大进步，因之党的支前生产中许多具体政策得以普遍宣传，部分贯彻，但在我们日常工作中，无组织无纪律无政府状态还到处存在，例如在宣传中内容的不统一，区乡村自编话报、剧本、武老二、歌词等不经分区与县委慎重审查批准随便演唱，县区可以不经审查随便自提宣传内容与口号。因之有些宣传在群众中造成相反结果，另外各县这一时期虽注意了工作回报与请示制度，但极不严格，没有定期，而且多限于被动催促才写。据此情况，今后应严格工作中及时反映情况、按时回报与请示审查制度，应该认识这是党的一切组织的义务。在此次宣传教育中，必须求得统一，县所编写的宣传教育材料，介绍的经验，必须事先经地委审查批准始能印发，区乡之集市宣传，大会宣传内容形式，必须经分区慎重讨论，县委批准，然后演唱或宣传，今后应成为经常制度，但同时应注意防止在执行这一制度中，不应因怕犯错误，以致产生不敢宣传的偏向。

摘自鲁中南区六地委《关于对干部群众进行全力支前动员的指示》，1948年11月10日

如东县的支前动员教育

怎样支前

干部欢欢喜喜带头去。

要动员人家，干部首先自己下决心，自己先通，别人也好弄。有人说，干部什么事情总要带头，这是不对的。支前工作不是干部也要做，干部应该出劲，干部支前去也有几种去向：

第一种，是欢欢喜喜去——这是每个干部应该做到的，因为这是个解放全华中全中国永远翻身的大喜事，每个干部要去立大功。

第二种，是劳神骂架去——不高兴、说鬼话、发牢骚。

第三种，是愁眉苦脸去——是毛竹扁担挑肚肺，心挂两头。

第四种，是只顾自己去——也不动员群众光是个人忙吃，忙衣服，忙钱。后三种去法总是不对的。

打通四种顾虑

现在一般的人，去做支前工作，有四种怕。

第一怕吃苦——如怕向北跑、怕虱子、怕脏等等，这是不对的，就是吃点小苦不算苦，先苦后甜，以前是不得翻身真苦，现在吃小苦，以后就不再苦。

第二怕飞机——这也没有什么了不起，只有我们做好防空，不要乱轰，沉着隐藏，飞机没用，以前皋南战斗，飞机打倒几人呢？所以不必担心。

第三怕离家——想家里好，离家远生产困难等顾虑。这也是不对的，我们要得保家先要保国，要把蒋匪消灭了，才能太平，同时出去也有一定的时间的，家里也有人要解决生产的。

第四怕当兵——当兵的人也是我们儿子兄弟，假如个个怕当兵，我们的好日子，走哪里来？当然后勤并不是叫你去参军，参军是另外一件事，要参军我们会公开动员的，不会弄欺骗手段的。

打通八种思想

第一种说法：民主政府讲民主，我不去，不能强迫去。民主是大家做主，一个人是服从大家，个人强调，不是民主。

第二种说法：这下子不去，我下次去。下次去，这下子去，总要去的，现在要及早一点胜利，要早一点去。

第三种说法：我没有得到好处，哪个得到好处哪个去（中农）。我们说个个得到好处的。减租减息、增加工资、土地改革、打还乡团、捉反动派，哪一桩不是对大家有好处的，树打根上起，只要想一想，吃了果子，不要忘树。

第四种说法：我的困难比诸人多，大家解决不了，我不得去。困难人人有，哪个没困难，我来要把反动派揪光，才能真正解决困难，共产党不来，你永远难，你的困难不为难，不曾解放的人民，还有二万万多。

第五种说法：要大家去，少一个也不去。做后勤，不要挤矮子。假如一个人也不留在家里看家，看家没人，我来到前方，也不得安心，同时也要分批去，能外去的人，一批一批轮番去。

第六种说法：我家儿子参军去了，我家抗属不去。抗属应该优待这是对的，但要这次后勤我们要个个出劲，要我们儿子早些回来团圆，就要大家出劲，抗属有条件的要做后勤。

第七种说法：我们铲了墩子，也要让我生产，生产，我不去。你过去剥削人家，应该铲了墩子，将来仗打完了，你好好生产，劳动 3 年的可改成分，蒋匪不打倒，奸淫烧杀也受罪，打倒反动派，人人有责任。

第八种说法：我去了几次，我不去。我们今后要计工，当然要纠正"苦乐不均"的现象，我们是翻了身的，贡献多少光荣，不要很较量。

支前工作的要求

这次动员工作，我们要做到：

第一做到：深入动员——不要欺骗收买，玩官僚。

第二做到：大公无私——不要包庇亲戚、朋友、家里人。

第三做到：弄好组织——不要散漫拖拉误时间。

第四做到：逢人必告——不能三言两语不讨论。

第五做到：公平合理——大家负责，讨论条规计工算工，公平合理，各不吃亏，过去出工多的表扬，不出的、出少的批评，从今以后均实做到。

防止偏向

第一防止生假病——可能有少数，做出假病来，飞花梅毒、不吃饭、装黄病……

第二防止捞一票——动用得财，硬向人家借东西。

第三防止开小差——有情况刻意跑散，故意掉队。

第四防止玩滑头——送到地点，自己回来，滑头做漂亮活。

第五防止玩报复——对有意见的个别进行报复。

还有二件事要注意

1. 生产种田，支援前线

先要把田种好，保证生产不降低，使前方的人安心定神，把出去的人田种好。

开展副业，做好生产，也是支前。

2. 做好备战工作

但是要注意，我们这里的仍是一面反攻，一面坚持的，不要忘记备战，我们九分区在长江边上，反动派死得快，临死之前要想蹬三脚，反动派的败兵，经常要来搞鬼，所以我们要注意"北松南紧"形势，各种备战工作，总不能忘掉，不要太平麻木吃亏。

摘自如东县委《支援前线教育提纲》，1948 年 11 月 24 日

日照县支前动员提纲

咱日照县虽然可能不住队伍，看房子、弄铺草、带路、慰问、洗衣、预备家具等各种具体拥军工作会少一些，但其他的支前工作也是很多的，我们应做好哪些事情呢？

第一，咱县要运 530 万斤粮食到滨南区，共约需小车万余辆，民工 2 万余，这更是一个很重要的事情，几十万人吃饭，一天就得百万斤，必须按时的供给主力吃饱，从阳历 10 月 25 日以后就要动车了，因此，咱们应赶快趁着小车没有走，快把粪送到地里，特别要先送远地，能修理的小车快修理好，车耳、车轴、车攀整理一下，将来的运法是一人一车，最少推老秤 350 斤，每天要走 30 里路以上，路程来回共需五六天。现在天气好，路也好走了，这次运粮是公家每天每人发给红粮 6 斤，自带给养，自己弄水喝，鞋子衣被自己带好，不要向村里要钱要衣，出夫是自己的事，去运粮的家里一定要顶工，家里的种麦刨地瓜晒地干子等活，要交待给互助组长或村干部，在家里的村干要保证运粮的人家的活干的和自己的活一个样，不能不管或干的不意当。运粮的要做到运得快运得多，不糟蹋不抛撒粮食，装上一粒运到一粒，一粒也不要丢掉，爱惜公粮，公粮就是主力的命，那些偷懒磨滑，浪费公粮的人，大家应批评监督他。运粮的路要修理好，平高填洼，使民夫运粮省气力，走的快，早送到前方。同时还应好好动员沿运粮路上各村群众中准备房子、铺草、开水，使民夫住宿喝水方便。

第二，做好交公粮的工作。今年的秋征意义很大，是为的继续支援前线，消灭蒋匪，保证爱国战争的最后胜利，同时山东也收复了广大的农村和城市，要医治战争的创伤，要进行治河防灾、发展生产、繁荣经济、恢复交通、恢复教育等各种建设。这些公粮是取之于民，又用之于民的，都是为了我们自己的事情，因此号召大家争取交好、交足、交快、交全（此项内容请看发下的关于秋征宣传要点的意见）。

第三，做好咱们的优军工作。好好帮助军属送粪，种上麦子，帮助他们铡地瓜干子，省的军属家没有人手的，除了主要的为他们做好耕种锄割，按时将

粮草收割到家之外，还应发动识字班、儿童团给他们拾草抬木，写慰问信给前方战士报告优军情况，村干部要常去征求军属的意见，多在精神上去慰问他们。不好好为军工烈属解决困难，就不能算是一个好干部，这是我们拥军建军观念的具体的表现之一。尤其目前军属的麦子一定要种的快、种的早、种的好，不能马虎应付公事，各村并应发动政治上好好尊重军属，使男女老少都感觉到军属真光荣。

第四，另外各村有些请长假未归队的战士，或者开小差回来的，趁着主力开到咱滨海的时候，路程也近，应动员他们迅速归队，动员归队是咱村经常的工作，应造成"归队是光荣，不归队是耻辱"的空气，趁着全国大胜利的时候，如这时不立功何时立功呢？同时咱的区中队没有建设好的，还应动员参加区中队，有了区中队，后方才能巩固，参加中队也是光荣！

第五，各村加强白天与夜晚的站岗放哨。白天赶集注意防飞机，我们野战军到来，敌人可能派奸细到处探听消息，也可能派飞机各处射击，打打机枪，咱得防备这一手，特别注意日夜的警戒，盘查行人，不要觉着有那么多队伍还怕什么，其实是"明枪好躲，暗箭难防"，不能大意疏忽。

第六，支前和生产是两件大事，都很要紧，都要做好，支前不好会影响胜利，生产不好会影响吃穿，也会影响胜利，不能丢了一个误了一个，要拿出割麦子抢查子的精神，赶快抢种麦子，随时准备支前，不要一听到支前，生产又松了，光等支前了。

以上的事都是打了个不住队伍的谱，如果咱县哪个区或哪个村一旦住上了队伍或队伍的后方机关时，除应做好以上事情外，还应积极的主动的做好看房子、弄铺草、慰问欢迎、洗衣服、烧茶水、推面带路等等各种工作。

摘自日照县委宣传部《对目前支前教育的意见》，1948 年 10 月 21 日

3. 采取形式多样的动员方法

支前总结

华东解放区民工动员方式及产生的情况

（1）先在群众中进行教育，将全村的劳力组织起来，编成支前班或自卫团班

轮流出工，出工后家庭生产由全班照顾。这是一种较普遍运用的方式，也是比较合理为群众惯用的方式。

（2）自报的：一种是群众经深入教育后有了觉悟，自报奋勇支前的；一种是村干先讨论好出工对象，分别进行动员，然后由村干或党员带头报名的。……

（3）自报公议和公报公议的：在思想教育的基础上，从党内到党外普遍的讨论了谁支前谁生产，进行了分工，党员以身作则，领导群众自报公议。运用这种方式动员的都顺利完成了任务。……

（4）还有抽签、抓阄、村干指定、出钱雇佣等方式。群众呼村干指定为"贴膏药"。

从以上动员方式，即产生如下几种情况：

一种是动员较成熟，强迫、欺骗等现象较少，生产较有保证，民工易巩固。一般是老区情况。……

一种是有欺骗现象，抓阄或按人名单拨来的，有少数自报的，但经教育后一般能巩固，一般是新收复区情况。……

一种是村里雇觅或按名单拨出，没有什么政治动员，民工顾虑颇多。一般是新区情况。

摘自华东支前总结委员会《济南、淮海、渡江京沪三大战役支援工作总结》，1949年11月30日，第24—25页

日照县民工动员方式

1. 召开小型的会议，广泛的采取了对比的方式，比国民党，比地主，比去年。那时地主国民党时候，去年石臼所有敌人的时候怎么样？大岭南头在党内提出过去受地主的压迫，种东峪地主的地时一年交9回租，现为了自己交点公粮还算什么。去年敌人在石臼所，东西叫敌人抢去了，今年春天敌人走了，现在交公粮是应该的。

2. 通过党内进行动员，在农村村干党员中，号召他们要在交谷子时运公粮中起带头作用模范作用，要主动出夫交好公粮，拿出工具，以自己的模范行动，团结群众，进行正确的宣传，解决群众怕出夫、怕出远夫的落后思想。大岭南头在党内动员了以后，提出了1个党员团结5个群众，一面宣传，一面行动，在交公粮上党员解学信、牟延同、牟敦培都自动的把大米交了出来，崔士清把自己的谷子没吃的200多斤也交上了。

3.分别召开妇会、农会各部门大会，发挥各部门的作用，如在赶造加工粮时，芦山区范家楼召开妇会干部会，讨论怎样办，妇女干部说："俺得亲下手卡，并教育妇女碾好米支前。"惠家沈马庄，惠恒举他娘说咱干部应起带头作用，今夜回去卡一夜，明天一早教育群众卡。该村妇救会长说咱不但完成数目，还要使谷子卡得干净，无沙无糠，咱妇女这时候不干还等到什么时候干。他一人卡了90多斤谷子，大岭南头发动了妇女保证了质量。一村召开了妇救会，动员了以后分小组，保证卡米，崔士清他儿媳妇的一个小组14户2天时间，完成了700多斤小米。

4.进行集市宣传，扩大胜利影响，在日照城东关集以机关为主组织3次集市宣传，一种是以讲话的形式，分了几片搞的，另一种形式是以宣传棚张贴上漫画战场介绍等解释进行解决。主要的抓住在取得很大胜利之后来呼隆一下，提高群众情绪，扩大政治影响。

摘自日照县委《支前工作回报提纲》，1949年

华中区二地委开展从党内到党外的动员

首先应该从党内动员起。一切农村支部，应召开支部大会、小组会，根据这本教材和人民报的社论，用上党课或作报告、开会等方式，进行动员，打通思想。对时局方面，讨论山东、东北的大胜利，对我华中地区有什么关系？我解放军为什么会胜利？匪军为什么会失败？战争的最后胜利，为什么还是要长期的？敌人会不会反复扫荡？我过去对时局的看法是怎样的？有没有看不清的地方？有没有和平麻木和等待胜利的思想？并联系检查过去对支前工作的重视程度，有哪些模范例子，做得好的，在执行政策上，有没有偏向？有没有怕困难，自私和不够公平合理的地方？经过这样的检查以后，大家的思想都已弄通，都认识到目前的支前任务是迫切和重要的。然后第二步就是具体讨论要哪个党员带头，配备哪些骨干和分配各村的任务，向群众，办法等等。

党内思想已经酝酿好，就转向党外宣传动员，通过乡动员的口号用村政扩大会、群众大会、祝捷大会、学校、读报等方式进行宣传，并用回忆诉苦的办法，我这个好日子是哪块来的？过去吃过什么苦？反动派来，人牛是不是能太平？解放军打仗为的哪个？反动派不全部消灭，老百姓是不是永远能享太平福？部队流血打仗，是为了保护我们翻身果实，我自己应不应该出力？

在公平合理方面，检讨与自我批评村里哪些地方不够公平，哪个干部心不正，自己有没有卡强，有没有尖子躲差，提出不算旧账，从今做起，今后真正的做到公平合理，并自定一些公约。

群众思想也弄通以后，就着手整理后勤，用自报公议的办法，进行编组，选举组长，进行挑战立功。

摘自《从党内到党外深入的动员》，见华中区二地委宣传部编印《支部补充教材：迎接胜利，支援前线》

如东县掘东区动员方法

1. 普遍的采用了"大会动员，出题目，分组漫谈，互相研究，提高认识最后分析，提高再动员，以求得正确的认识"，这里问题在如何针对各种模糊思想，讨论分析收获即较好，否则仍不能解决多少问题。

2. 抓紧了欢迎常备民工的好机会深入动员。因为第一期常备民工延长了些复员的时日，部分干群产生了顾虑而对党对政府表现怀疑，当常备民工回来时各区正好在开区扩会，组织了欢迎会、庆功会，民工在大会上向大家报告了胜利消息，在部队的生活、工作及如何的立功等情形，对干群的教育意义很大，收获也很大。打破了大家做后勤（包括常备民工）的顾虑，部分干部对党对政府的怀疑消除了，情绪很高，并自动检讨观点的错误而使工作受到了损失。如由吴桂芳说明：看见常备民工开小差回来也未动员归队，因为怕部队扣去当兵或上火线被打死，家属要闹等，要是早知道这样，动员有什么难。很多干部当场表示决心，这个影响是很大的。

3. 针对各种不同思想用各种方法去动员

（1）回想过去、比比现在的方法最好，有些同志对我力量有些怀疑，我们就以抗战开始时、自卫战开始时、去年今年敌人兵力质量等情形来分析对比。从回忆我们这里武装发展的情形，使大家回想到敌我力量如何变化，我军在斗争中越锻炼越强大，敌人则越打越不行，耐心的分析敌我力量和条件，才能使大家真正信任。对胜利的麻木现象，则是以回忆在坚持中我们要捉一个还乡佬儿没有武装都是困难，使大家懂得胜利，哪怕一个细微的胜利的价值，忽视胜利是不对的。回想共产党没有来，我们如何受压迫受剥削的，在坚持斗争敌人是如何疯狂的，没有部队没有斗争，就没有今天。

（2）以本地的事实来进行教育。

有同志怀疑党报是否真，是不是骗我来的。栟茶区就同大家谈打栟茶，打丰利捉李连生（匪军长）的情形，栟茶、丰利没有打下来报上有没有登，李连生没有捉到报上有没有登，打栟茶打丰利登得果错。大家回忆了，还有多少是民兵捉到的，还没有统计得上去，只有少没有多，大家这个不好登假的。如果济南没有打下果能够说：济南打下了。经这样动员以后大家对党报对胜利是信任了。

（3）针对模糊思想逐步启示提高。

如有同志说"济南打下主要是吴化文起义"，"俘虏打枪准所以才能打下济南"，没有认识到我们的强大力量。以后提出问题"俘虏是哪里来的"，"吴化文为什么起义"，这里都说明，我们要有强大的力量才能战胜敌人，逐步的提醒大家有一完整的认识。我们要战胜敌人主要决定在我党正确的领导，我强大的武装力量，全体同志的努力，再加上我们的各种政策才能打胜利。

（4）打比方、算细账，看出我们的力量。

在宣传胜利的时候，只是照报纸宣读，干部群众的印象是不会深刻的。而采用讲故事、打比方、算细账的办法，如打济南歼敌10万，我们就一定要说：济南离这里多远，济南有70万人口，抵到几个马塘、丰利镇，10万人要是排成一行有多长，10万人要是交给××乡看管一个人要几个，10万人要是坐在一起有多大，不要说人，10万个豆子有多少，这样更易使大家看出我们的力量。

（5）用测验拈阄问答，看图讲解等方法。

在过去干部对形势（特别是区以下干部）是不重视的。从济南战役以后，大家才开始研究形势。这回在大小会议上用测验拈阄问答的方法，大家感到兴趣，看图讲解，作用也很大。过去谈形势时干部说话，什么东北西北弄不清，我们的地点究竟有多大，也不了解。因此有些同志（或群众）就误会说，既然解放了，为什么飞机还向东北飞，看图以后大家就清楚了，知道我们的解放区有多大，原来敌人在北边还有几个孤立的据点如北平、天津等，但在图上关于新疆、西藏是些什么地方应该说明，否则干部就会认为反动派的地方大，认为不要说打仗，就是单跑一次还要一年，如果告诉了他们那些地方国民党也并不能控制等情形，才不引起他们的怀疑。

摘自《如东县委工作报告》，1948年12月

启东县常备民工东南大队的动员方法

方　　法	人　　数	比　　例
县委决定	11 人	2.415%
大会报名	202 人	39.48%
个别志愿	168 人	32.82%
动员说服	48 人	9.36%
干部指定	31 人	6.055%
将功赎罪	9 人	1.755%
群众评定	9 人	1.75%
强迫	22 人	4.29%
诱骗	2 人	1.255%
拈纸团	3 人	0.59%
经济收买	12 人	0.195%
总计	512 人	100%

根据《启东县常备民工东南大队总结报告》整理

第二节　民工的整编和调拨

根据工作性质和任务的不同，民工被分为常备民工、二线转运民工和临时民工。部队团以下单位建立建制担架，每纵队配备随军常备民工担架 500 副，担任由团包扎所到纵队医院的伤员转运任务。每纵队配备运输民工 3500 人，担任纵队各级运输任务。二线转运民工由各转运站、民管处等部门掌握，执行前后方之间的一切转运任务。临时民工是在后方完成各种临时或紧急任务的民工。为科学合理地使用民工，各级支前机构制定了严格的民工调拨制度。除已配备的随军常备民工外，部队不准私自向地方调拨民工，其他机关团体使用民工时，须经其上级负责人批准，经支前机关批拨，不得直接向区、村调用。

◀ 华东、中原、华北三大解放区掀起支前热潮的报道

一、民工队的整编

文件精选

各级民工队的编制

第一　随军常备民工大队编制

一、每大队辖担架 500 副，挑子 500 副。担架 500 副，分为 5 个中队，每中队 100 副，辖 4 个分队，每分队 25 副，辖 5 个小队，每小队 5 副，各外设小队长一人，每副 5 人，其中选小组长 1 人。挑子 500 副为一个中队，辖 5 个分队，每

▶ 华东支前委员会民工编
制表

分队 100 副，辖 2 个小队，每小队 50 副，各外设小队长 1 人，每副 1 人。

二、大队部编制

职别	大队长	大队副	政委	副政委	参谋	文书	粮秣员	会计	医生	通讯员	挑夫	炊事员	合计
名额	1	1	1	1	1	1	1	1	1	4	2	1	16

三、中队部编制

职别	中队长	中队副	教导员	参谋	粮秣员	会计兼文书	卫生员	通讯员	挑夫	炊事员	文化教员	合计
名额	1	1	1	1	1	1	1	3	1	1	1	13

四、分队部编制

职别	分队长	分队副	政指	司务长	司务员	通讯员	炊事员					合计
名额	1	1	1	1	1	2	9					16

第二　二线转运常备民工大队编制

一、民工支队部编制表

职别	支队长	政委	军事参谋	供给参谋	通讯员	炊事员	挑夫				合计
名额	1	1	1	1	4	1	1				10

二、担架大队

甲、编制：每大队辖担架500副，分为5个中队，每中队100副，辖4个分队，每分队25副，辖5个小队，各设小队长1人，每副民工5人，其中选小组长1人。

乙、各级队部编制表

（一）大队部编制表

职别	大队长	大队副	政委	文书	粮秣员	会计	医生	通讯员	挑夫	炊事员			合计
名额	1	1	1	1	1	1	1	4	1	1			13

（二）中队部编制表

职别	中队长	中队副	教导员	粮秣员	会计	文化教员	卫生员	通讯员	挑夫	炊事员			合计
名额	1	1	1	1	1	1	1	2	1	1			11

（三）分队部编制表

职别	分队长	分队副	教导员	司务长	司务员	通讯员	炊事员					合计
名额	1	1	1	1	1	1	7					13

三、小车大队与挑子大队

甲、编制

（一）小车每大队 500 辆，分为两个中队，每中队 250 辆；每中队辖 5 个分队，每分队小车子 50 辆；每分队辖 5 个小队，每小队小车子 10 辆，各设小队长 1 人，每辆民工 2 人。

（二）挑子每大队 1000 副，分为两个中队，每中队 500 副；每中队辖 4 个分队，每分队 125 副；每分队辖 5 个小队，每小队 25 副，各外设小队长 1 人，分为 5 个班，每班 5 副，其中选班长 1 人，每副民工 1 人。

乙、各级队部编制表

（一）大队部编制表

职别	大队长	大队副	政委	文书	粮秣员	会计	医生	通讯员	挑夫	炊事员			合计
名额	1	1	1	1	1	1	1	4	1	1			13

（二）中队部编制表

职别	中队长	中队副	教导员	粮秣员	会计	文化教员	卫生员	通讯员	挑夫	炊事员			合计
名额	1	1	1	1	1	1	1	2	1	1			11

（三）分队部编制表

职别	分队长	分队副	指导员	司务长	司务员	通讯员	炊事员						合计
名额	1	1	1	1	1	1	7						13

四、马车大队

甲、编制：每大队马车 250 辆，分为 5 个分队，每分队辖 50 辆；每分队 5 个小队，各外设小队长 1 人；每小队 10 辆，分为两个班，其中各选班长 1 人；每辆民工 2 人，牲畜 2 头。

乙、各级队部编制表

（一）大队部编制表

职别	大队长	大队副	政委	参谋	粮秣员	会计	医生	卫生员	兽医	通讯员	掌铁工	木工	炊事员	合计
名额	1	1	1	1	1	1	1	1	1	2	2	2	1	16

（二）分队部编制表

职别	分队长	分队副	指导员	司务长	司务员	会计	炊事员	通讯员			合计
名额	1	1	1	1	1	1	5	2			13

第三 附注

一、为减少供给手续，马车、小车、挑子，大队可直接供给到分队，担架可按具体情况办理。

二、挑夫为挑药品、粮票、菜金及重要干部之行李。

摘自华东支前委员会《（关于颁发各类民工编制表的）通知》，1948 年 11 月 19 日

支前总结

民工队中干部、党员的配备

（1）干部配备方面：按照民工一般情况的了解，支队干部一般皆为县的主要干部或专署、行署的科长等；大队干部为区的主要干部或县的科长、科员等；中队干部多为区的主要干部和较强的一般区干；分队干部大部为区的一般干部或不脱离生产的主要村干。据胶东西海、南海的 5 个大队 98 名干部的统计：大队干部 14 名，内有县府科长 4 名，分区书记 3 名，行署科长 1 名，地委工作员 2 名，县民运部长 1 名，县府秘书 1 名，行署秘书 1 名，专属科员 1 名；中队干部 84 名，内有分区委组、宣委员 8 名，县工作员 5 名，区人武部长 10 名，区各救会长 3 名，区长 11 名，分区书记 7 名，区组、宣干事 5 名，区助理员 4 名，区农会长 3 名，县府科员 3 名，区文书 2 名，县府秘书 1 名，区工作员 1 名，区武装委员 2 名。

（2）党员配备情形：由于各个地区的情况不同（有老区、新区、收复区的差

别），在党员配备上，也有很大不同。配备数量最多的，按支队为单位的统计占总人数的20%以上，个别民工团队占37%，一般均占10%左右。据胶东5个大队的统计（由海阳、北招、胶南、莱西、蓬莱组成），计有民工9069人，内有党员2341人，占总数的25.8%，这是党员配备较多的；一般的如鲁中南二分区（济南战役时的统计）共有民工46739人，内有党员3707人，占总数的7.9%。

有些民工团队党员为数很少，有的则根本没有党员，这多系新解放区和收复区，受客观条件的限制。如淄博小车支队，多系新收复区民工，全队共干杂民工3114人，内仅有党员12人，占总数的0.39%，除去脱离生产的带工干部，民工中的党员就很少了。

摘自华东支前总结委员会《济南、淮海、渡江京沪三大战役支援工作总结》，1949年11月30日，第22—23页

对民工干部和骨干的要求

干部要求：大队主要干部由县党政配备相当于县级干部，中队主要干部由区党政配备区级干部，以上均须身体健康，支前有经验的。分队主要干部由党政配备助理员级或坚强的联防干部，小队干部由村主要干部配备之，以上各级供给人员（特别是中队）必须配备坚强富有活动能力者。

▲ 随军民工出发前在宣誓：民工担架团，支前称模范，大家齐宣誓，不怕苦和难，要和部队同甘苦，争取立功美名传

▲ 渤海挑子队开赴前线

▲ 民工队整编后开赴前线

▲ 海阳县担架一营五连

民工骨干：党员要占 20%，并要携带关系信。

摘自胶东区党委、胶东区行政公署《关于调集担架小车挑子的联合决定》，1948 年
8 月

民工的整编

（一）整编前的一般情况

由于某些地区在动员组织民工时，存有单纯的任务观点以及时间紧迫、调集
仓促等情况，造成某些民工团队老弱过多，组织混乱，工具缺少等现象，如江淮
三分区运输团 4500 人中，17 岁以下、45 岁以上的老弱即占 70%。比较好一点的
胶东民工三大队，老弱疾病者亦占 15%。胶东平度运输大队有车子 690 辆，队员
1380 人，不推车的干杂人员即有 483 人，占全队总人数的 35% 强。其他如组织机
构杂乱、工具缺少等现象，亦有不少团队存在着。上述种种情况，便决定了民工
调集后在执行任务前必须进行整编。

（二）整编的方针步骤

根据上述情况，确定进行整编的方针为：彻底精减老弱，健全各级组织，补齐
工具，做好执行任务前的各种准备工作。其步骤一般是经过检查情况（思想、组织、
工具、成员等），进一步加强政治思想教育，在民工觉悟的基础上进行整编工作。
除根据上述方针步骤外，并在整编过程中掌握了以下几个原则：甲、一般均照顾到
民工农村情况与地域观念的特点，尽量不拆散其原建制，使其原来一个地区的民
工为一个单位。在干部配备上，除总的团队领导上配备较强的干部以外，在村干

任班干或排干时，一般均选择在群众中有威信的干部充任，如果数村民工合编一排时，一般是联防干部充任排长，数乡或数联防合编为一连队时，一般由区干担任连干，数区合为一营时，一般以县干为营干。这样进行的结果，一般都顺利完成了整编任务。乙、在团队编制上，力求精干，以便于领导与执行任务。连队一般多者不超过150人，少者不下于100人，干杂的比例一般在15%到20%。①担架：每大队500副，辖5个中队，每中队100副；辖4个分队，每分队25副；辖5个小队，每小队5副，每副5人。②挑子：每大队1200副，辖2个中队；每中队500副，辖5个分队；每分队100副，辖5个小队；每小队20副；每副1人。下余200副编1个中队。③小车：每大队500辆，辖5个中队；每中队100辆，辖4个分队；每分队25辆，辖5个小队；每小队5辆；每辆2人。④大车：每大队500辆，辖5个中队；每中队100辆，辖4个分队；每分队25辆，辖5个小队；每小队5辆；每辆2人。丙、对编余人员，一般均经过民主讨论，分别进行适当处理。对年龄过大过小，或有疾病不能执行任务者，经民主讨论评定，上级批准，实行复员回家；对于年龄虽大，但身体比较强，还能担负运输任务者，编为直属队，执行二线转运任务；对编余干杂人员，凡身体强壮者，均充实民工，增加民工实力。

依据上述原则，进行整编、补充工具以后，各民工团队组织均较精干、严密，干杂减少，民工充实，质量提高。再加上政治整训、进行思想教育的结果，民工团队各方面均提高了一步，一般达到了从思想上、组织上、物质条件上，做好执行任务前的各种准备工作。并在整编的基础上，进一步建立了各种工作制度：如定期的会议回报制度；事前请示、事后报告制度；检查工作与按级负责的工作制度；请假、早操、晚点等制度，使民工的生活与管理，进一步走上组织性、集体性，以克服其长期处于农村分散环境中所养成的严重的散漫、保守的习惯。

（三）整编的方法

民工的整编，基本分为两种方法。一种是走群众路线，通过干部、党员，从党内到党外，从干部到群众，进行耐心的思想教育，打通干部思想，提高群众觉悟，在干部群众自觉的基础上进行整编。胶东平度运输大队及江淮二、三分区的民工，即运用此种方法，首先召开干部会议，说明整编是为了精干组织，提高工作效率，并用算账的方法，说明整编在节省人力和财政开支上的意义。经此教育后，一般干部均表拥护，有的干部并当场报名参加担挑，也有不少干部表示自己一定起模范作用，带领队员立功。干部思想打通以后，均积极在各单位民工中进行教育，说明整编的意义和要求。同时发动民工自己讨论，决定精简对象。编余人员分别处理后，又在民工中进行时事、立功等教育，民工情绪极为高涨，各中队、分队、小队等，均争先宣布自己的立功计划。大多数团队都运用上述方法进行的，结果也都是良好的。另一种方法是单纯行政命令，不走群众路线，不与教育工作相结合。鲁中南七分区民工，在整编时运用了此种方法，其结果是干部情绪不高，民工逃亡，整编后9天时间内，民工逃亡305人。这是一种失败的方法。

摘自华东支前总结委员会《济南、淮海、渡江京沪三大战役支援工作总结》，1949年11月30日，第47—51页

整编后的渤海一分区第一担架团

1. 党的组织

全团建立了团党委会、营党委会、机关支部，以下各连都建立了党支部。团党委由政委李艺林任书记，各营教导员（一营王洪贞、二营贾瑞、三营康国良、四营张瑞亭、五营□□□）任团党委委员。营党委由教导员任书记，连指导员任党委委员，各连由指导员任党支部书记。

2. 行政组织

全团共3156人，417副担架，分5个营，其中乐陵为一、二、三营，庆云为四、五营。团部有44人，设参谋处、政治处、供给处、卫生队。具体的有团长邱岳亭、副团长周国栋、政委李艺林、政治主任王智、副主任李秀芝、供给主任李东尧、卫生队长□□□等人组成了团的领导机构。

3. 各营的组织

一营为一、二、三、四连，共690人。营长宋玉升、教导员王洪贞、供给员孟占祥、管理员孙树祥、司务长王善员。

二营为五、六、七、八连，共661人。营长赵化民、教导员贾瑞、供给员崔之和、管理员苏墨轩、文书李秀生、事务长邢长德。

三营为九、十、十一连，共508人。营长史书林、教导员康国良、供给员李新文、管理员宋治元、文书闫艺田、事务长梁景祥。

四营为十二、十三、十四、十五连，共615人。营长张洪彬、副营长张瑞亭，由团副政治主任李秀芝兼教导员，供给员梁朝栋、事务长孔德山、文书马恒元。

五营共 638 人。其他情况尚不了解。

摘自乐陵县淮海战役资料组《渤海一分区第一担架团的模范事迹材料》，1960 年 3 月

二、民工队的调拨和使用

支前总结

民工调拨制度

（一）哪些机关部队才能使用民工，须通过哪些手续。

1. 平时：县以上的部队机关及分区后方机关（如后方医院、供给部、荣管局等），在对作战必需的或紧急公供勤务时，可以使用民工。党政机关及生产贸易机关一般的不能使用民工。但在紧急运粮及发生突然情况时，经一定机关之批准，方可使用民工。使用民工部队机关在平时根据每月实际需要数字，在上月 25 日以前编造预算。经团以上政治机关批核（县团经政治处、分区部队机关经政治部、分区党政后方机关经专员公署），由后勤机关（在分区为后勤办事处，在县为后勤科）根据核定数字发给"临时民工工票"，如不够使用时应及时追加预算。每月月终造粮决算。时间在下月 5 日以前，手续与预算同，在需用民工时，须事先填写动员民工通知单。

使用民工之部队机关，向所在地县区政府（后勤站）领用民工，但须事先尽早通知后勤机关使其有所准备以便调度，部队机关不得追问乡村直接动员民工。但在紧急情况或其他特殊情形下，所需民工找区后勤机关，在部队以团为单位，后方机关由最高负责同志写介绍信向当地区乡政府临时直接动员，各区乡政府迅速动员，不得借口拒绝或拖延。

2. 战时：部队在战时所需之民工，在作战前由政治机关做精密计算，在事先通知分区（县）后勤机关，领取动员民工通知单，向行经地区或作战附近地区区乡政府（后勤机关）领取民工。

（二）调节调度办法。每乡每月动员民工人数，须于月底向区报告后，区将各乡数字集中统计后，汇报县政府，由县统一了解各乡区民工动员程度，如认为该区乡动员数字，已达到饱和点时，于下月在其他乡区调度使用，以免苦乐的混乱现象。

（三）开展节省民主教育，保证征用民工制度的贯彻。因为这一制度相当繁复，在执行中定会遇到不少困难的，为达到节省民力，支持长期的革命战争，我们一定要以全党全军自己当家做主、亲自动手的精神，来保证这一制度的贯彻。

摘自如东县《贯彻整顿后勤，更好的支持革命战争》，1948 年

调集民工的方法

调集民工时，根据战区与非战区、老区与新区的不同情况，采取了相应措施。即，战区负担临时民工，较远地区负担随军常备民工，这样既不使战区民力负担过重影响生产，同时也能使其他地区抓紧时间进一步动员组织民力。拨交部队时，根据部队、民工的地域情况及任务轻重，适当拨交。如九纵在三大战役中皆配备胶东民工，八纵皆配备鲁中南民工，因九纵原来系胶东部队，八纵原来系鲁中南部队，这样部队与民工互相熟悉，生活习惯一致，易于协调，便利执行任务。一、四纵一般任务较重，三十五军系新起义部队，均配备政治觉悟较高、组织领导较强之老区民工。

根据华东支前总结委员会《济南、淮海、渡江京沪三大战役支援工作总结》（1949年 11 月 30 日）整理

三、后方支前组织的建立

◄ 宿迁县皂河镇妇
女洗衣组成员

支前总结

河南禹县支前组织机构

1. 县的领导机构：

县支前委员会：主任委员由县委书记刘平兼任，副主任委员由县长张天和兼任，并吸收各有关部门为委员，如原支前科长刘洪昌、财政科长王勇、民政科长白强、银行行长刘耀堂等组成。

县支前司令部：……在县支前委员会的直接领导下，吸收各有关部门约50余人成立支前司令部，县长张天和兼司令员，县委书记刘平兼政委。设有秘书室，秘书由原司法科副科长姜农担任，并有鉴印及办公员共5人。下设3个科：

（1）民动科：科长由原战勤科长刘洪昌担任，专门组织调拨民夫、担架、牲口、车辆等。

（2）供应科：科长由原财政科长王勇担任，专门负责调拨粮、草、鞋、袜等一切物资的供应。

（3）宣教科：科长由高□周担任，专做宣传教育工作。

附设总务股：具体由□国□负责，专管一切财政经费开支。

下边根据交通要道设立5个兵站，有瓮厢铺、张楼、顺香、城关等。设站长、副站长，下设会计、出纳、粮秣、宣教等股。

► 日照县城关民站
　 妇女慰问组成员

2.区领导机构：

①区公所在区的领导下吸收有关单位成立支前委员会，正副政委由区委书记和区长分担。9—12个委员组成。

②支前指挥部：区公所在区支前委员会的统一领导下，成立支前指挥部，区长兼指挥，区委书记兼政委。下设粮秣、民动、宣教3个股。

3.乡建立支前委员会：由乡长兼政委，下有委员7—9人组成。

同样也设有民动、粮秣、宣教等3个股，并选择适当地点每乡设1—3个招待所。

摘自《禹县在淮海战役中的支前情况》，见淮海战役纪念馆藏河南省支前资料

支前手册

后方支前队伍

长工分队——凡18岁至45岁的男子，均编入长工分队。正副村长兼正副分队长，原有民兵分队长担任第二分队副，共同轮流担任带领民工。下再分编小组轮流服务。

1.分期轮流担负常备民工服务，每一期规定为6个月（以到部队时间计算）。

2.担任战时前方所必须之军勤服务，每一次服务期限视这一战役的规模大小及时间长短而定。

3.平时担负较长途的各种转运任务。

短工分队——凡46岁至55岁之男子均编入短工分队，正副村长兼任正副分队长，另配备第二分队副，下再分组轮流服务。

1.主要是担负后方各种临时军勤服务。

2.战时亦得担任前方各种临时民工服务以补长工队之不足。

3.平时一般后勤服务。

民兵分队——仍保持原有民兵组织，但民兵分队的干部，应与长工分队结合。不另增添，所有民兵如合乎长工短工条件者，均应分别加入长短工队，服务后勤，如民兵有担负看押俘房、配合作战或其他等服务，可即同样记工。

老人服务队——凡超过55岁以上之能劳动男子，均编入老人服务队，正副村长兼正副队长，推选第二副队长，下分小组专门负责短途送面、向导、送信及替

部队找房子、借工草、借工具等责任，并应事先将房子进行调查了解统计工具，每逢部队到来，即主动接洽分配住屋、借用工具等。

妇女服务队——凡是能劳动之妇女，均编入妇女服务队，正副村长兼正副队长，原有妇会长为第二副队长（如没有妇会长可另行推选），下分小组，专门负责磨面、缝洗、慰问等责任，小组不机械分工，看当时任务情况由队长适当分配指定任务，除磨面应根据上级布置办理，保证磨面要干要白要细外，其余缝洗慰问等，均应主动去部队联系接洽办理。

儿童团——凡 17 岁以下 6 岁以上之男女均编入儿童团，校内儿童与校外儿童可以合编，推选正副团长，由村学教师负责指导，进行娱乐、慰问、欢迎等工作，每逢部队过境或驻扎，均应主动结队欢迎、贴标语、呼口号，部队住下时可组织文娱晚会、秧歌队等形式慰问驻军。

附：基层支前组织系统表

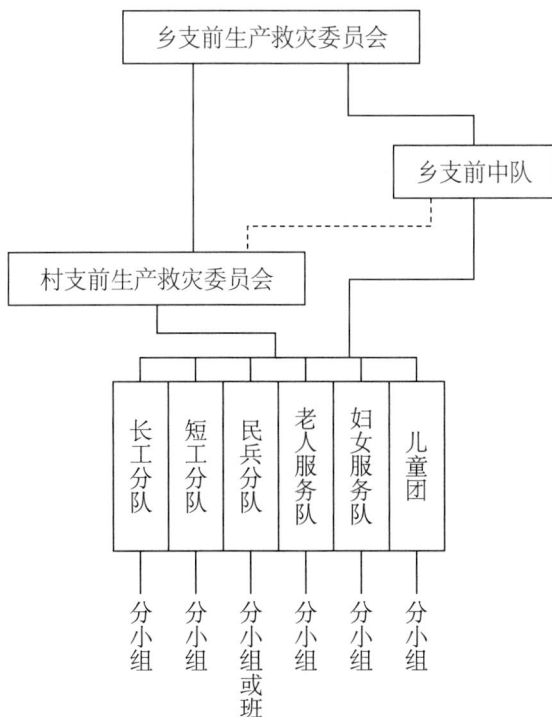

摘自《什么人应当出后勤？怎样出法？》，见华中行政办事处第六行政区支前处编印《支前手册》，1948 年 10 月

四、民工队开赴前线

▲ 民工开赴前线

支前报道

华东广大后方党政民全力以赴支援战争

【本报汇讯】华东后方党政民正以全副精力支援淮海战役。各地除组织了大批担架队、小车队陆续开赴前线外，从靠近战线的地区到远离战线的非战区，从乡村到城市，从机关到工厂，到处都沸腾着为前线服务的热情，紧张地完成着后方的战勤工作。淮海战役开始，华东军区直属各单位即进行战争动员，号召大家紧急动员起来，要求每个同志努力工作，使工作适应战争，为战争服务。华东军区后勤司令部、政治部于 11 月 20 日亦召开紧急动员大会，号召每个同志放下一切个人问题，集中全部力量做好后勤供应工作，后勤政治部并发布《关于贯彻淮海战役紧急动员工作指示》。胶东各直属机关人员经动员后，纷纷整顿思想，提高工作效率来支援前线。如电话队一个班在一个上午（包括栽杆子、钉磁葫、接线等）架好 10 里路电线，一个民工也未用。卫生部卫校学员都踊跃为前方输血，并积极工作，护理人员都一人顶几个人用。华中党政军领导机关及江淮军暨区党委亦相继发出支前紧急动员令。因战争规模宏大，支援任务特别繁重，如再以平日的工作方法与工作作风来工作，则势必难以完成任务，山东临沭县为此即转变把领导力量平均、分散的状态，集中力量加强支前工作。日照县委在检查支前工作中发现干部因胜利而产生的麻痹松懈思想，马上进行纠正，并作紧急布置，县委各委员并亲自分赴各区检查协助。由于从上至下，都经过战争动员而全力投入支前，故任务虽繁重而艰巨，但均能贯彻完成。

摘自《大众日报》1948 年 12 月 16 日

豫皖苏人民贡献宏伟

【本报讯】中共豫皖苏中央分局发出"党政军民全体动员起来，支援徐州前线战役"的号召后，全区人民及各级干部热烈响应，贡献伟大力量，争取了淮海战役的伟大胜利。宿西县（新设县，宿县西部）的担架队，两批即达 2710 副，大车 2000 余辆，并动员 3000 余人，修路 225 华里。柳子乡 44 副担架，18 天内先后转运伤员两次，无一逃亡，两次来往于 320 华里的路程，还不到两天两夜。当几个担架员请假拿棉衣时，他们恐怕延缓时间，增加伤员痛苦，4 个人抬两副担架前往赶运。乡长许成奎同志以身作则，同另一个人抬一副担架，一直坚持到目的地，虽然双脚磨破，但终不落后，及时地率领全队胜利完成了任务。全队且对伤员照顾周到，多半把自己的棉袄脱给伤员盖着，把自己节余下的柴票拿出换柴火给伤员烧开水、烤火，并有的拿钱买东西给伤员吃，两次转运的伤员临别时，都和他们亲热地握手。亳县玉皇阁村徐广法完成转运任务，又去拉大车，老婆儿子都有病，他也不肯在家，他说："病人哪有上前线要紧。"他在家只住一夜便走了。徐广义带病出征，说："我的病是反动军队给吓的，一打徐州就好了，得有我一份。"徐广华原要到界首经商，听到打徐州，他要求出担架，说："生意晚做点不碍事，打倒反动派到徐州做生意去。"许昌市医师也卷入这宏伟的运动中，组织临时医院医治伤员。开封工人更起了积极的带头作用。各校学生自己捐助并动员家庭节约支援前线。

摘自《中原日报》1949年1月1日

硕集区五百多民工一天半集合出发

【新华社盐阜14日讯】自后勤任务布置后，阜宁硕集区全面掀起支前热潮，一天半动员550名民工出征，及时完成支前任务。这区于11号接到县支前总队部的任务后，便紧急召开全区乡干扩大会。会上首由蔡区长报告目前胜利形势，说明伟大的支前任务已经到来，每个干部党员，必须充分认识这一光荣支前任务的政治意义；要在各方面起模范作用，克服一切困难，深入进行动员、组织群众，投入这一支前运动。大家汇报了支前动员的情形，区委研究各乡实际情况，分配任务后，各乡都勇敢保证完成，孔荡、大楼等乡干部，当众表示，坚决完成任务，保证不开小差。会后各乡干部即至各村，分别召开党员、干部、群众会议，进行动员，区干亦连夜分头至各乡动员。因后勤组织已经过了初步整顿，及在胜利鼓舞、干部带头下，群众热烈参加。周桥乡周桥村周凤顶小组，在分配任务后，周凤林等立即整理小车子、口袋准备出发，周长立没口袋，跑了七八里路买布回来，叫老婆赶快缝口袋，孔荡乡孔大爷说："我们翻身亏的共产党领导，解放军打仗流血都是为的保卫我们翻身果实，现在我们要拿出吃奶的力气来，做好支前工作。"13日，各乡民工都由各乡村干负责带领，成立组织，按时集中，550名民工在区委带领下，光荣出征。这区能及时完成任务，有以下几个原因：一、前一个时候，曾普遍进行了动员和组织支前，并已深入检查继续贯彻支前准备，在人力、工具都准备停停当当，故任务一来，能随即出发。二、曾普遍进行了支前思想教育，初步贯彻了公平合理负担政策，群众一般均认识到支前是每个人应尽的义务。三、在组织后勤中，建立了支前、生产组织，出征民工家庭的生产，由在家半劳动力负责帮助解决，减少了出征民工的生产顾虑。

摘自《新华日报》1948年11月22日

阜宁新沟区紧急动员后　支前运动马上掀起

【本报讯】阜宁新沟区支前工作全面进入行动。当徐州外围胜利消息接二连三传到阜宁新沟区时，干部群众就都兴奋非常，毛湾乡群众说："这下子好了，东北四（九）省拿下来，徐州也要拿下来了。"季桥乡群众说："马快这里统统要稳当了！" 14 日全区在紧急动员下，即有干群 736 名，小车 600 辆，由副区长带头组织成支前大队，浩浩荡荡开向分区，17 日，戚桥、毛湾等 10 个乡又有近 2000 人全面动员起来卷进修桥铺路行动，妇女们也赶忙抢磨好 20 万斤面粉，吉沟乡原确定 3 天修好大路的，但在干部党员带头突击下，一天半就全部完成。小郑村副村长郑常仁、副村会长周永前，小组长戚正进都纷纷要求带头参加支前大队说："干部这次不来劲，还到什么时候？" 戚桥乡指导员周永祥过去本来包庇了两个兄弟，这次在胜利形势鼓舞下，带头检讨动员了 100 辆车子，第一个到达区里指定地点，吉沟乡在出发铺路时，连六十几岁的刘老头也抢着要求去说："前方事情赶不上人家，修路能做的事还能不去吗？"

摘自《新华日报》1948 年 11 月 22 日

江淮后方人员纷赴前线工作

【新华社江淮 17 日电】江淮军区及江淮区党委，于 11 月 12 日发出支援前线紧急动员令，号召江淮全体党政军民必需立即紧急全面动员起来，热烈支援前线后，江淮后方机关人员即响应号召。在"积极参加支前工作，一切为了前线"的口号下，江淮公学首先热烈响应，大家纷纷自动报名要求上前线，连一贯身体不好的女同志，也坚决请求批准。现该校第一批 40 余男女同志已于 14 日晨出发，第二批百余人，亦已组织好，待命出动。江淮二专署的大部工作人员会计、出纳、保管员等，均络自己工作交给留在后方的少数同志，在陈专员、苌副专员亲自率领下，先后赶赴前线。江淮财经委员会的大批财经、供给干部、区党委联络部的干部，均陆续赶赴前方。江淮分社记者组亦已携带电台派往前方后勤司令部，组织支前报道。现各后方机关，均已将一切可能派出的力量全部集中起来，支援与争取前线的胜利。

摘自《新华日报》1948 年 11 月 22 日

谢德宝的转变

黄滩庄上人全说："谢德宝要算个小人尖子，每回做后勤，他一听风声就躲上亲友家去了。"晚上村民会并动员小车子去运粮，大家报了以前出后勤的工，别人顶多的已做了百多个工，最少的也有六七十个，谢德宝却只有 13 个工。立刻会场上轰起来了："谢德宝这回不能再不去！" 王大洪子举起个手，气愤不平的说："细想起来，谢德宝这个人要真有点忘本，翻身翻过来，倒反把他脑筋翻顽固哪！人要饮水思源，老蒋不打倒日子就过得舒心了吗？后勤也是为我们自己做的事，哪个再退后，连祖宗三代也对不起了？！"

谢德宝听是听进耳头了，脸红到脖子，但仍是不作声，心里暗想："随你们说去，真要我去，脚后跟再朝前。"

会一散，他就跟女人商量好了。这天赶早起来，过河东姐姐家去先避一避。和往常一样，这回一路上他心里不脱慌慌张张，生怕庄上人晓得，赶来拦住他。

走也快，三十几里路小傍中辰光就赶到了，姐姐一看冒欢喜，10 岁的外甥拖住他衣角跳着说着："大舅！我爷上后勤哪，他说的去打蒋秃头呢，你多晚去啊！"他听了一愣脸又红起来了。

晚上，姐姐问他："小保子他舅舅呀！你们那块没出后勤吗？你姐夫这回也做常备民工了，我们这庄去两个，现在庄上还组织什呢后勤组、妇女洗衣小组呢！听说这回仗大呢，要把反动派赶跑了，要真的把徐州揪下来，清淮再一打，我们这块就安稳了。细想起来，小保他爷这回去做后勤，我心里真欢喜，早把反动派打走，人人全有好处……"

姐姐说的话，把他惹的心里不停"秃、秃、秃……"的跳，只是"嗯嗯"答答腔。

他仰在床上自思自量问自己："难不成我三十岁的人连这一点见识还不如姐姐吗？姐姐说的真是实情话，春上反动派扫荡，我家一口猪、七只鸡子全弄去了，只剩赶到麦口的石把大米吃粮，也被那些狗入的连跟脚都扒了去，险些儿三间房子也被烧成灰，逼的我家五口子东借西拿，个把多月一天两顿粥都维持不了。再说，就打共产党来，我谢德宝才撑得起腰来的呀，朝个种地主赵二虎 15 亩田，苦难了，还赶不上嘴。收些粮食全落进人家仓房，年年七债八负，寒冬腊月还赤条条，五口子挤在一条破棉花胎子里，哪一年不是过的这种受罪日子呀！……"

"亏得共产党来，领导我们翻了身，土地改革分给我 17 亩田，还有半条牛，去年复查又搬进三间风不透雨不漏的屋，浮财分得一大堆。寒天新添了两床新被，大人伢子哪个没有一套棉褂裤，不是春上反动派闹，今年日月更丰足了，这些反动派真该杀千刀！"

越思越想，越难受起来。直到鸡叫二遍，他还没有睡得着，暗自捶胸："我这个人真不派，实情忘了自己的根本哪，历次出后勤我不是装病就是躲起来，到今天只应了 13 个短工，还心不愿意不服的。这回大家说的不错，理当有我去才是的。

我偏又躲到姐姐家来，难道就派人家去，派我讨巧吗?！打倒蒋介石人人都该有份责任，凭良心也说不过去呀！唉！太不该，太不……"

爬起床，姐姐特为他搓了糯米团子，他只吃了几个就丢下筷子，对姐姐说："我家去了，想起有桩急事要做……"姐姐看他样子很急促，就没有再留他。

到庄上，人不知鬼不觉钻进家，女人疑难的望着他，他一句话不说，赶忙把小车子拿出绑绑，车垫子上好，又点上些油，找出一条又长又结实的草绳，把分浮财得到的一个新麻布袋，还没舍得用过呢，一气捆捆扎，往小车上一塞就睡觉了。初十大清早，只听庄西大场上人声噪杂，全乡八十几掛小车子集中就要出发。

在离队一节田远的地方，有一个人低着头，推起小车子凶走，大家见谢德宝来了，一片人声听多远的："谢德宝也上后勤了！脑筋真转变了，欢迎呀！"

这时，他脸比往常更红的凶，回头对赶上他的李乡长说："乡长！我谢德宝知错，这回上后勤把心你们大家看！"

摘自《新华日报》1948 年 11 月 22 日

支前总结

如东县城东区几个中心乡后勤组织统计表　1948 年 12 月 20 日

乡别	村数	户数	年纪人口								担架		车子队		扁担队		船		棺材
			18—35		36—45		46—55		14—17		副数	人数	部数	人数	人数	条数	人数	只数	
			男	女	男	女	男	女	男	女									
兴隆	6	983	437	512	164	177	224	200	128	131	30	160	23	51	88	83	4	1	
斗争	5	1240	514	597	322	320	230	239	152	166	44	259	31	74	317	298	12	4	14
长胜	3	665	136	175	122	96	98	72	55	46	19	149	22	41	171	171			2
雪洪	4		450	390	279	248	238	167	87	68	30	150	16	32	110	110	14	7	
义天	7	1014	486	474	208	183	194	208	83	76	36	180	24	40			12	4	2
凌三	7	1217	295	224	224	212	256	169	102	72	57	302	29	65	220	208			
万灵	6	870									30	150	16	32	110	110	17	7	10
先民	6	1037									33	178	13	29	126	126	18	6	23
合计	44																		

摘自淮海战役纪念馆征集的江苏省如东县支前资料

第三节　民工的日常管理

　　成千上万的民工在前线服务，科学地管理这支队伍，是保障各项支前工作高效开展的关键。各级党组织紧紧围绕解决民工支前中的实际问题和完成支前任务两方面内容开展工作，建立了包括行军宿营管理、生活管理、卫生管理等管理制度，对民工队伍实施科学管理。这些管理措施对激发民工支前热情、保证民工身心健康、巩固民工队伍、完成支前任务，起到了十分重要的作用。

一、民工管理制度

民工笔记

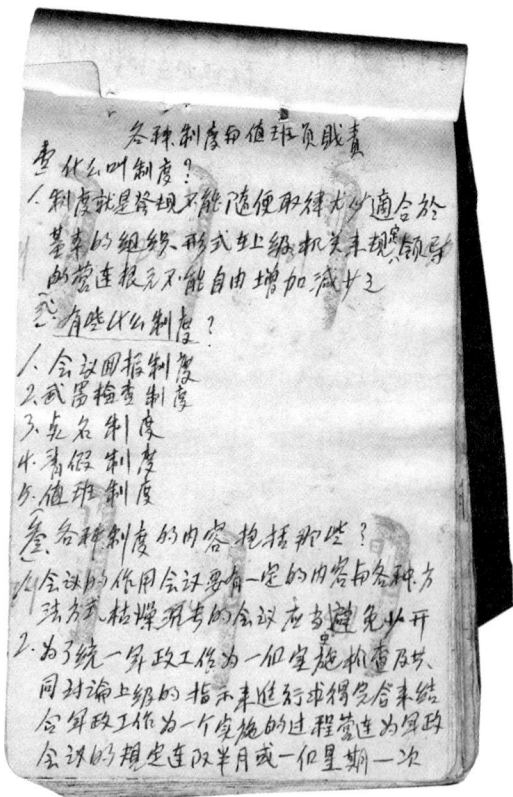

▲ 民工刘为明的笔记本中记录了大量关于制度和
　职责的笔记

日照县民工管理制度

各种制度

（一）什么叫制度？

　　制度就是法规，不能随便取律，尤必适合于基本的组织形式，在上级机关来规定领导的营连，根本不能自由增加减少之。

（二）有些什么制度？

1. 会议回报制度。

2. 武器检查制度。

3. 点名制度。

4. 请假制度。

5. 值班制度。

（三）各种制度的内容包括哪些？

1. 会议的作用：会议要有一定的内容与各种方法方式，枯燥冗长的会议应当避免，少开。

2. 为了统一军政工作……规定：连队半月或一个星期一次班长以上的干部会议；营半月或一月一次副排长以上；连级干部会议取消；战士向班排连的回报，公示时间问题之反映，除量大事件随时进行外，一般应和值班勤务交代时进行之。

（四）班学员讨论会

依课日性质与环境不同来开，采取连排或班为单位讨论，班内班长主持，排由排长或值星排长，连由授课者或连长、政指、值星排长主持。

（五）连向营回报，平时每两周一次

行军战斗每日一次，特殊事项随时进行，除宿营报告、统计报告外，一般是采取口头回报，每周两次或一次。

战士职责

问：战士职责是什么？

答：任务就是了解自己的义务。

（1）革命战士应当遵守革命政府各种政策，为人民服务，要坚决顽强与敌作英勇奋斗，不怕牺牲。

（2）坚决服从上级首长的命令，不怕任何艰苦危险，用一切力量来彻底完成所接受的任务。

（3）严格遵守军事政治纪律法规制度，爱护武器、弹药、马匹、器材，节约物资。

（4）保守军事秘密，提高警觉性，防止奸细混在我军内部侦察破坏工作。

（5）不断努力学习政治军事文化，提高自己服务能力。

（6）有高度的敌情观念充分准备好战斗，认真不马虎的进行各种公差勤务。

（7）爱护人民利益热烈参加生产工作，保护革命政府遵守政府法令。

（8）保持服装的清洁，遵守服装的规定来保持军容。

（9）坦白诚恳待人，接受上级团结同级对待人民进行宣传工作使军队内部和军队同老百姓之间团结成为一个人一样。

班长职责

问：为什么要讲班长职责？

答：为了提高干部质量和部队的重要使大家称职不至于发生困难的工作，班长职责内容如下：

（1）班长与排长的关系。班长是在排长直接领导下进行推动工作，平时管理教育战士。领导全班作战管理上，应当耐心说服动员，用政治感动，用积极分子改造落后分子。

（2）班长处处要以身作则，用自己模范领导全班工作学习，直接检查推动战士对上级的命令执行一切的规则。

（3）班长要熟悉本班战士的年龄、姓名、成分、思想、住址。

（4）班长了解本班人员武器弹药装备等数目，并负责保管，每天检查一次是否有无损坏，除追究以外，马上报告排长。

（5）负责维持本班的军容风纪内务的清洁整理。

值班员职责

1.值班员有责任同下班值班员经常维持本部军容风纪检查，督促一切日常生活规定之实行及处理日常临时所发生的事情之责任。

2.值班员交代时，各部队首长应参加检查值班员的工作与将班的值班员工作的规定和指示，并了解部队情形。

3.值班员不得离开本部队的位置，自己要外出向本部队首长或上级值员请假并指定代理人，将代理人报告上级值员和本部队首长。

4.值班员交代时，将值班期内发生的事情及处理情形、受领的物品、未完成的工作详细交代。

5.值班员在本部首长不在时，有代理本部首长之权限。

摘自民工刘为明在淮海战役期间的学习笔记

支前总结

启东县民工管理制度

点名制：早晚点名，可以加强群众行政观念，减少自由散漫现象，及时了解人数。

值星制：轮流值星，可培养提高干部能力，另一方面可以减少领导的许多事务工作。

公差勤务轮流制：这样可以使得公平合理，以免造成吃肉的吃肉，吃骨头的一直吃骨头，偷巧的一直偷巧现象。

检查制度：领导亲自检查，按日汇报。如每次出发前，到达宿营地检查人数、器材、物资，以免遗漏东西。

汇报制度：区队、大队和中队等应加强汇报联系，以免出现大队找不到中队等现象。

领发制度：按日按人领发粮食、药品等物资。

结报制度：钱粮药等及时结账报销。

根据《启东县常备民工东南大队总结报告》（1948 年 11 月）整理

文件精选

豫西区民工管理制度

会议汇报制度：各民工单位须及时召开各种会议，讨论研究解决有关民工中之各种问题，并须向上级汇报关于本单位之情况。

检查制度：大队以上之民工单位须经常及时的深入下层了解情况，尤其是民工的思想变化，并具体帮助下级进行工作。

学习制度：凡上级发下之命令指示文件，各单位须认真讨论研究，并切实执行之。

奖惩制度：凡民工在出征中完成任务有成绩者，均给以物质或精神奖励，未完成任务及有破坏行为者，按情节轻重，给以一定之处分，其具体办法则另行规定。

摘自豫西军区支前司令部《民工政治工作暂行条例》（1948 年 10 月 15 日），见《河南的支前工作》，河南人民出版社 1992 年，第 317 页

二、行军宿营管理

支前总结

行军宿营的组织领导

行军宿营领导上如无充分的组织准备与思想准备，是最容易造成混乱、波动民工思想与违犯群众纪律的。因此行军宿营组织领导的好坏是民工巩固的重要问题之一。民工在行军中最易发生的问题：（1）事前往往缺乏准备工作，在行军中不断发生失掉联络与乱无领导现象，给某些落后民工以借故逃亡机会。如鲁中南七分区担架团事先组织工作不周密，干部分工不明确，结果从原地出发到达支前

▲ 行进中的民工队

机关的行军途中掉队逃亡很多，几天才集合起来，并造成民工对干部的不满。（2）有些缺乏带工经验的团队，往往迁就民工思想，行军时不愿多带粮食，致使不少民工团队在路上搞不到给养，使民工挨饿。如江淮二分区担架团在从原地到支前机关的行军途中，民工未带粮食，再加民工的衣服、鞋子准备不足，连续3天行军民工吃不上饭，又饿又冻，途中病员增多，并病故2人。（3）特别民工进入新区到达宿营地后，事前对民工无充分准备与教育，容易发生违犯群众纪律现象，因为民工对新区群众带有一定错误认识。渤海三大队到黄口后，未注意这一问题，民工违犯群众纪律现象不断发生，造成群众不满。

为防止以上现象发生，事前必须进行准备工作：首先调查了解路程，确定目的地、经过路线、里数、经过河流有无桥梁、住村大小、能否容下等情况。召开连排干部会议，阐明行军任务及路线、时间和宿营地址，使其主动向民工进行教育，做好组织准备与思想准备。乘火车行军时，事前一般应对民工进行充分乘车常识的教育，以防意外事件发生。淮海战役结束后，民工乘火车复员时，因缺乏这方面的常识教育，曾被压伤亡民工50余人。

由此说明行政管理，必须根据适合战争情况，建立各种科学制度，保证民工供给，加强民工的军事纪律生活，克服民工的涣散生活习气，保证支援任务上的统一与集中。

摘自华东支前总结委员会《济南、淮海、渡江京沪三大战役支援工作总结》，1949年11月30日，第55—56页

▲ 民工行进在徐（州）邳（县）公路上

▲ 随军挑运物资的莒南民工

行军前的整训

思想教育。这里主要谈谈思想教育。思想教育要和民工目前思想上的活动顾虑及其利益做依据，不要主观的去讲支前圣经，应从民工的切身利益上去讲支前。这里分下面几种：（一）时事解释。很浅显很实际的说明不打倒蒋介石，农民不得翻身，中国不得和平的道理，并须举出一定能打倒蒋介石的各种有利条件。（二）说明为谁支前的问题，说明这是为了人民大众的事情。（三）打消民工的各种顾虑，如怕到火线、怕飞机、怕耽误生产、怕到远地方、怕参军、怕不得按时复员、怕走远路吃不消、怕吃不上饭挨饿、怕害病无人照顾着和讲明各种保证。（四）酝酿立功运动。（五）针对着个别乡区特殊情况，提出具体问题来教育。例如对边区来的民工，可以从主力大量歼灭敌人，小据点就马上可以肃清，支援主力打大仗，也就是为了自己家乡的完全解放等说起。（六）特殊时节的教育，如过年过节等，农民恋旧念家心理非常浓厚，遇到过年过节，总想不去，即去也想过过年节再去，这时要抓紧教育，提出"过年要过太平年，打不倒蒋介石，永久过不成太平年。打垮蒋介石，永远过好年"等口号来动员。（七）反逃跑教育。先发动大家讨论：各人庄上出夫是否公平？生产小组是否搞好？怎样来搞好生产工作？不但要民工提出意见，而且要民工自己想办法解决，再加上立功的教育和酝酿，自然而然的使大家认识到"出民工是光荣，逃跑是可耻"，回到家又要受罚。（八）纪律教育。如行军不能掉队，服从命令听指挥，遵守群众纪律，防空以及如何遵守集体生活中的一些制度。思想教育外，当然也要进行业务教育，如怎样抬伤员等。

整理组织。整理组织首先是整理支部。各中队来集训时，如果已将支部组织好，就不必再重搞；如果支部未成立好，民工一到，就先要抓紧空隙时间成立支部，编制小组。在编小组时还须注意到非党民工的配合编制，并布置在集训期间的保证工作，以及时刻的充分的反映民工思想情况。其次是整理行政组织，各中队建制是否完全？班排连人数是否满足？如多则减，少则补。干部是否配齐？配得是强还是弱，要不要更调，民工有无雇佣、收买、老弱、暗疾、干部逼来的、支部挤来的、出了两次的等现象，都要严格查清，在集训中纠正，免得要调时来不及，或勉强到前方也不管用。第三是整理事务组织，查明会计会不会算账？能计到什么程度？带没带算盘（到前方常常借不到）？事务长上士会不会记账？带秤没有（到前方也常常借不到）？卫生员是什么样人（中西医都配备）？带药包没有？还需领哪些急救的药？通讯员、炊事员等是否称职？政治思想上有无毛病？以便很好调整。

检查用具。一、担架（或小车）准备好没有？适合行军用否？破坏了没有（小车还须附带装粮的口袋）？择出必须更换或修补的。二、民工是否带碗、筷、鞋子、棉衣薄被，以及小口袋（带干粮用）等。三、各队是否带马灯、纸张、旗子（各中队的标帜），以及简单的花名册。

摘自《怎样带领民工？》，见江淮二分区支前司令部编印《支前手册》，1949 年 3 月 20 日

行军前的准备

（一）召集连排干部会议，说明行军任务及行军路线、时间和宿营地址，布置检查群众纪律，借物归还，打坏的赔偿，对房东进行道谢等。由各连汇报行军中的困难，如病号不能走的、剩余给养物资等，可由营部统一处理，以节省人力。并以连为单位进行简单的动员，纠正行军中的偏向，如踏青苗、喝冷水、掉队、夜间说话、吸烟等，但如果环境许可，也可提倡行军娱乐，大家说说唱唱，减少疲劳。

（二）先派出设营人员（情况允许时，病号可以和设营人员一同走，这样可以减少行军中若干麻烦及掉队的顾虑），在沿途大休息地点，准备好开水，到目的地按分好宿营住处，派人到村前联络，保证民工一到，马上有开水喝和进房子休息。

（三）准备好给养。应根据不同情况，准备下一两天的磨好的生活给养，长途行军及战争中，更要带一部分熟给养，以备过半夜后饿时点心。过半夜又冷又饿，没有熟给养点心，有点病的会支持不住。要很好重视这一问题。

摘自《带民工里面几个具体问题》，见宿北县支前总队部编《怎样做好民工工作》，1948 年 12 月 24 日

事先找老百姓及看地图了解路程，确定目的地，经过什么路？多少远？经过什么村庄？过几道河？有无桥梁？住宿地村庄多大？能否容下？问路了解路线，

最好问村干、开店的、商人小贩，因他们比较熟悉。夜间行军还要早找好向导。为了更具体了解宿营地情况，可先派人看房子。

其次，在行军前要召开连排干部会议，布置行军任务及行军路线、时间和宿营地，并很好检查人员，是否到齐？有无病号？有无掉用具？远路要准备好粮食，并派一定干部准备行军中收容掉队、病号等，卫生员要留在后面走，或争取病号早走。

摘自《服务常识》，见华东支前委员会政治部编《支前手册》，1949 年 4 月 24 日

行军中的注意事项

领导问题

规定行军秩序，干部分工切实掌握前后联络，免得掉队，或有突然情况时容易应付。要抓紧休息时间进行动员，鼓励士气（情况紧张时鼓励情绪尤其重要）。干部和群众同甘苦的作风，是一个极其重要的问题。发生病号当时医治不好的，应抽出一定的人员照顾。病号跟不上队伍时，告诉照顾人员目的地，按时到达。队伍住下亦要派联络人员联络病号，如果和大兵团一起行军，应动员干部及队员，不顾一切疲劳，跟上本队，保持本部队形前进，切避外队插入将队伍弄乱。行军中遇转弯拐角、岔路口，要留联络人员，不要失掉联系。

摘自《怎样带领民工？》，见江淮二分区支前司令部编印《支前手册》，1949 年 3 月 20 日

▲ 邹县运输队途中休息

集合问题

一、什么时间集合及集合地点、行军次序，大队、中队、分队最好都预先规定，特别在夜间更重要。集合时，干部要预先到场；同时应尽量以小单位集合，如中队、大队，团则不合适，因全团往往分住几个村。

二、行军时尽量以大队或中队为单位，因大单位行军行动困难，后边疲劳；必须以大单位行军时，大队之间最好隔一二里，至少半里，中间设联络员或划路标；不要同时走，以免在路上拥挤走乱。教育民工学会传递口令。关于行军时间：靠近战区最好夜间行军，因容易防空；但平日，夜间行军容易疲劳及失掉联络，民工也容易害饿超吃给养，同时又容易破坏纪律。但白天行军不易防空，因冬天白天时间短，又要两顿吃饭时间，走不远。所以，最好时间是在：第一，不天明早走出30里至40里吃早饭。第二，下午早开饭，约出去20里黑天，黑了天再走一二十里即住下休息。这样分两段行军，既不疲劳又可防空，休息吃饭有一定时间，还不超吃给养（这是一般离战场远，以平常行军而言）。

摘自《服务常识》，见华东支前委员会政治部编《支前手册》，1949 年 4 月 24 日

过河过桥问题

一、过河时如水浅狭窄，尽量打桥（小迈桥即可），不叫民工脱鞋袜，因脚着水冷了易裂口，又走得慢迟延时间。如果必须脱鞋袜时，可分散成小单位准备，但相互间不要离得过远，因远了不好掌握也容易疲劳人。

二、夜间过桥容易拥挤，又看不见。干部要在队前掌握一个班一个班的过，其余等着，以免拥挤起来，掉下水去受了冻。夜间看不见，可预先有中队或大队准备好灯，或点火照着，以免走差落水。过了河或过了桥后要慢走，等后边的人都过来了再快走。

摘自《服务常识》，见华东支前委员会政治部编《支前手册》，1949 年 4 月 24 日

行军常识

一、按次行进，不可乱队。

二、密切联系，不可掉队。

三、干不离工（民工），工不离干。

四、夜间行军不可吃烟说话。

五、发生情况要镇静听指挥不可乱跑。

摘自《在支前运动考验中要提拔干部、发展党员》，见江淮二分区支前司令部编印《支前手册》，1949 年 3 月 20 日

宿营前的准备

没划分好房子，不要进庄进宅子，以免混乱，划分好房子后再进庄进院。住下后，下级要主动派通信员向上级报告，联络、报告人数是否到齐？住下没有？有什么问题？上级也须注意派人联络下级，最好由干部亲自到各单位查看一下，特别是中队分队干部更重要。

摘自《服务常识》，见华东支前委员会政治部编《支前手册》，1949 年 4 月 24 日

宿营后的工作

（一）先由营连排干部查看地形，再向上级写宿营报告。

（二）警戒放好后，再亲身去检查一下，有缺点的随时纠正。

（三）要使民工很快得到休息，恢复疲劳。

（四）民工住下后，干部可分工查看一下住好了没有，有没有和群众吵嘴等现象。

（五）宿营后抓紧时间烧水洗脚，以备应付连续行军。

（六）迅速医治病号，不然继续行军，会出现更多的病号，难以照顾。

摘自《在支前运动考验中要提拔干部、发展党员》，见江淮二分区支前司令部编印《支前手册》，1949 年 3 月 20 日

三、生活管理

支前总结

科学管理民工生活

（一）科学的管理民工生活，保证民工供给，是巩固民工完成任务的物质保证。事实证明，哪个民工团队生活管理的得法，哪个民工团队就易于巩固。渤海一分区担架团参加了济南、淮海两大战役，服务期达 8 个月之久，经历了河北、山东、河南、江苏、安徽 5 个省，行程万余里，有时在枪林弹雨中抢救伤员、运送弹药，全队仍巩固 96.7%，并做到 5 个连无一逃亡。该团所以如此，除政治工作健强与部队的热情帮助外，另外一个保证，就是生活管理及卫生等工作搞的好。其他在济

▲ 民工在缝棉衣

▲ 民工在缝被子

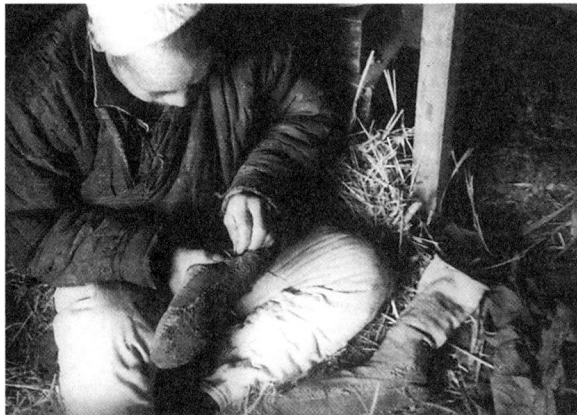

▲ 民工在补鞋子

南、淮海、京沪三大战役中出现的模范民工团队，伙食管理的好是原因之一，它给了民工健康、巩固执行任务以物质保证。

相反的，有的民工团队伙食管理不好，就影响了民工的情绪，对领导不满。再加政治教育不够，就产生了严重的逃亡。如在京沪战役中，江淮肥东担架团干部对民工生活不关心，干部与民工不能打成一片，民工吃不上饭或吃不饱，结果逃亡三分之二。

（二）生活管理的方法，事实证明在一般情况下，以连为单位，集体管理方法是较好的。以排为单位之生活管理方法，在某种情况下（如战斗行军）可以采用。以班为单位分散的伙食管理方法，缺点很大，具体表现：浪费给养又增加了民工的疲劳，违犯供给制度。如鲁中南七分区民工团，机械的将粮食菜金发给各班，有的班竟将两天粮食一天半吃掉，十天就超吃九百多斤。同时在做饭时全班齐动手，很难有休息时间，增加了大家的疲劳。

（三）生活要达到集体管理，严格制度，必须加强干部民工教育与建立群众性的经济组织。

（1）从上而下的进行思想教育，打通干部与民工思想。在群众自觉的基础上以群众路线的方法讨论各种制度及伙食管理方法，使干部、民工自觉自愿的执行。如莱芜小车运输四分队首先打通分队干部与班长的思想，说明集体做饭的好处，使干部与民工对此认识一致后，再讨论定出严格的生活制度，使大家自觉遵守，民工一致反映："集体做饭能节约柴火和粮食，又减少大家的疲劳，又保证了供给。"

（2）建立由群众选出的生活管理委员会或经济委员会，具体分工实行经济民主，及时向民工公布账目，减少民工怀疑，在生活委员会领导推动下，发扬大家智慧，用大家的力量来改善生活。

（四）民工生活除科学管理外，加强民工生产节约的教育，发挥劳动人民俭朴的优良传统，使其自觉的爱护给养，不致浪费，也是保证民工供给的重要方法。各民工团队自觉克服浪费超吃现象后，在生产节约方面做出很大成绩。高密担架团在休整时提出："平时节约战时用"，树立长期打算的思想，休整时拔菜拾柴，每天一稠一稀，节约粮24000斤、柴10万斤，保证了战时民工生活的改善。渤海一分区担架团提出自磨自食生产节约的口号，如100斤麦子到粮站去换白面，只换到75斤，最多80斤，而自磨能磨到95斤以上。还发起拾草运动，节省了大批柴草，解决了战时困难。胶东海阳民工团通过经济委员会按期开生活检讨会，纠正缺点改进工作，掀起节约竞赛，8天时间拾草17896斤，解决了铺草困难，减轻了群众负担。拾豆子183斤，挖野菜463斤，拾花生241斤。全队1596人共节约秋粮5275斤，麦粮2265斤，柴草220885斤，菜金1196200元。以上经验证明，只要有科学的领导，通过民工的觉悟，经济公开大家做主，这样就能够克服困难，使民工生活有了保证，顺利完成支援战争任务。相反的，有的民工团队片面强调客观困难，认为民工的散漫、保守是不易克服的，犯了尾巴主义的毛病，即得到与此相反的结果。

摘自华东支前总结委员会《济南、淮海、渡江京沪三大战役支援工作总结》，1949年11月30日

支前手册

民工生活管理要点

一、管理生活的组织

以连为单位成立司务处，设司务长、上士等人员，直接负责管理生活。并以连为单位，通过民选成立经委会，正副主任下设卫生、经济、采买等委员。吃饭平时以连为单位，由司务长、上士直接管理。战时及行军时，为了迅速方便，以排为单位，各班分工做菜、做汤、蒸干粮，由司务处派人分散到各排内具体掌握。有紧急战斗任务，队员不能帮伙房时，即组织临时的前方司务处，带熟给养跟到前方供应。关于司务人员的配备，着重出身成分好、责任心强、特别是经济观点清楚的。

二、平时的生活管理上要注意以下几个事情

（一）部队住的很多时，集上的菜马上就会贵起来，稍一马虎，就会影响按时开饭，甚至吃不上菜。遇到这样情况，要抓紧督促供给人员很好的负起责任来，或是告诉他起早到较远处去买菜。

（二）加强司务人员的教育：休整时期，抓紧召开供给人员会议，检查工作，清算公布账目，并结合各班生活检讨会所反映的意见，予以表扬和批评，指导改善办法。

（三）对病号除在精神上多加安慰教育外，生活上也要给以适当的照顾，使病号很快医治痊愈。

三、在战时供给上，要做到：

（一）在战前要准备好3天以上的给养和一两顿的熟给养，买下一部分咸菜，防备战时吃不上菜时好用。

（二）组织健全的战时伙房，经常准备好熟饭，等民工下来吃，必要时向前线送。

（三）干部以身作则，带上一两顿的熟给养，以免饿了时向民工要。

民工的供给和伙食管理

民工的供给和伙食管理，是巩固民工的重要工作之一，如何搞好民工供给和伙食管理呢？

（一）建立统一的供给制度与发放机关。最好由当地领导民工工作的机关在民工出发时，按编制人数及任务时间发给足够的供给。由县支队掌握，根据大队中队人数按期发给，并建立三字花名册及人员增减旬报月报表（要简单的），每月结算一次，由会计处领发。

（二）前方各级支前机关应抽出干部，加强粮站管理供应工作，充分准备粮草，使民工到时，一交票即付粮草（无票者不付不借），既防止少报多，又易掌握粮草数目，便于调剂。

（三）民工开始编制时，要配备好的供给人员，并集中训练，加强业务教育，用有办法的人员介绍经验。

（四）带民工的干部要重视供给工作，随时随地打通供给干部的思想，深入班排检查，及时帮助他们解决困难，认真严格执行制度及手续。

（五）坚决执行编制，掌握精确人数，严格检查贪污浪费不节约现象。

要搞好伙食管理，还必须注意：

（一）最好做到集体烧饭。事前要有充分的思想准备，打通干部和民工思想，然后通过群众算账（说明集体烧饭的好处），使其认识集体烧饭的好处后，订出严格的生活制度，要求群众自觉遵守。集中烧饭最好以排（分队）为单位，因民工经常以排为单位活动。

（二）加强民工的思想教育。动员他们平时要自磨自食，节约粮食在执行任务时吃。

（三）集体管理伙食。必须建立由群众选举的生活委员会，实行经济民主及防止事务干部在生活委员会内包办，及时公布账目，这样可减少民工的怀疑，另方面又要教育民工在生活委员会建立后，要大家更积极努力改善伙食。

摘自宿北县支前总队部宣慰科编《怎样做好民工工作》，1948 年 12 月 24 日

四、卫生管理

支前手册

民工队中的医务组织

配备在民工队里的医生，大多数是地方上派来的，在医生中，他们自己往

往订了多少时一换班的制度，因之有的抱临时观点，这是一。第二，他们过去的生活都比较优裕，来到民工队里，生活比较苦，习惯不来。第三，随民工队治疗，是服务性质的，与他们个人执业营利有抵触。第四，药品困难，也容易影响他们的情绪。

要克服这些困难，首先对医生要进行思想动员，说明医生在支前中的作用和贡献，再从医生的本质是"救人"，随军治疗，"救人"的意义更光荣更伟大，来启发他们的责任；拿民工、战士的斗争精神来对比，启发他们的正义感；更进一步从"支前人人都有份"，"医务人员也要在这次战争中立下大功"

▲ 华东支前委员会编印的《支前画报》刊载了医生朱洪臣耐心为民工治病的故事

等内容来教育，以达到自觉自愿随民工治疗。在生活上适当的照顾他们，对于药品缺乏的困难，提倡多用手术治疗，用草药治疗及临时找代用品等。另外还可以采取药品集中使用，互相调剂。

其次可建立一定的组织和制度。如成立医疗组，休整或驻营时集中起来，靠近民工大队部或中队部，设立门诊处，民工有病者来诊治。在行军中及中途休息时则由医生深入到民工里面去，主动找病号治疗。在空隙时，医生可进行业务研究，各队之间，互相了解情况，行军时如有病号可出列在路旁休息，等候医生来治疗。医生最好能有计划的分布在中队或大队的后面，以便照顾病员。最好每一大队设置三四副担架，以便急症发生能及时送到附近医院或附近村庄，进行治疗。

摘自《带民工里面几个具体问题》，见宿北县支前总队部宣慰科编《怎样做好民工工作》，1948 年 12 月 24 日

日常生活卫生管理

（一）饮水：在可能的条件下可设水站，使其喝上开水。否则，应提倡在生水中做五千分之一或者万分之一的灰锰氧（过锰酸钾），或者利用民工的旧法，在饮水前吃大蒜，并要注意选择水源清洁。有计划的在休息后、行军前饮之，并须及时动员和掌握喝开水。

（二）吃饭：吃饭要很好的研究。根据供给标准尽量使生活改善的好，尤其要注意合乎口味和容易消化，同时又要强调油盐的足量，最好每人每天能吃上 3 钱油、3 钱盐和青菜等。反对把菜金分开做别的零用。领导上一定要好好的掌握。

（三）睡觉：天气渐冷，流行性感冒与痢疾容易发生，睡觉时要好好注意不要受冷，尤其是肚子上一定要盖好；领导上除号召外，应配合卫生人员睡时睡后检查。

（四）行军：

1. 鞋子：行军前应检查是否不合适及备了鞋没有，尤其是新鞋子，不要穿着行军，以免脚起泡或擦坏脚。

2. 要学会行军：在过河或难走的地方，前面应慢些，否则后面要跑步赶上，民工易疲劳。

3. 休息：时间不要太长，不要在河沿、沙河边，以及高处或有冷风的地方休息，以免躺下来受冷发生感冒。

4. 走二三里路后，应让民工把胸部的上面一、二钮解开，及时在出汗时脱帽子和解衣钮，尤其是走在较凉爽的高地和刚休息时，应特别注意。

5. 烫脚：烫脚是减轻疲劳的好办法，同时又能防止起脚泡，最好能在住下后睡觉前烫脚，如不习惯可三天一次。

6. 遇雨后，到目的地应烧点姜汤喝，或大量喝热开水也好，不习惯可以吃稀面条或用面做的汤类，放入姜末和胡椒末子，喝到出汗为止。

（五）环境卫生的检查：有传染病的村庄和街道，可请上级机关批准搬一下，条件不许可，则要很好注意隔离，尤其是借用吃饭的用具（碗、筷、盆……）时要注意。

（六）大便的处理：民工住下后，动员其不要随便大便。

摘自宿北县支前总队部宣慰科编印《怎样做好民工工作》，1948 年 12 月 24 日

卫生工作的几个环节

（一）民工的卫生工作应以防病为主，治病为次（这个为次，是以比重讲的，有了病当然是先治病）。这个预防工作，又必须简单实际，合乎民工的习惯，不要提得太高，搬部队一套卫生规则，常常是行不通的，应该随其觉悟程度，逐步提高。又必须与日常生活结合起来，与领导民工的同志紧紧的配合，共同想法推进之。总之，民工的防病工作是一种日常生活上的管理工作。

（二）掌握民工的情绪，来做好我们的治疗工作。给民工治病又必须兼做政治工作，否则其效果不大，因民工的病，有的是从挂念家庭或工作上引起的，单纯用药医，效果是不够大的，有时个别民工还不吃药，甚至丢掉。因此在治疗中必须耐心的谈话，给他说明一些道理，有时配合领导上研究都是必要的，也就是在解决思想问题上来做好治疗工作。

（三）配合俱乐部、生活委员会及立功委员会来推动民工的卫生工作，如哪一单位讲卫生好，编成快板、小调等形式进行表扬；能请领导上加以表扬，则起作用更大。

（四）卫生机构的建立：通过群众的觉悟与领导上的同意，在大队可成立卫生委员会，中队设分会，分队设卫生干部，以便及时研究和保证推进卫生工作。

摘自《带领与教育巩固民工》，见华东支前委员会政治部编《支前手册》，1949 年 4 月 24 日

常见病的预防和治疗

伤风预防和治疗法

现在天气寒冷，容易伤风，尤其是在这伟大的支前任务工作中，民工同志一不注意就会伤风。伤风症状，一般是受凉后打寒战、打喷嚏、鼻子不通、全身发热、头痛、无力、饮食减低、大便秘结等症状。

预防方法：如在抬担架、推小车和出劳力时，身上出汗不可脱衣，头上出汗，不可取下帽子，住宿时，不要受凉。如行军出汗过多，住下可多烧开水吃，能增加体温也可免除伤风。

治疗法：服阿司匹林，在睡前用开水送下，服后安睡，发汗即可痊愈。另外辣椒、□川或生姜等有辣性的食物做汤吃，能使全身出汗，亦可痊愈。

摘自宿北县支前总队部宣慰科编印《怎样做好民工工作》，1948 年 12 月 24 日

预防和治疗冻疮

（一）冻疮生理形状：皮肤受冷，血液循环受阻滞，如全身受冻，便面色苍白，心力衰竭，知觉麻木；如局部受冻，初白斑点，后硬红结块，初觉麻木，后觉刺痛，如破溃，形成黑块，造成坏疽、水肿等严重冻疮。

（二）如何防止冻疮：1. 民工出发前除穿棉衣外，最好能做布的棉手套和帽子，无袜子就用方块干布包脚，大风冷天不要多洗手洗脸，可在皮肤上擦些油类物。2. 担架上的伤员，要多盖被垫草。如果盖被和垫草不多时，可用炒的麸子，灌在袋里，放在伤员大腿内侧或头脚部，保持温度，使花口不易坏疽，并经常给伤员吃热食物，增加身体抵抗力。3. 行军休息或在冷房子内，应多使脚轻步活动，手掌摩擦，使血液流通不因受冷阻滞。

（三）已经冻了，自己如何处理呢？1. 开始害冻疮，范围小时，如手脚红肿未破，要赶快放棉衣中温暖，如已成硬块就用冷水洗，不可放在太暖的地方，更不能烤火做热敷或用热水洗。2. 如冻破的范围大，生水肿，麻木刺痛，应注意先用火酒棉花消毒，涂些药膏，用清洁的布包好，阻止坏疽和破伤风传染，多吃些油类和肉类的食物。如过分严重，生水泡，成紫色，并引起四肢全肿，要速送医院医治。

（四）治疗办法：1. 过去用的樟脑丁、松节油和辣椒丁等药，刺激性很大，如起初有点痒痛，用了有止痒作用。但冻疮严重时，就要禁用，因为易受刺激充血而致水肿，可用温和油膏。2. 如在一面的地方已破裂时，可用消毒的凡士令油布或消毒的猪油香油布贴上包好。3. 还有一种干冷法，脚部冻伤，在涂贴上药以后，可把疮口左右垫高放上冷水物，这样会很快消肿，即使生水泡也会更快被吸收。

摘自宿北县支前总队部宣慰科编印《怎样做好民工工作》，1948 年 12 月 24 日

治疗中防止的几个事情

（一）刺针疗法，一定要在未刺前严格用火酒消毒。由于他们的狭隘经验与传统习惯不讲究消毒，只放在嘴上或者擦一擦的办法就完事，这是危险的。去年历城、藏马两县的民工中，即有一人刺后得腹膜炎死去，有一个刺后静脉发生严重的溃疡。因此，能用药治好的病，最好不刺针或少刺针，尤其是腹部等重要部位应不刺针。在需要刺针时，事前一定把针与皮肤用火酒棉花球消好毒然后再刺。

（二）卫生人员，在不了解药的用处与作用以前，应很好的去访问有经验的医务员，学会后，还要慎重，反对乱用药。

摘自《带领与教育巩固民工》，见华东支前委员会政治部编《支前手册》，1949 年 4 月 24 日

第四节　民工的后勤保障

　　战役中，各级党组织始终心系民工冷暖，采取各种措施保障民工生活、解决民工后顾之忧。组织上，在支前途中设立民站、转运站等后勤保障机构，解决民工行军途中的食宿、医疗救治、工具修理的问题；制度上，各解放区根据实际情况灵活采用给价包运制、包运提成制和供给提奖制，维护民工利益，完善民工优抚制度，解决民工负伤、牺牲和复员后的待遇等问题；并在后方积极开展代耕代种等活动，保证民工外出后的家庭生产。民工后勤保障工作有力促进了各项支前任务的圆满完成。

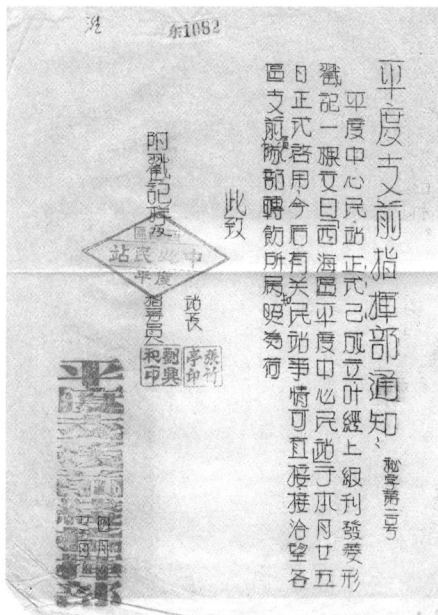

▲ 平度支前指挥部关于民站成立及戳记使用的通知

▲ 城关民站的大众饭店

一、运输线上的后勤保障组织

文件精选

民站的机构设置

　　1. 凡各个干线上及伤员转运站均得设立民站。

2. 在运输线上每距50里路线设一大站，每30里设一分站。

3. 站内设站长1人（由区长或副区长兼任），另设副站长1人，负责领导全站工作，站内分2股。

A 粮草股：设股长1人，会计1人，股员2人，负责民工粮草支援。

B 总务股：设股长1人，股员1人，负责指定房子，

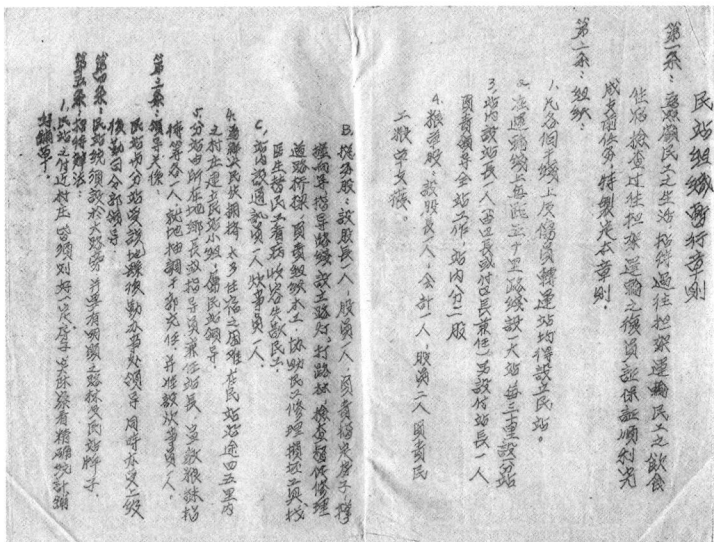

▲ 江淮二分区后勤司令部《民站组织暂行章则》（1948年12月8日）

掌握向导，指导路线，设立路灯，打路标，检查督促，修理道路桥梁，负责组织木工，协助民工修理损坏工具，找医生替民工看病，收容失散民工。

C 站内设通讯员1人，炊事员1人。

4. 为解决民夫拥挤太多住宿之困难，在民站沿途四五里内之村庄建立民站小组，属民站领导。

5. 分站由所在地乡长或指导员兼任站长，宣教、粮秣、招待等各1人，就地抽调干部充任。并准设炊事员1人。

摘自江淮二分区后勤司令部《民站组织暂行章则》，1948年12月8日

民站的任务

1. 供应支前各项民工过往时之食宿，并切实保证供应，必须兑换公平不使缺乏。

2. 教育民工与居民，利用各种方式出壁报、黑板报等，促进民工与居民间之良好关系。

3. 帮助过往民工联络，传递报纸、文件，接近前方之民站并须准备向导，解决联络问题。

4. 主动与区政府配合，划分路段，随时检查并动员群众修补道路、桥梁，使道路通行无阻。

5. 帮助民工解决疾病治疗及修理工具等困难（事先定好木匠、医生，防止抬

高市价）。

6.包运粮食民工如遇天雨，民站应在雨阻粮证明单上盖章，并介绍民工队负责人向附近之区库领取雨阻粮（每人每天秋粮3斤）。

为完成上项任务，民站须有充分准备，如动员居民腾让房子，准备铺草、席子，借锅灶、炊具，布置木匠、铁匠、医生、兽医及介绍药铺等等。

摘自华东支前办公室《关于民站工作的决定》，1948年10月25日

民站的工作制度

1.统计检查制度：每日经过之民工，必须进行统计。

2.回报制度：每3天要向后勤办事处后勤司令部回报1次。

3.站内会议制度：每晚开会1次，总结检讨搜集民工反映及工作生活，以求提高工作效率。

摘自江淮二分区后勤司令部《民站组织暂行章则》，1948年12月8日

民站的招待办法

1.民站之附近村庄皆须划好一定房子，实际察看精确统计，铺好铺草。

2.民工之粮草统由所在地民工站调剂，但须以粮草票兑换，手续务求简便，不得推诿。

3.每个分站经常要保持1万斤以上之粮草（烧草、牛草），大站须在2万斤以上。

4.动员商人到民站附近卖油盐菜烟，但不得抬高市价。

摘自江淮二分区后勤司令部《民站组织暂行章则》，1948年12月8日

每一主要民站须经常保有3至5万斤加工粮，次要民站须保1万斤以上之加工粮，内细粮七分之一，余粗粮中可准备红面一部，其烧草及牲口草保证无缺，粮草并须尽量靠近民站。

摘自华东支前办公室《关于民站工作的决定》，1948年10月25日

民站的经费保障

办公费：墨水1瓶、光连纸5张、长夜灯2盏、洋火1盒。

工作人员：在民站粮站服务之临时脱离生产人员，在其服务期内供给伙食（顶

干部使用者，按地方干部标准，通信员按勤杂人员标准）及黄烟费（每人每月4两），服务2个月以上者，每人发给布鞋1双。

摘自华东支前委员会、华东财政经济办事处《关于执行新颁支前经费供给标准会计系统及供给办法的通知》，1948年10月26日

转运站的设立

一、为了有组织有计划的及时将伤员从野院转到后方医院，并保证伤员及转运伤员的民工食宿茶水等，在野院至后方医院转运线上设立转运站（食宿），由各级支前机关按上级支前司令部指定之地点，指定专管干部负责站内各项工作，以资保证伤员、民工食宿比较安适，并鼓励伤员情绪饱满及民工支前热情。

二、各级转运站的组织领导

凡属战区至后方医院转运线上建立之各转运站，除总站干部由分区与军区支前司令部共同负责配备外，各分站干部均由指定设立之县区支前机关配备适当干部负责领导站内工作。

（一）总站设正副站长各1人，由分区、军区支前司令部负责配备，专管站内整个工作并领导转运线上各分站进行工作。其内部分工，应依托于前方支前指挥部之总务、供应、民工各有关部门进行工作。

总务科：科长1人，秘书1人，干事若干人，医生、医助各1人，负责站内财粮开支，机关生活之管理，与各有关部门之联系，站区之警卫，并指导各县民工之医务人员的业务事宜。

供应科：科长1人，干事若干人，负责指导掌握各县民工之供给业务与站区所有伤员、民工、粮食、柴草之集中支拨调度事宜。

民工科：科长1人，干事若干人，负责指挥调度使用民工并帮助各民工单位进行政治工作及业务指导。

（二）各分站设站长1人，由县政府科长一级干部或抽调其他部门有经验的相当于科长一级干部充任之，专管站内全盘工作，下设总务、供应、招待3股，各股设股长1人，根据任务繁杂设干事若干人，各股分掌其事。

总务股：负责站内财粮开支，转运站与线的警卫与通讯联络。站与线的警卫可由县统一抽调一二较坚强的区干武装担任之，于完成任务过程应受站直接领导。

供应股：负责伤员及民工的粮食、柴草、副食品（油、盐、菜、肉等）之筹购

供应（接近城区边沿之站粮食、柴草由粮站负责供应）。

招待股：负责招待过往伤员、民工之食宿、管理、教育、调度，使用民工并运用各种方式安慰伤员，鼓励民工情绪。

摘自豫西军区支前司令部《战时各级转运站组织暂行办法》，1948 年 10 月 15 日

一、各转运站应根据上级支前司令部之指示，供应部门应准备足够之粮食柴草，并责成各民工单位驻村准备锅灶、用具，以借民工食宿。

二、民工的饭食应以自做为主，为减轻民工疲劳，保证吃饭及时，亦可酌情组成商人小贩包做（所谓包做系由转运站事先发给驻村群众和商人小贩一定数量的面粉，代蒸一定数量的馒头，或其他熟给养，分发给民工单位。热水米汤由站统一烧，或驻村群众代烧，站付给一定数量之小米柴草）。

摘自豫西军区支前司令部《战时民工伤员供应暂行办法》，1948 年 10 月 15 日

支前总结

华东民站业务情况

华东支前委员会华东民站业务情况统计表　1949 年 2 月

县区别 项目	民站（个）	过往民工人数（人）	支出粮食数（斤）	支出烧柴数（斤）	支出牲口草数（斤）	医生（人）	兽医（人）	木匠（人）	民工住房间数（间）
滋阳	4	30300	22208	173543	11140	1	3	2	1705
泗水	4	24045	46556	31429			3		3
临沭	13	116232	166300	200000					8344
郯城	1	200759	926120	44237	3551				
费县	5	280635	424260				3	2	2450
莱芜	1	23456	24292				1	1	700
泰安	1								400
沂水	4	13368	366138	263944	40780	3			52632
萧县	12	291838	2531056	55680	1013				
萧宿	2	85711	9594	25875					

（续表）

项目 县区别	民站 （个）	过往民工人数 （人）	支出粮食数 （斤）	支出烧柴数 （斤）	支出牲口草数 （斤）	医生 （人）	兽医 （人）	木匠 （人）	民工住房间数 （间）
赵镈	2	168500	198400	70000	2000	1		3	510
邳县	7	222547	201694	190023	12495	4		6	1660
苍山	4	350913	528688	350527	5104	7		7	4900
兰陵	7	83849	3595743	668520		3			
合计	67	1892153	9041049	2073778	76083	26	3	24	73301

摘自华东支前委员会《华东民站业务情况统计表》，1949 年 2 月

支前报道

为民工赞扬的刘官庄民站

蒙阴十几个民站中，以刘官庄民站为最好。该站在 20 余天，招待过往民工 4400 余人，民工反映很好，有的民工队中流传着："到了刘官庄站，好比进家吃饭。"

该站是在济南战役开始时建立的，当时只有 1 个副站长，一切设备均不健全，也没设粮站，过往民工如有百人以上时，就得到 18 里路外的蒙阴城去拨粮；因招待不好，过往民工均不满意。10 月初，民站部又派了 3 个干部去，他们去后即召开站干会议，计划当前工作，并作了如下分工：王克除负责全盘领导外，并着重对过往民工进行教育，娄和祥与张绪荣负责招待、检查，倪庚负责介绍、登记。第二天，即按计划进行民站的准备工作：首先是号房子，刘官庄周围共 13 个庄的房子，都划归他们使用；站干分头到各村先召开村干会议，使村干认识建站也是他们自己的任务，是支前中应该负的责任，纠正认为民站是上级建立的，不愿负责任，嫌麻烦，向外村推脱的思想。然后再进一步组织村干分工；有的设招待委员，有的成立支前股，专门招待过往民工。村干分工以后，再推动村干召开村民大会，除向全村群众说明以上情况外，并着重进行民爱民的教育，说明"天下农民是一家"，民工辛辛苦苦出来支前，为的是消灭蒋匪，使大家好过太平日子。人家来到咱村，咱应好好帮助他们，如让房子、铺铺草、借家具等。其次，便和村干号房子，在

▲ 蒙阴刘官庄民站

门上写明几间，能住多少人，并按家编号登记入册，村干也留底。这样民站和村干都能精确了解全村及谁家有几间房子，能住多少人，好按数分配民工住宿。

号房子时并结合做了如下工作：（一）反复地深入进行"民爱民"的教育。向群众动员解释，对不愿让民工去住的群众，说明不管锅屋草屋，只要能睡觉即行，他们同是解放区的人，他们出来支前是为的咱们大家，咱出去也是一样等。经过上述动员解释后，一般群众均能让给房子，打好铺，准备好灯。如某村一老大娘，坚决不愿让房子，后了解她是军属，就和她具体解释说：这些民工就是给你儿送棉衣的，民工在路上咱如不帮助，棉衣就送不到前方去，你儿不是要挨冻吗？结果她允许了，并打好铺。（二）调查登记木匠、医生、卖油盐、卖茶饭的和种菜园的等。对医生动员他们为支前民工服务，并以"留好名声，大家齐支前"等鼓励动员他们。经动员后，过往民工有病时，这些人一般都能随请随到，配合站内卫生员进行卫生治疗工作。对木匠、卖菜、卖油盐的提出做"支前生意"，"两得其便"，教育他们在民工过往时，不抬高物价，公平买卖。如无卖茶饭和油盐的，即通过村干发动贫苦群众贩卖。经教育后，他们有的按市价规定了价格；如木匠按4斤烧柴换1斤木料给民工修理用具，因此民工不用花钱，只要自己拾些烧柴就可换到木头，仅花手工钱就可修工具；卖饭卖茶的也按市价规定了价钱，如开水每大罐300元，中罐 200 元，小罐 100 元，一壶 50 元，民工说："比领草票自己烧还便宜。"群众只要两个小孩拾柴烧卖，每天便能卖 18000 元到 2 万元，不花本又赚钱多，不但给民工生活上以很大便利，同时推动了群众的副业生产。这样，各主要交通路口、庄头，卖茶饭、油盐的很多。

其次，建议区公所在该村建立了粮站。拨来一定数量的粮柴，但只派了一个粮库副主任来（按规定每一粮站四、五人），在这种情况下，民站同志即帮助粮站同志收发粮食、算账、记账等。何时有较多民工过往，也及早告知粮站做准备。民站同志忙时，粮站同志也帮助，民站粮站配合很好，双方工作均极顺利。

房子、粮柴、锅、油盐、粮站等各种准备工作做好以后，即进行内部建设工作：（一）制图表，划了一个刘官庄民站图，划出该站所属 13 个村的大小、远近、大路、小路、河沟等；并制表列出各村村长姓名、多少路、多少锅、多少房子、能住多少人。民工来后，只要问明哪里民工、谁带队、有多少民工后，即可和他们看图表，根据其人数多少，选择决定住村，民站干部也可省去很多时间，避免一时的拥挤忙乱现象。在分配住房时，民站一般叫小车队住离公路近的村，挑子住较远的村，便利他们行动。（二）写好介绍信。一种是给粮站的，即写明是哪里的民工，多少人，谁带队，要多少粮草，民工持信到粮站去领；另一种是介绍到住村的，也同样写明哪里的民工，多少人，谁带队，住几天。等民工来时，只填上带队干部姓名、民工数目，使民工马上可前往住宿及领到粮柴。（三）设路灯、路标。一般民站把灯挂在门口，但他们是用两根长杆子在民站的住院当中高高挂起，使民工在公路上即可看到，知道民站在哪里。

民工来到时，并简单介绍住村及当地情况，到外庄住的写介绍信去，在本村住的即找村干领到各家住。民工住下后，站干便分头去了解慰问民工，问他们住的怎样，还有什么困难等。并以"雁过留声，人过留名"、"拿着人家比自己"等内容教育民工遵守群众纪律。民工走时或走后，再去检查一次，发现民工有违犯群众纪律现象，一面向群众说服解释加以处理，一面写信给民管处对犯纪律的进行教育。

民站干部本身，虽然担负着繁忙的工作，但除每天按时完成外，并经常坚持学习，不断进行战争动员，加强战争观念。5 天检查讨论一次工作，及时研究改进。因此大家均安心积极工作，作风也切实深入，这就是该站工作所以能做好的重要原因之一。

县民站部将该站的工作方法、经验，及时传播推广，改进了全县 12 个民站的工作。但该站也并不是十分完美的，据该站倪庚同志谈：工作中还存在如下两个主要缺点：（一）对民工的管理教育，站干在思想上还没有引起足够的重视，未能更有组织、有计划运用各种方式各种机会更多的去进行。（二）没有准备一定的细粮，供过往民工调剂生活及给民工病号吃，是值得在今后工作中仍须注意改进的。

摘自《大众日报》1948 年 12 月 13 日

支前总结

葛沟民站

▲ 临沂葛沟民站的办公室

▲ 临沂葛沟民站的伙房

淮海战役尚未打响之前，当地的所有驻军和群众都全力以赴的投入这个战斗的准备工作。

老是向南去，老是向南去，益新公路上的走着的参战部队和支前民工，各种车辆一批一批过去了，车辆小挑都是重载，支援前线的物资源源不断的向南涌去。公路上的行人终天家熙熙攘攘，谁也不知道从这条公路走过了多少人，过去了多少大车、小车和汽车。

但为了保证路过此地需要休息的部队和民工，能够按时吃上饭、住上房子，沂南县支前司令部就在这条公路的西旁葛沟镇设了一个民站。民站的组成：有站长、会计、招待员等若干人，下还设有粮站，以便给过往军队、民工及时解决食宿问题。

可是这个民站的工作人员，全都是由当地的人民群众选拔出来的，他们和群众紧密的团结在一起，白天黑夜的整天的忙碌着，但为了更周到的照顾过往部队和民工，全村的妇女识字班都组织起来了，帮助队伍和民工洗衣服、补鞋袜、整理住处、照顾伤兵。大爷大娘们忙着挑水碾米，终天像迎接亲人一样。在夜晚，所有的办公地点都点着油灯。只要部队和民工一到，立即有人招待，人来多了马上做饭，人来少了就到饭店，个别的因公来往人员路过本站，在村中户里就给解决了吃饭问题，使路过此地的军队和民工，到站就好像到了家一样。

整天忙碌着的人民"一切为了前线，一切为了前方打胜仗"，这是他们不约而同的心愿。他们忙碌得那么自觉，他们的待人热情又是那么坦然。

在这个民站上，一切准备工作都非常停当，听差的小车、担架，时刻准备着，以应急需。真正是要人有人，要粮有粮，要什么支援什么。

这个民站由于在群众的积极协助下，招待非常好，所有的来站休息的部队和民工，顿顿热水热饭，在夜晚妇女民兵轮流把岗站，保护他们的安全。

这个民站，全力支援了前线，由于工作成绩显著，在 1949 年的年关，沂东县支前司令部奖给了红旗一面。在整个淮海战役期间，这个站约计招待了往返的军队和民工 25000 人之多，招待了转送的伤员也不下四五千人。在我军解放徐州，战役胜利结束后，部队凯旋归来，并押下大批的俘虏，民站不但招待好了过路军队和民工，并且还做好了对俘虏的物资供应工作，在民站工作基本结束时，如站长王鸿太、会计岳锡福、招待员原锡录等同志都受到了上级的表扬，识字班指导员贾玉英、陈宋菊等同志因工作积极负责，热心看护伤员，也都得到了上级的表扬或受到物质奖励。

摘自临沂市委战史组《淮海战役时的葛沟民站》，1960 年 5 月

▲ 临沂葛沟民站的伙房

▲ 临沂葛沟民站为民工服务的饭店

▲ 临沂葛沟民站茶水站

日照县城关民站

▲ 日照城关民站的办公室

在伟大的淮海战役期间，为了保证支前民夫途中吃好、住好、休息好，在交通要道地区设立了民站。日照县共设立了 15 处，城关民站是其中较大的一处，全站有安丰岩、刘维海、刘维明、刘维运、孙伯明、石增惠等 6 人组成，安丰岩同志任站长，其他同志分任会计、粮贸、招待等工作。建站后在镇委和县民站科的领导下，于 1948 年 10 月上旬开始办工，到 1949 年 2 月底结束，共招待了民夫 32000 名（去和回），胜利的完成了支淮任务。

招待民夫　人人有责

组织建立后，首先通过各种会议，利用各种形式向广大干部、群众进行了建立民站的重大意义教育，反复的说明了搞好民站、招待好民夫就是直接的支援了战争。然后组织了座谈。通过上述教育，进一步提高了广大群众的政治觉悟，他们都纷纷表示：招待民夫，人人有责，要粮有粮，要草有草，要房子马上就倒。民兵们表示夜间看护好小车，使民夫晚上休息。妇女们表示，保证给民夫做饭、缝鞋、补衣。张秀理老大娘说："民夫支前是为了打胜仗，他们推一天小车到晚上得很好的休息，第二天好走路。"并说俺家有两盘炕，叫俺儿媳到我炕上睡，倒一盘给民夫住。自卫村周老爷说："提起那些婊子（指国民党）来，恨的我牙根痛，他们春天住石臼所时杀了多少人，抢了我的粮食，还把我打了一顿。"并说："我今年 60 岁啦，上级不让我去支前，我在家一定把民夫照顾好，我家里没有草，还有树，用房子我立即家去倒，为了打垮蒋介石舍上老命也愿意。"

吃的饱　住的暖

在教育提高的基础上，民站根据民夫需要的东西，进行了充分的准备，共准备了柴草 10 万斤，开支了 65000 斤。粮食的供应由城关粮库负责，民站只作介绍，但在整个的期间，均保证了粮食的供应。为了应付特殊情况，站内经常保持着 700—1000 斤煎饼，并准备了 300 斤面粉，以备病号用。在房子准备上更较充分，根据民工行军路线，在城关镇和公路两侧，准备了能住 7000—8000 人的房子，窗都封的很好，铺草打的厚厚的。有一次胶南县来了 1200 名民夫，为了使他们住的暖，经过他们同意，分别住在 6 个村里，全都住在炕上。总之在准备工作上从未发生问题，保证了过路民工吃饱住暖。

▲ 日照城关民站的伙房

到了民站　就到了家

为了保证民夫吃好、住好、休息好，各村都分别成立了招待、慰问、看护小组，民工们一进村立即就得到安置。招待员送水给他们喝，把他们送到住房，慰问和给他们缝衣补鞋，夜间民兵们看护小车。民站招待员石增会同志工作积极，认真负责，平时深入到村了解情况，民夫进站后，他又到每个民夫住房去检查，看看能否按时吃上饭，住的怎样，若发现问题立即解决。十村妇救会长王安芝带领 8 名妇女缝衣补鞋，共达 28 次，360 余件。有的民夫没有布，她们就用自己的布和麻给他们用。因为民夫大部分都是晚上进村，早晨出发，因此她们都是晚上给民夫缝补，有时都到半夜或到天亮。有一晚 56 岁的刘贞芝老大

▲ 日照城关民站的粮食仓库

娘冒着雨雪，赤着脚，挨户给民夫凑煎饼。民工们感动的说："您对俺照顾的太好啦，到了民站就像到了家一样。"

民站招待好　民夫情绪高

由于民站和各村的热情招待，民夫们干劲更加高涨，他们纷纷表示：不完成任

务，不立下功劳决不回来。胶东等县的民夫写了一篇黑板报（快板）表扬感谢民站：

出夫支援淮海战，途中来到日照县；

城关镇有民站，样样照顾的真周全；

粮秣柴草都不缺，吃的饱住的暖；

工具坏了有人修，生了病有医生看；

妇救会给俺缝又补，民兵夜间看护保安全；

到了民站就到了家，民站比家还温暖；

这叫俺怎样感谢您，这叫俺心中有话难开言；

俺决心推着小车上前线，请等俺立功回来再见面。

摘自日照县委战史组《日照县城关民站》，1960 年 4 月

二、后方保障工作的开展

◀ 为保证支前生产，泗水县大厂村成立了托儿所。图为托儿所保育员王长梅和她看护的孩子

文件精选

代耕代收，保障民工家庭生产

为彻底肃清山东境内的蒋匪，配合全国秋季攻势开始，正当目前农忙秋耕秋

种之际，我平度 1500 个整劳动力民工出发支援前线，在生产而又急需支前迫切艰巨的任务下，更应引起我们的高度重视，特别是民工家属劳力出发一般应做到对其适当照顾，个别困难者，在服务期间应按军属代耕原则予以帮收代耕，并要求做到所有民工使其安心无后顾之忧，情绪高涨，完成巨大胜利任务，望接受过去的经验，用人往前不用人往后，打一巴掌给个甜枣吃的恶劣作风，务希大力调整，既不误生产又利于支前，真正解决其民工劳力缺乏等实际困难问题，仰各区按上级这一精神详加研究，细密布置执行！

摘自平度县政府《（关于为民工家属收耕的）通知》，1948 年 9 月 16 日

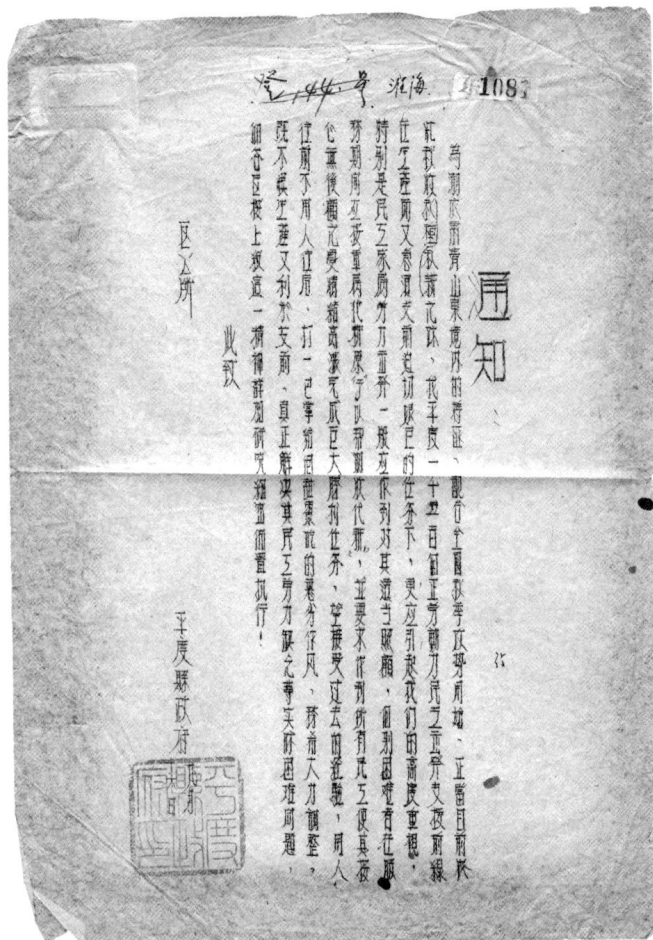

▲ 平度县政府 1948 年 9 月 16 日关于为民工家属代耕的通知

文件精选

平度县发起一封信运动

此次本县支前之小车民工情绪极为高涨，有信心肩负伟大而又艰巨的任务，但有少数个别民工逃跑回家。为补充缺额，前方派员回县着其归队，并办理如下数事：

1. 通知各村及民工家属发起一封信运动，将家中的生产情形及村里的照顾情形说明，使其安心工作无后顾之虑。

2. 民工的棉衣问题，有出发未带者，可通知其家属将棉衣赶做交区，个别困难者，可由村干协同其家属设法暂借，后再归还（棉衣应写明区村姓名）。

3. 为减少前方开支，加强后方生产，编制另有改变，300余编余民工，现已遣其回家，原则上一律不顶差，但有个别偏差者可按天算账。

4. 为杜绝逃亡，开小差定要归队（哪户逃跑哪户补上），每两人带好的管用的小车辆，将名单列下。

以上各项望讨论研究即行布置，在5日内（4日至8日）保证如期完成，派员送到平城民站（慰问信、棉衣、逃亡民工带小车），仰各区重视，万勿拖延应付为要。

摘自平度县政府《关于向各村民工家属发起一封信运动的指示》，1948年10月4日

书信选编

民工家书

山东莱阳王泽义写给孙子王随训的信

字示吾孙王随训：

今来信无别，只因接到你的来信，我心中非常喜欢，高兴得很。就是问家中的情况，我把情况告诉你一下，咱家没有困难，咱的公粮上级也给咱减免，也当民工家属待遇，一切的照顾很好。另外，你妻自从你走，在家也没有惹我生气，得领导方面也很好。希你放心不用挂念家庭，有信心来打蒋介石支援前线，好吗？

祖父王泽义

1949年2月2日

山东莱阳王坤义写给儿子王方秋的信

字示吾儿方秋鉴：

于去年接到你的书信，始知儿在前方很好。关于家中一切情形，第一件太平，第二生产上有村全面照顾，生活上亦很好，儿见字勿用惦念，只用在前方支前工作为要。关于家中一切，勿用你挂心，余言不叙。□问

革命刻安。

另外要紧往家通信。

父王坤义□言

1949 年 2 月 2 日

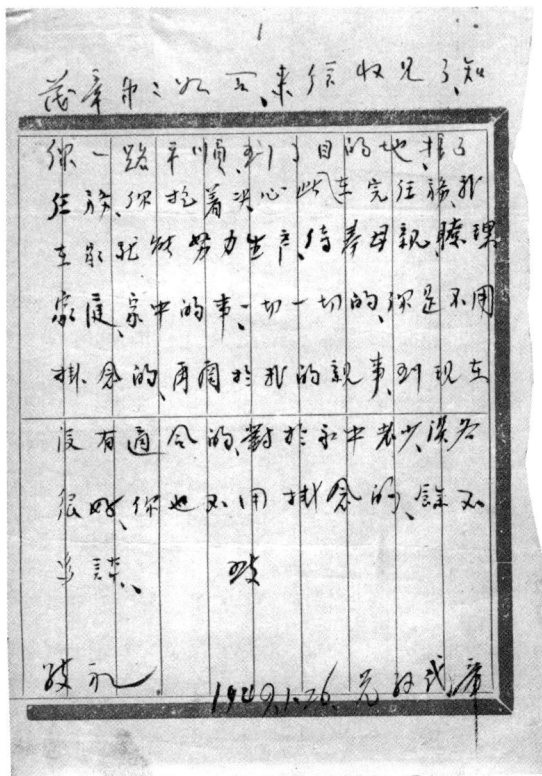

山东五龙姜山区葛领村孙代章给弟弟孙茂章的信

茂章弟：

如今来信收见了，知你一路平顺到了目的地，接了任务，你抱着决心在此完成任务，我在家就能努力生产，侍奉母亲，料理家庭中的事，一切一切的，你是不要挂念的。再关于我的亲事，到现在没有适合的，对于家中老少□各很好，你也不用挂念的，余不多谈。致

敬礼！

兄孙代章

1949 年 1 月 26 日

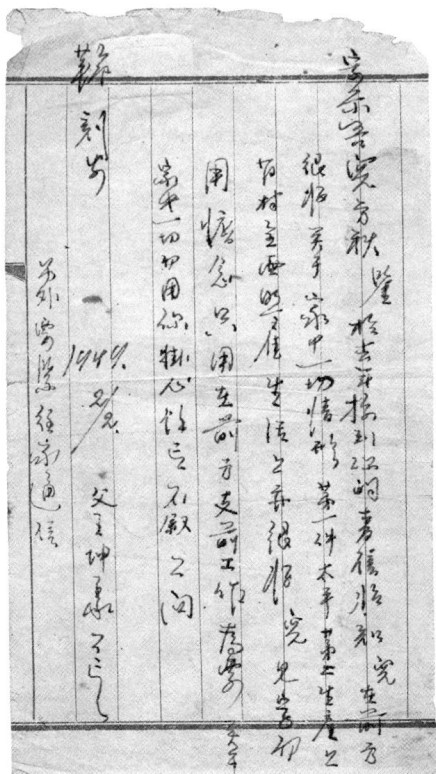

▲ 莱阳王坤义写给儿子王方秋的信　　▲ 五龙姜山区葛领村孙代章给弟弟孙茂章的信

支前报道

民工高有保的自动归队

民工高有保是怎样自动归队的？

高有保是乳山县司马庄区人石村人。他在出工支援淮海前线时，因挂念家中生产，半道跑了回来。但是他回家一看，自己的草也打起了垛，猪圈的粪也抬出去了，门口还堆起了高高的泥堆、粪堆、草堆，而且连他种麦子时拆的炕，村中也给盘起来了。他出发时所顾虑的家庭问题都给办的十分妥当。自己想想，这一下错了，怎么去见人呢？老婆又是缠绕着他叨咕道："你跑来家，真对不起村中的人。"他只懊悔的回答着说："这确是太不光荣了！"第二天，他便鼓起勇气找了村干部，做了检讨："我开小差实在对不起大家。"并表示：坚决回队，保证完成任务才回来。村干也安慰了他。高有保收拾了一下，便愉快的归队去了。

摘自《大众日报》1949 年 1 月 14 日

从高有保自动归队谈起

人石村对民工高有保家中生产照顾得好，所以，不仅高有保的老婆对他开小差不满，连高有保本人也觉得羞惭得见不得人，自觉的进行检讨归队。

民工高有保在前方最大的心思，像一般民工一样，是忧虑着家中生产的照顾；村中既然对他的家庭照顾得这样好，如果经常写信把这些情形告诉他，那么，他很可能就不开小差了。

对于民工的巩固，一方面依靠于民工队的政治工作；而后方对于民工家庭的妥善照顾，并随时向服务前方的民工，报告家庭生产、生活的状况，往往也起着决定的作用。时近旧历年关，此点更为重要。

从这个短短的故事中，我们应该更明确的认识到优待军属，优待民工家属，对前线的胜利，是有极重要的作用的。希望各地区村党政干部，切实注意并做好这一工作。

摘自《大众日报》1949 年 1 月 14 日

三、民工的供给

由于民工动员的体制、民工性质和任务不同，民工的生活供给制度也不尽相同，大致分为供给制、给价包运制、包运提成制和供给提奖制四种。供给制指民工的衣食住行等，由各级政府、部队负责供给的制度，适用于支前时间长、远离家乡、流动性强的随军民兵、民工和二线转运民工。给价包运制指民工出工支前，依相关规定按工给价，或按件给资，其生活供给一切自理的制度，多用于运输中有相对固定收发地点的随军民工、二线转运民工和后方临时民工。包运提成制是给价包运制的发展，指民工的生活自理，其报酬按运输量多少进行提成的制度。供给提奖制指实行供给制的民工超额完成任务的那一部分，按规定进行奖励的制度。各地区根据实际情况灵活采用各种制度，有效保障了民工的生活供给，激发了民工的支前热情，维护了民工的切身利益。

▲ 支前民工领取工资

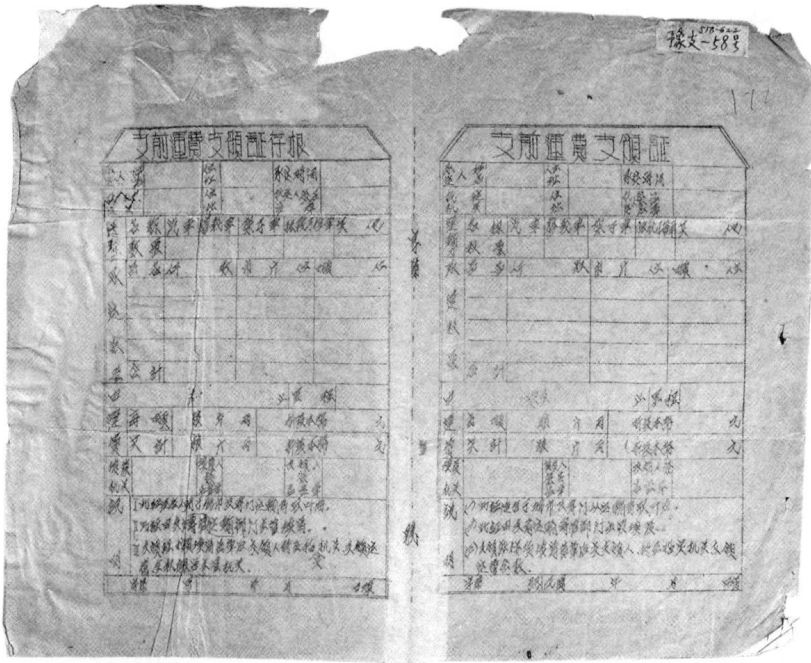

▲ 支前民工运费支领证

▲ 启东县民工倪胜元的粮草票

▲ 解放区流通的华中币

1. 民工供给的经费保障

文件精选

华东支前委员会支前经费会计系统

华东支前委员会支前经费会计系统表

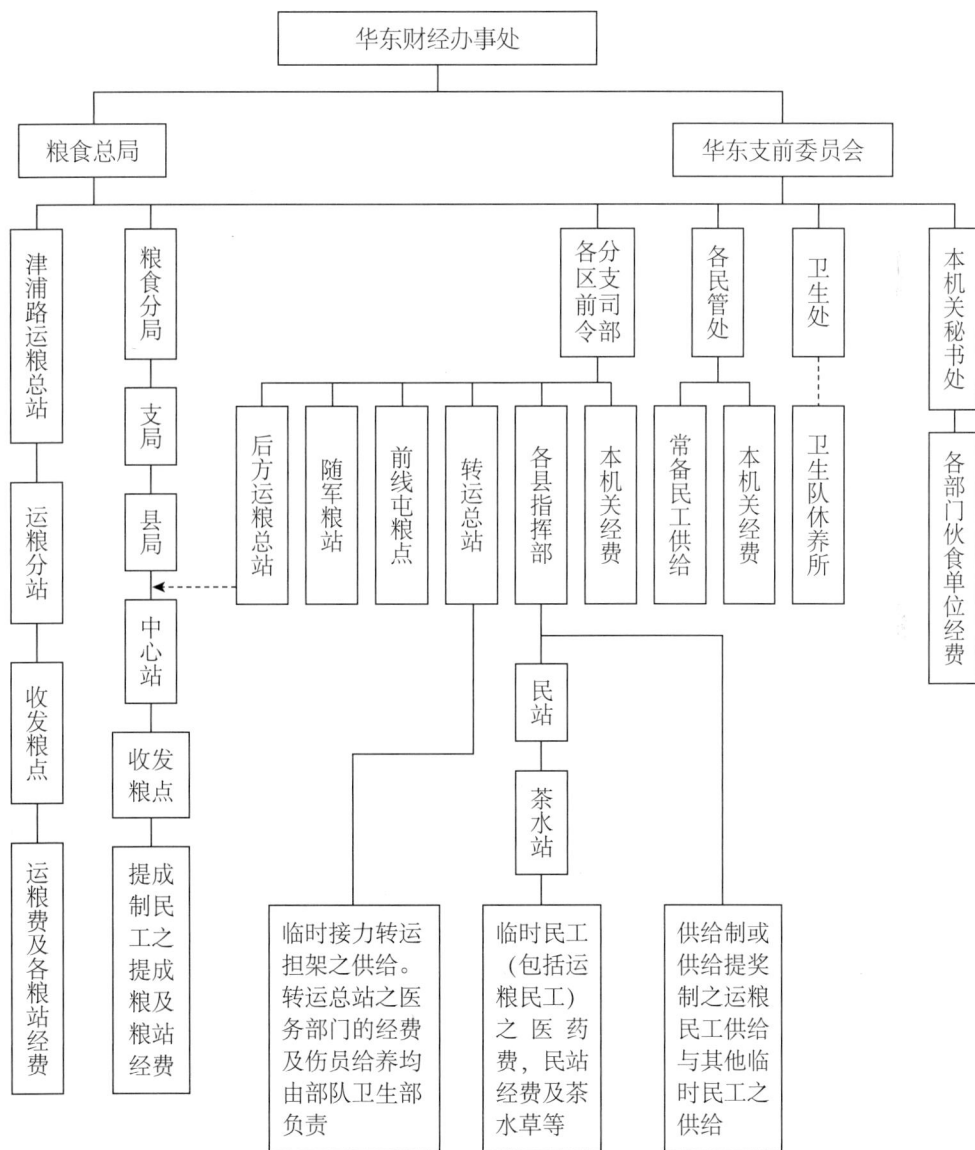

```
                        华东财经办事处
                ┌──────────────┴──────────────┐
            粮食总局                        华东支前委员会
```

| 津浦路运粮总站 | 粮食分局 | | 各分区支前司令部 | | 各民管处 | | 卫生处 | 本机关秘书处 |

粮食分局 → 支局 → 县局 → 中心站 → 收发粮点 → 提成制民工之提成粮及粮站经费

津浦路运粮总站 → 运粮分站 → 收发粮点 → 运粮费及各粮站经费

各分区支前司令部：后方运粮总站、随军粮站、前线屯粮点、转运总站、各县指挥部、本机关经费

各县指挥部 → 民站 → 茶水站

各民管处：常备民工供给、本机关经费

卫生处：卫生队休养所

本机关秘书处 → 各部门伙食单位经费

临时接力转运担架之供给。转运总站之医务部门的经费及伤员给养均由部队卫生部负责

临时民工（包括运粮民工）之医药费，民站经费及茶水草等

供给制或供给提奖制之运粮民工供给与其他临时民工之供给

　　摘自华东支前委员会、华东财政经济办事处《关于执行新颁支前经费供给标准会计系统及供给办法的通知》，1948 年 10 月 26 日

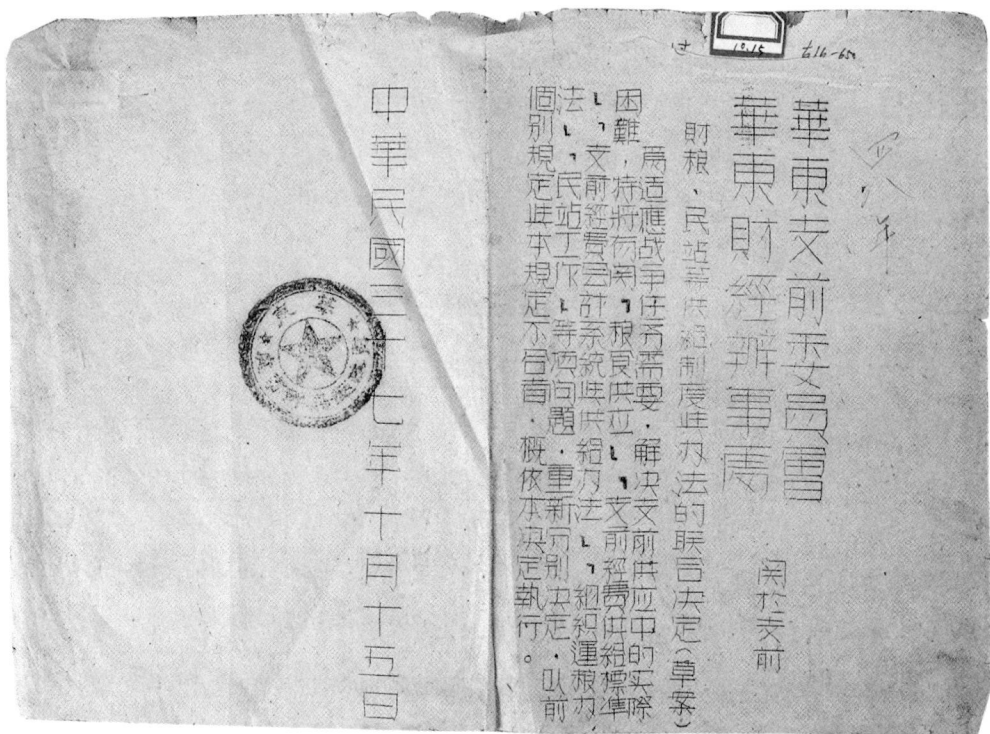

▲ 华东支前委员会、华东财经办事处 1948 年 10 月 15 日《关于支前财粮民站等供给制度与办法的联合决定（草案）》

支前总结

华东支前委员会民工经费现金部分支出统计表

科　　目	现金部分（单位：元） （1948 年 11 月、12 月、1949 年 1 月）
机关	13981811
民工	70500037
交通事业垫款	60933754
粮务费垫款	37306556
煤炭费垫款	——

（续表）

科　　目	现金部分（单位：元）
	（1948 年 11 月、12 月、1949 年 1 月）
油盐供应垫款	4600000
其他垫款	16170372
合计	203492530

根据华东支前总结委员会《济南、淮海、渡江京沪三大战役支援工作总结》（1949
年 11 月 30 日）整理

华华东支前委员会民工粮秣支出统计表

科　　目	粮秣部分	单位（斤）
机关	粮	1098429
	草	1853249
民工	粮	61764160
	草	76476299
垫支	粮	1067662
	草	2512840
合计	粮	63930251
	草	80842388

根据华东支前总结委员会《济南、淮海、渡江京沪三大战役支援工作总结》（1949
年 11 月 30 日）整理

华东支前委员会1948年冬季民工被服开支统计表

1948年 冬季 被服	鞋子	169580	1948年冬季 旧被服（补 充民工及不 脱离生产支 前人员）	大衣	3561
	军袄	8108		棉袄	41994
	军裤	8153		棉裤	42053
	军帽	8155		棉帽	33100
	大衣	403		棉被	420
	白土布	10935		毯子	527
	蓝土布	315		棉花	308
	棉花	428		单衣	5224

根据华东支前总结委员会《济南、淮海、渡江京沪三大战役支援工作总结》（1949年11月30日）整理，原件各项未标注单位

2. 民工供给的办法

华东地区

文件精选

华东地区的民工供给办法

（一）常备民工之供给采用分段供应办法。凡各县动员出发未到达支前机关或民管处以前之供给，由该县支前指挥部负责；到达支前机关或民管处后，在其管理期内，不论接受何项任务，均由该管支前机关或民管处负责供给。补充部队之担运民工到达部队后，由部队负责供给；未到达部队以前，从地方出发者，由该县支前指挥部负责，从民管处出发者，由民管处负责供给。各县与民管处发给民工供给时，同时发给供给证（或供给介绍信），以便接收民工机关衔接供给。

（二）后方专为运粮调集之民工，其供给办法：

1. 实行提成制者，由发粮点发给提成粮，其带队干部由各县支前指挥部供给。

▲ 行进中的常备民工队

阴雨天之雨阻粮由当地民站根据发粮点介绍信及运粮花名册，在雨阻粮报销单据上盖章证明，并由民工队长持此雨阻粮报销单据，向就近区粮库领粮，由该区粮库凭雨阻粮报销单据向县粮食局报销。

2. 供给制与供给提奖制之开支（包括供给及提奖），均由各原县支前指挥部供给。凡使用供给制及供给提奖制者，天雨不得再发雨阻粮（提成制与供给制之区别可由运粮花名册中看出，是提成制，花名册中有提成数，是供给制或供给提奖制，发粮点应将"提成数"栏划掉，并在介绍信上说明）。

3. 提成制民工到达发粮点以前之供给（空路粮），由该县支前指挥部负责供给。

（三）在转运总站服务之转运担架，其供给办法：

1. 由民管处派往服务之常备担架民工，仍由民管处按供给制供给。

2. 临时动员之接力转运担架，采用包运制者（每转运 1 个伤员，30 里路 15 斤秋粮），事先由转运总站向分区支前司令部造报预算领取粮票，交给附近区粮库；区粮库在转运总站所交粮票数字内，凭转运总站所发之转运证付给转运民工现粮，事后与转运总站结账，转运总站凭转运证向分区支前司令部报销。

（四）凡地方临时动员之民工供给（如后方运粮供给制者接力转运担架及修桥铺路修筑工事等等），由各分区支前司令部统一向华东支委会造报预决算。

（五）为保证供给民工现粮，各民管处各民站各转运总站所在地之粮库，均应在附近准备充分原粮与加工粮，及时供应民工。各民工供应单位应以粮票及证明文件，向粮库提出现粮发给民工。

（六）各分区支前司令部负责供给所辖民站线上（包括运粮运输物资及转运等线在内）之民站经费，及前线屯粮点随军粮站之建仓等经费，与后方运粮总站经费，并由其统一向华东支委会造报预决算。

（七）由省派往各线粮站与民站工作之干部，其供给除已由华东支委会发给一部分外，其未发部分（包括冬衣在内）凭供给证由各分区支前司令部负责按其原来待遇供给之（以上干部之办公费不再发给，在何处工作，其办公费即在该单位内报销）。

（八）各级各部门派往各地巡视检查工作之流动干部，由其领导之机关负责供给之，不得向各地随便借用。

（九）常备民工之医药费，由本会卫生处统一分发各民管处卫生队使用。运粮民工与临时民工之医药费，由分区支前司令部根据该区动员之民工数，按标准向华东支委会造报预算，领取医药费，分发该管理民工机关应用，并在预算范围内实报实销。

（十）凡修桥架电线之材料费，由各业务部门（公路局、邮电局）负责，如一时来不及，向其部门直属上级领取经费而又为军事急需开支时，可向华东支委会暂借，事后由该业务部门归还。

（十一）战备费（包括修筑工事器材、棺材、包尸布等），由部队后勤部门负责，地方协助负责筹办。

（十二）鲁中南各分区支前经费，9月份以前均向行署造报决算，10月份向原领经费机关（前办或行署）造报决算，11月以后均向华东支前委员会造报预决算。

摘自华东支前委员会、华东财政经济办事处《关于执行新颁支前经费供给标准会计系统及供给办法的通知》，1948年10月26日

▲ 运输线上的挑子队

华东地区的民工供给标准

（一）伙食

1. 凡支前民工按供给制供给者，其供给标准每人每日秋粮市秤 3 斤，烧草 3 斤半，菜金按野战军标准减半发给（以上标准于 10 月 16 日开始执行）。

2. 在部队服务之随军担运团，不论服务期限长短，均按辎重兵之粮草菜金标准，由部队供给。

3. 凡住休养所之支前民工病员，一律按原菜金标准加倍发给。随队病员之菜金同上，但须经医生检查，由该队负责人证明才准报销。重病或负伤者立即送医院，其医药伙食均归医院报销，在未送医院前，其菜金可照医院标准发给。

4. 常备民工菜金价格，由华东支委会根据前线平均物价统一规定，如物价变动很大，半月更动一次。各分区临时民工之菜金价格，由各分区支前司令部按该分区平均物价规定之。

5. 民工吃粮一律吃秋粮。

（二）黄烟费

3 个月以上之常备民工，每月发黄烟 4 两，由各民管处按当地物价，折发代金。

（三）常备民工办公费

1. 中队（以 120 人计算）每月光连纸 3 张、灯油 7 斤。

2. 大队部每月光连纸 5 张，灯油 3 斤。

3. 支队部每月光连纸 8 张，灯油 3 斤。

（以上灯油包括夜行军之灯油在内）

（四）杂支费

1. 修理费——民工所带之运输工具（小车、担架），因公损坏者得报销修理费。小车每月每辆最多报销车耳 1 副，车轴 1 根，在此范围内由民管处掌握实报实销；担架修理之报销手续亦同。大车每月每辆不得超过秋粮 45 斤之价格。大车及小车之用包运制者不得另报销修理费。

2. 小车车油——每辆每日车油 1 钱（包工制者不发）。

3. 擦枪费——常备民工带长短枪者，每支每月油 2 钱，土布 1 寸。

4. 理发费——常备民工每中队发给剃头刀 1 把由其自理，其价格由各民管处根据当地价格发给（包工制不发）。

（五）宣教费：书报教材由华东支委会政治部统一发给。常备民工休整时之文化娱乐费（如演剧等费用），由各民管处根据需要与节约原则，在已批准之预算范围内实报实销。

（六）被服装具：凡常备民工服务两月以上者，发给布鞋 1 双。棉衣棉被由民工自备。

（七）医药费：常备民工之医药费，按普通人员标准减半发给，由华东支委会卫生处统一掌握。运粮民工医药费按普通人员十分之一标准发给，由各分区支前司令部统一掌握，分发使用。随军担运团之医药费由部队负责供给。

（八）负伤费：凡支前民工因公受伤致不能服务者，均发给负伤费，住院者由医院发给，不住院者由民管处或县支前指挥部发给。其标准，重伤猪肉 8 斤，轻伤不能服务者猪肉 6 斤，由发放机关按当地市价折发代金。

（九）埋葬费：凡支前民工在服务期内牺牲者，得购买棺材一口，经各民管处或县支前指挥部批准后动支。

（十）赔偿费：凡民工因公损坏群众物品者，每人每月不超过半斤秋粮价格内，由各支前司令部或各民管处统一掌握，分发民工大队或民站事后处理之，并要加强管理与爱民教育。

（十一）民工铺草：每人每月按铺草 1 斤计算。由于民工流动性大，该草由分区支前司令部与各民管处统一预算与掌握，并根据各民站与村公所实际蚀耗程度，适当分发之。

（十二）带领民工队之干部供给：非脱离生产者，其待遇与常备民工同；脱离生产者，其一切供给仍按其原来待遇与标准发给。

摘自华东支前委员会、华东财政经济办事处《关于执行新颁支前经费供给标准会计系统及供给办法的通知》，1948 年 10 月 26 日

华东地区民工医药供给办法

兹将常备民工（服务期两个月以上者）医药材料消耗费供给标准与制度公布于后：

一、民工医药材料之供给与报销统一于财办，由支前委员会卫生处统一掌握之。

二、药费标准按部队普通人员标准之半数，由卫生处发给实物，卫生消耗费按普通人员标准之五分之一，根据实有门诊单位实报实销，而不以人数比例一般供给。

三、民工队之材料消耗费由各民管处卫生队统一办理，按需要发给实物，民工队不得自行采购。

四、药材之领发及报销规定每月一次，以大队为领药单位。

五、于每次领药时需有本月内之简单药材消耗统计，由带队负责人的介绍信，注明单位人数，并经民管处负责人批准，始得领取。

六、民工队由原地区出发时所带之药品及药费于到达民管处之后，一律由卫生队进行登记，由民管处按照其需要统一配备药材，所有医药费之报销，统一经卫生处转财办，否则，其原地区不得自行报销。

七、药品及药费登记移交之后，由民管处发给收据，此项收据即作为补充配备药材之凭证。

八、民工队得到药材补充之后，其领药单据由民管处、卫生队及民工队各持一份，于下次领药时须持有药品登记收据与上月之领药单据。

九、各民管处卫生队需确实掌握民工单位及人数，并于每月份药材消耗统计报告。

十、药材供给标准自 10 月份起实行。

（一）物品供给标准（每百人每月量）

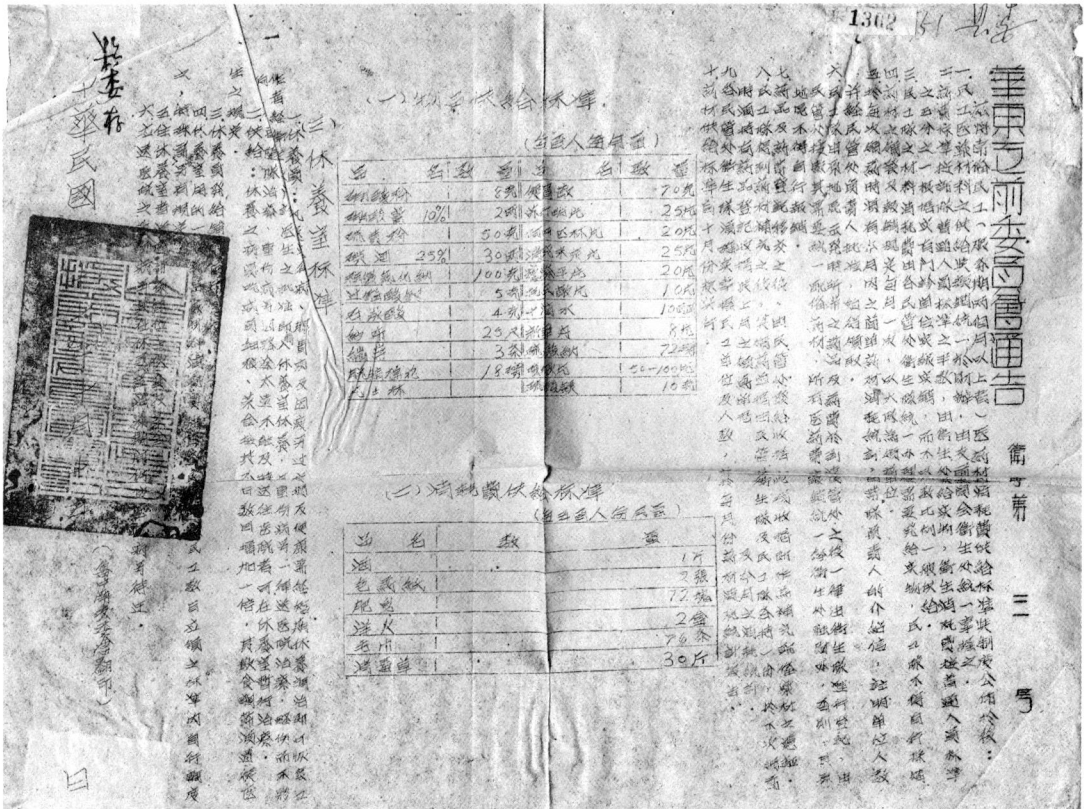

▲ 华东支前委员会关于常备民工医药材供给标准问题的通告

品　名	数　量	品　名	数　量
硼酸粉	8 克	健胃散	70 克
硼酸膏 10%	2 两	苏打明片	25 片
硫磺粉	50 克	阿司匹林片	20 片
碘酒 25%	30 两	消炎米定片	25 片
粗制氯化钠	100 克	痤涤平片	20 片
过锰酸钾	5 克	托氏散片	10 片
石炭酸	4 克	十滴水	10（CC）
纱布	25 尺	新华丹	8 片
绷带	3 条	硫酸钠	72 磅
脱脂棉花	18 磅	咳嗽片	50—100 片
凡士林		硫酸镁	10 克

（二）消耗费供给标准（每五百人每月量）

品　　名	数　　量
酒	1 斤
包药纸	2 张
肥皂	72 块
洋火	2 盒
毛巾	76 条
消毒草	30 斤

（三）修养室标准

1. 修养员：凡患流行病、肠胃病及因疲劳过度损其健康，须经短期修养调制即可恢复工作者经卫生队、门诊医生之批准，即得入修养室修养，凡重伤病号，一律送医院治疗，轻伤而不影响工作者随队治疗，重伤病号因路途太远不能及时送往医院者，可在修养室暂时治疗。

2. 供给：修养之病员吃病员细粮，菜金按其平日数目增加一倍，其饮食调节需遵从医生之规定。

3. 修养员发给铺草 3 斤。

4. 修养室用的一般药品与材料消耗费均由各民管处按民工数目应领之标准内自行调度之，特殊需要另有规定。

5. 住修养室者需随带原单位之伙食及菜金。

6. 应送医院之重伤病号其在修养室治疗期间仍按医院病号待遇。

摘自华东支前委员会《（关于常备民工医药材供给标准问题的）通告》，1948 年 10 月 15 日

支前总结

华东地区根据运输特点采用相应的供给制度

小车、小挑运输从后方存粮点（地方仓库）到前方屯粮点（随军粮站的后方），运输线相对固定，卸粮点也相对固定，采取包运提成制。从前方屯粮点到

随军粮站，这一段运输线不稳定，情况多变，包运提成制的小车不适合这种情况，必须使用常备的供给制的组织较好的小车队。从随军粮站到部队伙食单位，这一段运输特点是机动、迅速、轻便、具备部队行军速度，小车运粮无法满足，必须使用供给制的随军常备小挑。河上运输、汽车运输、火车运输大多采取包运提成制。

根据华东支前总结委员会《济南、淮海、渡江京沪三大战役支援工作总结》（1949年11月30日）整理

华东地区的运输提成办法

小车、小挑运输按运输量的 13% 提成。河运中，顺流载重 3000 斤以下，按百里百斤 4% 提成，3000 斤至 10000 斤，按百里百斤 3% 提成，10000 斤以上，3000 斤按百里百斤 4% 提成，7000 斤按百里百斤 3% 提成，余按百里百斤 2% 提成，逆流运输的按百里百斤 5% 提成，遇到风雨阻隔，可以每人每天发放 3 斤粮食。汽车运输，每百里百斤按 17.86% 提成。火车运输，按百里百斤 2% 提成。

根据华东支前总结委员会《济南、淮海、渡江京沪三大战役支援工作总结》（1949年11月30日）整理

回忆节选

渤海区的运输提奖办法

同时，〔渤海区〕还规定了支前运粮的奖励办法，在运粮中定人定畜定运量，给以报酬，切实和群众兑现。例如：每日给每个运粮民工 4 斤粮食，每运粮百斤百里，给 8 斤粮食，水路运输每百里百斤给粮食 5 斤。两套的骡马车定额为 1000 斤，三套的为 1200 斤，日行 60 华里；铁木轮牛驴车，定额为 800 斤，日行 50 华里，超额完成任务部分按 5% 给粮，小车按 8% 给粮。大船、小船运粮，顺风或逆风行驶等都作了具体的奖励规定。

摘自王卓如《渤海运粮支前的日日夜夜》，见《淮海战役》第三册，中共党史资料出版社 1988 年，第 214 页

文件精选

日照县的运输提奖办法

运粮办法：用供给提奖的办法，即每人每日发粮市秤3斤，菜金折秋粮12两，草3斤，但一人一车至少推200斤，每日走50里路，若超过部分按百斤百里提13斤给奖。

每辆车要求至少推300斤。

给养由出夫者自带（不能公出于村）半个月的。待回来后，发给其应得供给粮草和提奖粮。

摘自日照县《支前指挥部紧急通知》，1948年11月5日

中原地区

文件精选

中原地区实行给价包运制

我军自进入中原地区以来，为了供应作战的需要，使用大批民夫担架，以运输粮弹及转运伤员，这是每一次战役胜利所必不可少的重要保证；但由于战争规模太大，群众尚未发动，而地方支前机构尚未建立，加之过去所采取的只供伙食的派差制度的不良，致群众负担不公平，社会劳动力与政府财粮开支浪费均大，有些后方机构与前方部队更发生乱支差、乱抓差的现象，结果引起群众不满，甚至逃避支差。这种严重现象如不立即纠正，不仅影响群众发动和地方生产，而且将影响到战争胜利。为了节省民力，平衡负担，消除乱派差、乱抓差现象，特明令禁止无价派差制度，颁布给价包运制度，具体规定如下：

（一）凡前后方部队、政府机构、学校、工厂、银行、医院、兵站、剧团及其他任何机构、任何个人所有搬运武器、弹药、家具、机器及一切粮草物资等，概应依照规定之运费按工给价，或按件给资。一律禁止无价派差，禁止只供伙食不给工资之义务运输制度。

（二）各种运费规定如下：

甲、转运伤员无论采用何种运送方法，每转运一人行 50 里，发给运价粮食 30 斤（秋前以小麦计，秋后以杂粮计，以下均同此）。但如用担架时，按每个伤员加发 10 斤。

乙、运送军械、弹药、被服、布棉、款项及贵重战利品，每百斤百里之运费，人力挑运为 32 斤，驮载 25 斤，各种车辆为 20 斤。

丙、运送公粮柴草、煤铁等，每百斤百里人力挑运为 30 斤，驮载 23 斤，各种车辆为 18 斤。

（三）医院、工厂等临时雇用民夫工价如下：

甲、医院雇用民夫担任较轻者之工作，如看护勤务等每日 5 斤，较重之工作如挑水、劈柴、烧火等每日 7 斤，其他后方机关雇用民夫与当事人临时协商规定。

乙、拆洗旧军衣、血衣包括拆洗缝补等工作，单衣每件 5 两，棉衣每件 1 斤，挑水、蒸馍、破柴等，亦可按件计工就地当面商议。

（四）代军队磨面，军队以小麦百斤换白面 75 至 80 斤，并不得低于 75 斤。

（五）民力集中待运期间或因气候阻碍运输时，发给津贴如下：

甲、每人每日发给粮食 3 斤半（粮食、柴草、菜金均在内）。

乙、牲口每头每日草料在内发给骡每日 9 斤，驴每日 7 斤，牛每日 6 斤。

（六）公粮运输一般亦实行给资包运制度，但下列两项例外：

甲、本村应缴之公粮，送至政府第一次指定之地点者。

乙、送本村应缴之公粮交部队现地吃粮不超过 20 里者。

（七）第二、三、四各条，如在城市雇用商车及市民，均按当地市价办理，船只运费均按商家，鄂、豫、江汉、皖西等以肩挑为主要运输工具之地区，其运费由各该地政府另定之。

（八）无论运送物资、抬运伤员，均须有军队团以上之证明文件，区级以上政府统筹代雇，军事后勤机关临时雇用服务人员，与当地村级以上政府协商办理。

（九）严禁抓夫支差，凡违犯上列各项规定者，按情节轻重予以警告、禁闭、撤职等处分，人民可以拒绝此种支差，各级政府对此等犯法人员可予逮捕，押送军事机关惩办。

以上办法，除教育全军切实执行外，以战争频繁，战争勤务浩大，尚望全体人民积极支援前线完成各项后勤任务，争取解放战争的早日胜利。

摘自中原军区《禁止无价派差、实行给资包运的布告》，1948 年 9 月

资料选编

中原地区运输实行包运制、做鞋等采取按件记工制

由于战争形势发展很快，部队作战频繁，解放区人民支前任务繁重，有的地区除了出公粮、公草、田赋之外，还要支差、出村经费、派做军鞋等，负担过重，引起群众不满，部队供给部门和地方政府的工作都不好做。后来改变了一些做法，取得了良好效果。如运输上实行包运制，即从前方总转运站将伤员转移到后方医院，及从后方送粮草被服、武器弹药到前方，以及后方机关、医院、工厂粮草原料制成成品运输，总之凡是有固定收发地点之军需、军械物资转运，一概采取按量计工的办法。根据各种不同物资、不同地区，按运程和运量规定运输报酬。如每运 100 斤、走 100 里者，运粮给粮 18 斤，运棉给粮 24 斤，运军鞋给粮 20 斤等。运输价格略高于供给制，由群众个别包运或集体包运。此办法实行后，受到普遍拥护，提高了群众支前的积极性，由被动转为主动，运输效率大大提高。过去供给制支差，每辆大车只运 600 斤，一天走 40—50 里，现在则能运 1400—1700 斤，日行 80—100 里。

对于做军鞋也不再采取发动妇女慰劳及派军鞋的办法，而改用按件计工付酬的制度。一般多在城市与集镇中设小型工厂（由贫苦妇女组成），由部队规定样式、厚薄、针线密度及工资多少，交工厂制做，部队只收货发钱；有些则由部队出布铺好鞋面鞋底，交妇女加工，分别按件付资，做军鞋的收入远远高于在家纺纱织布。这样，定购军鞋的质量、数量、期限都有了保证，每次下达的任务，都能保质保量如期完成，部队指战员感到满意。

这些措施和办法，对于动员后方的人力物力，调动群众支前的积极性，起了重要作用。

摘自《中国人民解放军第二野战军后勤史》下册，金盾出版社 1997 年，第 101—102 页

豫西区的民工供给办法

一、各民工单位至县集中时，由县统一掌握，自带 7 天粮食半斤盐（个人自带 3 天熟食给养不在内），并按军区与分区支前司令部调拨命令规定之时间，带足够数量的粮票与柴票。

1. 民工由县携带之 7 天粮食，带至军区或分区支前司令部指定之集中地点，以县为单位掌握自食，如自带粮食未吃完即须接受转运任务，可将粮食送交战区支前机关领导下之粮站，换取粮票。如粮食吃完各县所辖之粮站，可根据各民工单位之介绍信（介绍信必须盖有民工单位及负责人之戳记），即可凭票付粮。

2. 各民工单位由县携带之粮食，粮票柴票及于完成任务中应领之工资粮，由各该县政府发给并向专署报销。

二、军区与分区支前司令部于战役开始前，责成战区县支前司令部及管辖转运线上各转运站之县支前机关，按指定集结民工地点，设立临时粮站，集中足够数量粮食，备民工伤员用。

三、待运期间一般的供给杂粮，以自磨自食为原则，接受任务后则供给米面标准如下：1. 民工：每人每天发给 3 斤（包括菜金在内），木柴 3 斤。2. 牲口：牛每天每头发给草 15 斤，料 3 斤。

四、随军担架民工，抵达使用部门后，即由各使用部门负责按标准供给。

五、为严禁各民工单位滥卖粮食，各民工单位如拟以 3 斤粮食的节余部分调剂菜蔬，可以粮食向战区各支前机关及转运站的供应部门，兑出中州币购买蔬菜油类。

摘自豫西军区支前司令部《战时民工伤员供应暂行办法》，1948 年 10 月 15 日

豫西区包运制执行中的几个问题

一、自包运办法颁布我们接到后，各县均在干部会上作了传达研究，在群众

中作了宣传，大部分群众都知道了这一政策。现在群众如有机关不给包运粮，敢于到政府提议解决。自执行后，在动用民力支援前线上经济利益和群众结合起来，这政策执行后各县反映颇佳。如说过去国民党要差派夫，去的慢了挨打受骂不给粮。打仗本是大家应尽的义务，出趟车有人吃的，还有牲口吃的，回来还有剩余粮食，特别是富裕中农阶层得到包运粮很多，利益很大。仅郏县在10月份20天左右即出包运粮10万余斤（包括地方机关往来，过路军政人员及军队用）。如往郑州运的300万斤粮，群众得运费150万斤杂粮。如鲁山的望陈岗村自包运办法以来，共出了83辆大车660个工。该村的郭庚新家里人14口，地24.4亩，牛2头，今年秋屯出653.4公斤，他出差大车32天半挣回杂粮541斤，占秋屯粮90%。该村的王启明家人4口，地7.6亩，牛2头，出秋屯粮162斤米，出车差13天半挣回杂粮300斤折合小米184斤，除去负担的公粮外净赚细粮22斤。所以在执行包运办法以后，群众得到利益，反映很好，如该村群众宋王真说："过去出粮款抓了壮丁，如养狼。出差打仗为大家，又能赚粮又能养家。"在包运办法未颁布以前，群众出差负担要比夏季出公粮重的多，如郏县柴堂的柴某某家4亩地1头牛出了7斤公粮，出了两次差，来回7天每天以4斤吃粮计，出车到禹县送军队，往返3天计牛5斤粮共合51斤粮。

二、在包运办法执行后，在某部分干部思想上和各个单位用差机关和部队思想上不通，他们论调"咱们要公粮又给群众公粮，怕麻烦不愿执行"，有的说："汗从病人身上出，我们的粮食取之于民还给于民是脱裤子放屁找费事。"他不了解包运政策这个新的创造之政治意义，尤其是在当前反蒋自卫战争中民力负担之繁重，如不将经济利益和群众结合起来，群众的支前情绪就不会提高。同时不了解包运政策执行后在社会经济基础上起的变化和推动旧社会向前进步的作用。

三、仍至现在还有不少单位不认真执行包运政策，表现要差不给粮或少给粮或给坏杂粮（谷子豆子）或给不顶用的旧粮票等等现象。如11月份九纵在禹县驻时，自己本单位制订拨差对粮证，要了民夫大车不付粮叫政府负责还粮。他们现在从禹县县政府转到我们这里好几十张，共用大车90辆运费粮9089斤，仍在我们这里存放。禹县已将粮支付于群众，此粮证尚未找到，九纵还是悬案。如在临汝驻的九纵一队运送物资，将大车集中城内等了一天，他们不用了，但不供群众待运粮。九纵又要大车往梨园拉煤，路程是95里路只按75里路给计算，每辆载500斤以上仅给本币245元，群众找到政府才给其每辆补上200元。群众现在对包运办法反映说，希望用差马上给粮，哪怕少给点，不愿往返要账。

四、包运政策上存在如下问题

（一）包运制是以杂粮计，种类很多，价额不同，1斤豆子与1斤谷子不同，希上级对此问题研究解决。

（二）有的拨差机关载运物品使大秤发粮用市秤，如临汝的五院装煤用大秤发粮用市秤，应当用一样的秤，各县群众对此提出意见表示反对。

（三）运送物品重量不同，如运100斤柴和棉花也是百里百斤25斤粮，运煤也是百里百斤25斤粮。但是每载重棉花不能过500斤，要是运煤炭和铁能运600斤甚至1000斤，也是百里百斤25斤粮，但是每天人力畜力消耗相同，此问题就应研究解决。

（四）运送物资时间季节不同，农民的忙闲不同，都是百里百斤25斤，请上级考虑是否可分农民忙闲发给包运粮。

（五）运送物品起运地点或到达地点，路程好坏不同与车的载重不同，同样的按百里百斤计是否合理。

（六）起运地点和到达地点远近不一，但是在运送物品时，路程远天数多平均消耗粮食少，路程近，运1天或半天消耗的粮食并不少。

（七）运送物品起运地点和到达地点交通地点，来往有回头脚的没有，可是同样的消耗群众亦此类的反映。

摘自豫西五分区支前司令部《关于支前工作总结》，1948年12月28日

我们动用民工由供给制改为包运制，现在还没有普遍深入到军队中、干部中、群众中。所谓包运制就是动用民力车辆，完全按市价发给工资，不是义务动员，这对发展生产、繁荣经济、支援战争都是有利的，因此是一种进步的改变，必须努力贯彻。但是由于财政的限制，第一步所实行的包运制也就是过渡时期所实行的包运制，工资低于市价还不是完全雇佣关系的工资制。由于战争的变化性和流动性大，需要民工数量大，时间地点都不能固定，所以民工必须行政动员，这一种过渡时期的包运制实际是半义务半工资制。所谓半义务是有强制性，在启发群众参战热情与给予适当工资待遇的基础上，民工非出不行，不是看工资大小，愿来者来，不愿来者就听其自由，这样就依然存在着劳力负担和如何负担公平合理的问题。随着战争继续推向蒋管区，根据地日益扩大和巩固，必须更进一步的改

变强制的半工资制为自愿的全工资制，应明确认识这一个发展方向，并毫不动摇的朝这方面走。

摘自豫西行政公署主任李一清《关于支前工作总结》，1948 年 10 月

华北地区

资料选编

华北区有固定收发地点的运输采用包运制、做鞋采用按件计工制

鉴于战事紧急，民工管理任务繁重，落实民工待遇的财力物力负担也相当沉重，特别是动员供应制民工服勤效率不高，严重影响群众生产，群众负担平衡困难，怨言较多。1948 年首先在华东、华中实行了征雇制，即凡是有固定收发地点之物资弹药运输，取消过去的民力动员办法，而一概采取按运量计工包运制，由群众个别包运或集体包运，做军鞋也不再采取妇女慰劳及派军鞋办法，而改用按件计工定购办法。征雇制实行以后，立即产生很好效果。据 1948 年 6 月陈（毅）、邓（小平）给中央军委报告称：过去慰劳鞋、派军鞋质量太坏，穿上几天就坏。现在定购鞋则经久耐用，群众不但不感到支差之苦，反而增加他们的谋生之道。过去供给制支差，每辆大车只运 600 斤者，现在能运 1400 斤至 1700 斤，过去一天只走四五十里者，今能走八九十里至百里，运输效能空前提高。过去群众对军队供给、兵站、军工部门害怕、仇视，今反而到处欢迎，因为这些部门可以帮助他们增加活路。报告认为，这个制度既不劳民，也不伤财，又可解决战争需要，又可增加生产力，再不要沿用过去既劳民又伤财的派夫供给制了。

华北军区借鉴华东、华中经验，从 1948 年底以后，也在一些地方实行征雇制。对此，华北军区后勤部做了如下计算比较：

单套骡车现在规定载重 500 斤，每日走 60 里，合 3 万里斤。按动员供给制规定，每夫每天 2.5 斤米，骡草 12 斤（折米 3 斤），料 6 斤（折米 4 斤 12 两），共计折米 10 斤 4 两，往返两天共为 20.5 斤，每里斤需米 0.00069 斤。若改用征雇制，每辆骡车可运至 800 斤，每日能走 80 里，折合 6.4 万里斤，超过动员供给制情况下 3 万里斤的一倍以上，即运输效率提高一倍以上。依征雇制，按百斤百里付运费 6.9 斤米计算，则 6.4 万里斤得运费米 44.16 斤，比动员供给制情况下两天服勤得米

20.5 斤高出一倍以上。由此可见，实施征雇制是一种公私两利的好办法。其余驮载、人背、担架，照上述计算办法，仍可得出提高效率、民工多得的公私两利结果。

摘自《中国人民解放军华北军区后勤史（上编：解放战争时期）》，金盾出版社 2002 年，第 84—85 页

文件精选

华北地区的供给标准

（一）凡参战之民兵、民工、担架运输队及带领民兵民工之干部、勤杂人员与前方粮站器材转运站之人员，自向县以上各级后勤机关，或县以上政府报到后，统依本规定供给。脱离生产之带队干部应自带本部队、机关之供给，不足之数，再由战勤费内补助。

（二）以上参战人员，每人每日食粮小米 1 斤 15 两，细粮调剂数与所随部队同（包括伤病员细粮在内）。菜金实物供给标准为：油 3 钱，盐 5 钱，粗菜 1 斤，木柴 2 斤，烧柴以草柴或煤供给者，按规定折合。

上述实物标准，可随同部队供给办法，依规定折合支付。

（三）马草料每日每匹驮骡马料 6 斤、车骡马 7 斤、草 12 斤；驴子料 3 斤、草 8 斤；牛料 4 斤、草 15 斤；骆驼 8 斤、草 15 斤。

（四）公用杂项开支，以统一掌握使用为原则，其各项开支为：

1. 公杂费（包括办公纸张、灯油、担架大车晚上行动及住宿所用灯油、擦枪布油等）每人每日小米 4 钱，以团队为单位，统一掌握。

2. 缰掌费（包括马药、马盐、马掌、马装具、大车装具在内），驮骡及车骡服务在两个月以上者，发供缰掌费每骡（马）每月山地小米 35 斤、平原小米 25 斤；毛驴、牛，每头每月小米山地 15 斤、平原 8 斤。另外每辆大车每日发车油 1 两，米 5 两折，不行动时不发，团队为单位计算。

3. 医药费。民兵、民工在服务期间，负伤或患病者，概由附近医院接收治疗，其药费由医院负责。但在出征与返里途中、或暑天执行任务时，得以大队为单位，配带一定数量之日常药品，每人每日按 1 斤米预算，由三级军区后勤司令部掌握使用。

4. 烤火费每人每日木柴 10 两，其烤火时间与地方同。

（五）参战民兵、民工被服、鞋袜及零用费，原则上自带，但服务期在 2 月以上或特殊情况下，得酌情补给夹鞋或棉鞋，服务期在 5 个月以上者，或特殊情况下，需发衣服时，得补发单衣或棉衣。服务在 2 个月以上者照发零用费（每人每月按小米 6 斤折款发给）。但上述服装之补助费由三级后勤司令部报请华北军区后勤司令部，商同华北人民政府同意后批准之。

（六）民兵、民工在参战期间行军所用之做饭锅，原则上自带或借用，但在特殊情况下，需要购置者，由三级后勤司令部提出预算，经华北军区后勤司令部商同华北人民政府批准后，方能购置。

（七）随军服务之大车牲口，如有牺牲或损坏，得照价或酌情赔偿，但须经团队之详细证明，前方后勤指挥部之审查批准，始得发给。

摘自华北人民政府、华北军区司令部《为统一全区参战民兵、民工供给标准的联合命令》，1948 年 12 月 17 日

四、民工的优抚

文件精选

豫西区的优抚政策

参战民工，因完成转运任务而负伤、牺牲，得按如下规定进行抚恤与殡葬：

1. 凡参战民工于完成任务中负伤，得由民工单位或附近之支前机关介绍至附近医院或分所进行疗养，医药供给均由各该医院分所按战士负伤待遇负责报销。

2. 凡参战民工因完成任务而牺牲者，各民工单位负责运往其原籍殡葬，由各该县政府发给棺材费小麦 500 斤，抚恤费小麦 500 斤，牺牲之民工家属得享受烈属之政治待遇。

3. 凡参战民工于完成任务中因负伤致残废者，除免除其本人一切战时劳役外，各该县政府须按残废等级一次发给残废金，一等发给小麦 500 斤，二等发给小麦 300 斤，三等发给小麦面 50 斤。

4. 关于参战民工医药费的规定：

①民工有宿疾者，须于县区集中时，详细检查，进行精简，不得滥竽充数。

②参战民工于完成任务中而患疾者，其医药费按民工出征总人数，每人不超过 2 两麦之规定。实报实销。

③各民工单位于县集中时，须带一部分款子或医药，备出发后购买药品进行治疗。

摘自豫西支前司令部《关于参战民工抚恤优待殓葬与医药费的规定》，1948 年 10 月 15 日

凡参战畜力、车辆，因完成转运任务而死亡、负伤、损坏，再按如下办法进行赔偿补助：

一、凡参战畜力（包括牛、驴、骡、马，下同）因于完成任务而死亡者，得按其本地市价，除去能够卖掉之皮肉外，另补助其能够买出一头牲口的赔偿费。例如，一头牛当地市价为 5000 元，皮肉可以卖 2000 元，再由公家赔偿其 3000 元。

二、凡参战畜力，因于完成任务而负伤者，得按伤势轻重，采取群众评议方式酌情发给补助费。

三、凡参战畜力因于完成任务而生病者，得请用兽医予以治疗，药费实报实销。

四、凡参战车辆，因于完成任务而损坏，得按损坏情形，采用群众评议方式酌情发给赔偿与补助费。

摘自豫西军区支前司令部《关于参战畜力、车辆损坏、死亡、负伤赔偿与补助的规定》，1948 年 10 月 15 日

冀鲁豫区的优抚政策

凡民兵、民工、担架、自卫队单独作战，配合军队作战，或为军队担负战场勤务完成任务多获得重要战果者，不论个人或团体均可给予名誉或物质奖励。如为战斗牺牲而功绩显著者，在环境许可时，呈请上级政府建立烈士祠碑、塔、坊、匾等予以褒扬，并须将其英雄勋绩编入烈士传记勒石与刊入县志。

凡民兵、民工担架、自卫队单独作战、配合军队作战，或掩护人民及后方机关担负战场勤务等任务而负伤者，送医院治疗（分区医院或人民医院治疗，民兵药费及住院所需粮食、烧柴、菜金等，由分区武装部统一预算报销，民工药费及住院所需粮柴、菜金等由政府报销）。其待遇与部队战士同。

凡民兵、民工、自卫队单独作战，配合军队作战或掩护人民及后方机关担负战场勤务等任务负伤而致残废者，称荣誉民，得享受荣誉军人同等优待，依边府对荣军规定予以抚恤：

1. 一等残废抚恤金全年小米 300 斤。

2. 二等残废抚恤金全年小米 180 斤。

3. 三等残废抚恤金全年小米 120 斤。

（残废等级的规定参照荣誉军人抚恤条例办理，每年经公立医院或合格医生审查一次，并报告政府，发给残废证。）各等抚恤金均供给终身，其供给数目随荣誉军人抚恤条例的变更而增减之。

凡民兵、民工担架单独作战或配合军队作战，或掩护人民及后方机关担负战场勤务等任务而光荣殉国者，均发给中等棺材一口（杨柳木 4 寸板厚），由家庭自筹者折发葬埋费小米 400 斤，抚恤米 150 斤，一次发给。并须给予种种表扬（如慰问家属、追悼公葬、追赠英雄等）。

民兵担架因作战或担负战勤任务而殉国者，其家属按烈属待遇，如因其殉国有土地而无劳动力者，由本村负责部分代耕或全部代耕，有劳动力而无土地者应分配给一定数量之土地。

摘自冀鲁豫行署、军区司令部、军区武装部《关于冀鲁豫区人民武装及民工担架奖励与伤亡抚恤暂行办法》，1948 年 6 月

支前总结

滨县民工抚恤

我县支前牺牲一人，系张集区吴家村孟献道同志，复员回家时在徐州坐火车因睡觉不慎，掉在车下被火车轧死。该同志死后有民工 10 人抬到滨县政府，给该同志买的棺木，将其送到本村，并发给抚恤粮 428 斤，该同志于年关前旧历十二月二十九日出的丧，其家庭是贫农，生活困难，除政府抚恤粮外，本村群众自动的帮助其家庭粮 380 斤，作为丧费。该同志出丧时有本区区长亲自到他家给该同志与给其家庭安慰。

摘自滨县《支前民工复员情况总结》，1949 年 3 月 16 日

第五章　人民支前中的政治工作

《淮海战役支前民工政治工作总结》（中共华东局支前办事处调研室，1949年）指出："过去对支前民工一般比较着重于巩固民工完成任务上着想，而淮海战役却是适应形势要求，特别强调与重视了民工中的政治工作，是自上而下有组织有计划的加强领导，提出把支前民工队当成学校办的响亮口号，成为淮海战役民工政治工作的重要特点。"淮海战役中的民工政治工作主要包括三方面内容。一是政治教育。采取组织学习、制发口号、宣传报道和组织写信等形式对民工、民兵进行形势与任务教育、纪律与立功教育以及业务与文化教育。二是党的建设。着力加强支部工作，开展提拔干部、发展党员活动。三是开展运动。主要包括立功运动、拥军爱民运动和文娱运动。通过民工政治工作的开展，民工、民兵的思想觉悟、业务素质得到了极大提高，这是完成支前任务的重要保证。

► 各地印发的民工学习教材

文件精选

华东支前委员会政治部关于民工政治工作的指示

（一）形势与任务

自我一连串军事胜利之下，中国形势已起了巨大变化，并将继续发生更大变化，我华东地区新的大战即将开始，这战役具有全国决定性的意义。为争取胜利，须动员充分人力物力支援这一战争；因此将有数十万民工涌向前线。民工是否巩固，能否完成支援任务，是决定胜利的重要因素，民工巩固程度又靠民工中政治工作的保证如何而定。目前民工政治工作方针与任务主要是：稳定巩固民工情绪，提高民工支前积极性，保证完成各种复杂艰巨任务；另方面，加强民工政治思想教育，提高民工政治阶级觉悟，培养积极分子，发展党员，提拔干部，将所有参战民工团队，成为我们训练干部民工的学校，适应形式需要，迎接更大胜利的到来。

（二）政治工作根据不同时期与过程具体进行

民工自后方动员到结束复员，大体应分为三个时期，政治工作势必随这三个时期的不同情况具体进行。

第一是后方动员时期。必须做到对广大群众的充分思想教育，提高群众出夫的自觉性与积极性。加强党员干部的配备，打下民工中政治工作的基础。这方面目前是有了转变，但仍然有着很大缺陷：民工中党员过少，干部少而弱，成分复杂，使政治工作缺乏有利条件，民工动员成熟与否、党员干部配备好坏，足以具体考验一个领导机关与干部对战争的观点态度是否正确。我们必须把支前看成是一个广大的群众运动，造成群众性的支前热潮；在民工中配备好党员好干部，做好完成支前任务，又提高民工觉悟、发展党员、培养提拔干部的双重任务与目的。

第二是民工自后方集中到达部队服务结束时期。这时期是全部民工政治工作中的主要环节，这环节又应掌握四个过程：

①在县里集中出发前——首先检查各区集中民工成分，党员干部配备，统一编制建立行政机构，建立党的支部，同时了解民工思想顾虑与要求，进行思想教育，提出保证，初步打破民工思想顾虑。这时民工主要思想顾虑是家庭生活困难，生产无人照顾。

▲ 华东支前委员会政治部 1948 年 11 月 1 日颁发的政工文件

②从县出发到达民管处或在随部队的行军过程——这是民工由分散的家庭生活，转到有纪律的集中的行军生活。民工思想，干部领导各方面问题最易暴露，也是逃亡较重时期。这时领导上主要不熟悉民工思想变化，管理民工缺乏经验；民工又过不惯集中生活，对到前线产生恐惧心理，离家近好逃亡等。这时应根据实际情况，加强思想教育，及时解决发生的各种具体问题。同时干部应当关心民工，同民工共甘苦，深入了解熟悉民工思想发展，和民工打成一片，使民工能更好接受政治上的教育。

③到达民管处或到达部队尚未开始实际服务时——民工经过了一段初步考验之后，各种思想情绪已经暴露，组织强弱与是否合适已经了解，干部民工初步好坏已经表现，这时应根据实际材料进行整训，采取自下而上的总结方法，结合时事、阶级、政策、纪律、任务教育，消除顾虑，稳定情绪，表扬好干部、好党员、好民工，批评坏现象、坏作风，树立正气，开展立功运动，订出立功计划，发起革命竞赛。在组织上要根据实际表现加以调整，将初步表现好的民工积极分子使用起来。这时因为大家已经熟悉，可以通过民工选举生活委员会、评功委员会、文娱委员会、除保委员会等组织，将初步发现的好党员好民工选进这些组织中去，继续提高培养他们，这也是培养积极分子，发展党员提拔干部的群众路线。这个过程中应特别注意干部思想清理，打通干部思想，必要时可开展自下而上有领导的民主检查。干部民工经过这样一番教育和整理，就更加强了集体性纪律性。同时民工思想上也明确了战争形势，所做任务，爱护伤员、粮食、物资、工具，遵守群众纪律，防空宿营、行军等知识与对待这些事情的较正确观点与态度，在这一过程中在思想上、组织上应打下全面政治工作基础。

④从执行任务开始到服务结束——这是政治工作最紧张阶段，主要是政治工作保证民工在复杂的战争情况下完成任务，同时又要识别干部党员民工的好坏表现，培养积极分子，发展党员，提拔干部，完成思想上组织上的建党任务。这时可能遇到如下情况：一是情况变化，任务艰巨，二是遇有伤亡时，三是连续执行任务过分疲劳生活异常困难时，四是延期复员时，五是发生大批逃亡时。这些具体情况如果掌握不紧，缺乏强有力的政治鼓动工作，是会产生严重恶果的，这是具体考验每个干部党员民工的时候，特别是干部党员应以身作则，想办法出主意，发挥民工的积极性与创造性，克服困难，完成任务。这一时期政治工作的好坏，对能否完成战争任务与同时又在思想上组织上建党是有决定意

义的。

第三是任务结束民工复员时期。必须严肃负责的总结工作。对完成战争任务的保证如何，如何进行的思想教育，收到成效如何？培养多少积极分子，发展多少党员和对象，提拔多少干部，改造多少坏成分，以及这些方面总的经验与教训。总结前应开展群众性的自下而上的评功与鉴定的群众运动，这是一。做好这一工作之后，开庆功表彰大会，并提出新任务：复员回家如何宣传战争胜利，加强群众战争拥军观念；和回家积极进行生产及做好农村建设任务。号召立功的干部、党员、民工，特别是培养的大批积极分子，回村带头去完成这些任务。复员回家时，举行欢迎会。

这三个时期的政治工作，是从开始到结束、到复员，逐渐深入和提高的一套完整的政治工作过程。

（三）政治工作的具体要求

①教育内容上——时事教育，自开展动员就要说明目前形势，树立群众必胜信心，打破其思想顾虑。服务中并应随时用实际胜利不断进行这一教育，坚定的

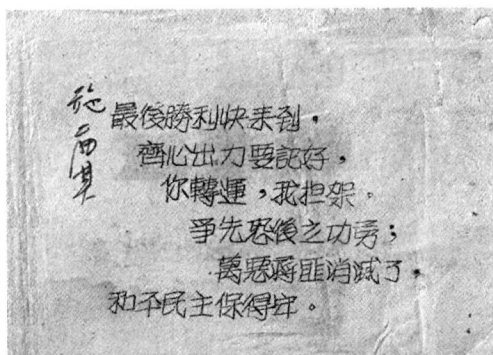

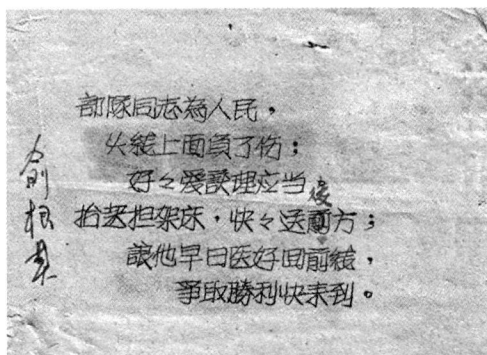

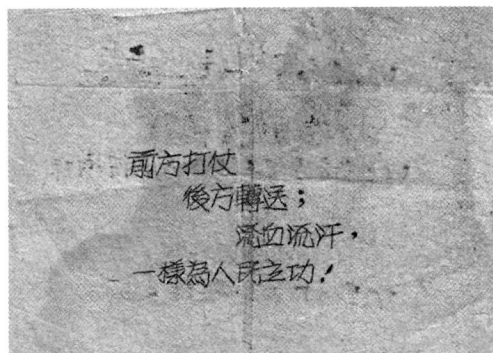

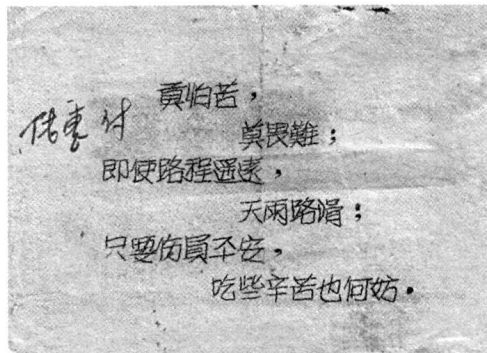

▲ 转运证背面也被印上了宣传教育口号

树立下胜利信心，并打下劳动人民是中国主人翁的思想感觉。在讲解部队为谁打仗，自己为谁出工，同时说明没有共产党的领导是否能胜利、能翻身，共产党为谁服务，什么人能加入共产党等问题，以加强阶级教育，提高民工阶级觉悟。利用战争空隙组织干部、党员、民工，回忆漫谈本区本村的土改、生产、除奸、工商业、参军等任务的进行情形，最后我们加以总结解释，达到政策教育目的。提出"民爱民"、"心换心"，遵守住地群众纪律，帮助住地群众劳动的教育和"民教民"，利用民工正确向新地区群众解释各种政策，教育新区群众，消除新老地区群众隔阂，打消新区群众部分怀疑与顾虑。在进行这些工作中民工自己得到提高，打破民工某些自私和落后思想，在教育内容上大致应进行时事、阶级、政策、纪律和具体任务的教育。这些教育内容是根据不同思想不同情况去具体进行。在进行教育上要克服"等待教育材料"的观点，今天党报和民工现实生活，就是既原则又具体的生动教材。

②工作的具体要求——对脱离生产干部要求，应根据省支（山东省支前委员会）所发《对支前干部的几点要求》进行思想清理。第二，对村干的要求：村干成了我们政治工作的重要对象；又是巩固民工完成任务的基层干部；复员回村又担任建设农村的繁荣任务，所以要特别注意村干教育。首先是打消村干在农村工作中造成的思想顾虑与分担，树立全心全意为人民服务的观念，指出以往执行政策上的偏向，纠正强迫命令的统治阶级作风，打下服从组织分配与调动的组织观念。第三，对一般民工要求做到根据思想发展情况，贯彻教育内容，在提高政治阶级觉悟基础上，要培养30%左右的积极分子，从这些积极分子中，发展三分之一或三分之一以上的党员，其余教育成为成熟对象。在30%积极分子中动员一批能脱离生产的干部，其余能任村的工作。第四，发展党员要分别新老地区情况，在老区民工中，在村表现好，支前也好的基本群众可发展成为党员，在村表现一般，支前表现好的可作为对象。在新收复区和新解放区民工中，成分好、政治无问题，没做过坏事，表现特别好的可发展成为党员，成分好其他方面一般无问题，但还不很清楚，可发展为对象。第五，对成分复杂的民工，在进行各种教育时，使其了解形势和我党政策之下，一面揭发错误，一面说明宽大态度，号召立功赎罪，消除对我成见，积极完成支前任务，并指明出路，只要不再压迫剥削别人，不再做坏事，可享受应有权利。

以上具体要求，必须采取具体计划与步骤，才能完成。

（四）必须树立强有力的支部核心与各种群众性的组织

政治工作能否完成，除有健全的行政机构外，必须树立强有力的支部核心组织，才能发挥党的集体力量。民工中支部应公开，开支部大会应大量吸收积极分子参加，影响提高他们，同时党员也受到群众监督。在强有力的支部党员活动下，建立起各种形式的群众性的民主选举的组织，如评功委员会、文娱委员会、生活委员会、群纪检查委员会、除保委员会等去实现政治工作，同时大批积极分子被选入这些组织，也考验提高了他们工作能力，这也是不脱离群众的积极分子、党员与干部。没有支部的领导和这些民选群众性的组织，是不会完成我们所要求的双重任务的。没有全体民工群众共同进行的政治工作和推选的干部与组织，好成绩是不可想象的。

（五）进行政治工作的具体办法

这方面不拘泥于任何形式，只要是对工作有利，又适合民工情况的一切方法都可采用。目前采用过的几种方法与形式：如通过庆祝胜利大会、组织各种晚会，去进行各种教育，稳定巩固民工情绪；有的采取统计1947年国民党军队进攻时，每个人所受灾难与损失，启发到仇敌诉苦，支前报仇的立功运动；有的要民工干部调查当地农村实际情况，打破干部与民工的狭隘的眼光，认为自己地区好的自以为是的观点；有的利用所在村共同组织欢迎、欢送晚会，表扬授旗，加强劳动人民的团结，提高民工觉悟，纠正了坏现象。这些方法都是根据不同情况创造与采用的。

以上指示精神与要求，望各地党政机关与各级支前机关，民管处，民工团、队干部，结合具体情况加以研究，订出自己执行计划，及时检查，并将执行结果按时报告，以便研究解决。

华东支前委员会政治部

1948年11月1日

摘自华东支前委员会政治部《关于民工政治工作的指示》，1948年11月1日

第一节　政治教育

民工政治教育是民工政治工作的主要内容，包括形势、纪律、业务等方面，分为平时、战时的经常教育和战争空隙的专门整训教育。针对民工的具体思想，采取不同的教育方法。

一、政治教育的内容

支前总结

老解放区常备民工的思想顾虑及其原因

1.远征思想顾虑——主要是服务于济南战役的民工，又继续在淮海战役中服务，虽不是南下民工，但因形势发展，任务不明，随军行动，而产生了远征思想

▲ 随军转战的担架队

顾虑。最明显的是该部分民工，比较普遍的存在着：一、因为家乡地域观念而产生的怕出省、怕过运河和陇海路和怕到新区作战，人地两生，增加困难。而最主要的是又怕过长江，对江南、长江存在着好多顾虑。如怕长江水宽无桥，敌人封锁，江南水土不服，湿气、长虫多，到了江南参了军怎么办？支远了，路不熟开小差也回不来，这样支下去什么时候是个头？等。二是战争观念不强，不管战争如何发展，背上了个人主义的包袱，往南走一步怕一步，巴望复员日期到来，即回家生产。特别有些带工干部，抱各种不同动机，一般都是临时观点，个别愿支下去的不知怎办，甚至干部自己即有复员的思想，因此对整个民工产生的思想顾虑，就很少主动教育。

2. 延期服务的思想情况——是在服务期已到，而战争未结束，新民工未调上来，必须继续服务下去，在淮海战役中平时表现好的民工团队，也最容易为延期服务而思想混乱，成为当时比较严重的现象。一般情况是干部带头闹复员，个别干部并领导集体逃亡。如竹庭小车团，政委丁以浩（分区书记）至复员期不得复员时自己思想不通，领导民工集体复员（后经华支前办发觉而派人截回）。同时对动员出工支前日期的绝对肯定，至期产生了消极思想和干部的尾巴主义，对民工的谩骂、不满等不敢加以制止，不是服从于战争利益，而是以农民的落后思想向上级叫苦威胁复员。一般民工则发生埋怨县区、谩骂领导、合法的复员思想，公开散布邪气，思想相当混乱。如渤海三分区小车队说："上级说话不算话，完成了任务为什么不让走？"诸城小车团说："共产党不欺骗人，这算什么？"服务期间完成任务最好的莒南担运团，这时也发生了问题。民工阻止干部开会，与干部讲理，说干部卖了民工图立功。在此混乱情况下，特别容易发生逃亡，莒南担运团一连，一夜即跑了33人，是成班成村的跑。

产生这些思想顾虑的几个原因：一、任务是发展的，口号即是机械的，领导上提的口号不明不确。如在淮海战役中，笼统的提出"部队打到哪里支到哪里"，而没有和"全歼江北敌人""以消灭敌人主力为原则"等口号结合加以解释，引起一般干部和民工的误会，增加了顾虑，觉得这次支前没有头，还能部队打到广东，民工也跟到广东吗？对形势发展和具体任务时间和地区不明，产生了混乱思想。自从传达饶政委报告后，才逐渐从干部到民工打破了这种顾虑。二、形势发展快，地区变化大，民工在政治上相信我军必胜是肯定的。农民献身于前线为自己的彻底翻身而斗争，这是最好的表现。但因战线伸长，又加农民的家乡地域观念和合法的复员思想，继续支下去，便生了矛盾思想。即是"战区越远越好，但不定自己继续支下去"。三、带工干部的官僚作风，对支前工作不负责任，事先不主动教育，事后又不加解释所造成的。如日照小车团，8 天行军 120 里，团干不负责督促卸粮。莒南担架团，刚出来感觉这次任务一定能完成，一连政指王立琪并保证不开小差，一定完成任务。在闹复员思想时，结果全连逃亡 33 人。被一时的现象麻痹，缺少主动的教育和防止思想的混乱。四、地方上动员出工时，不成熟，干部配备弱，为了好动员，不说明日期或肯定了日期，和政治教育的不坚强等，同样造成了混乱思想。如滨北 × 县动员出工时说："这次保证不出山东，出山东一步，你回来即不算开小差。"而山东形势在济南战役后，除青岛外，别无敌人。战争定向南发展。而动员时却不择手段，武断的宣传。又如渤海一分区动员民工时说："差一天开小差你负责，过一天回来不算开小差。至期不复员，你回来吐我一脸唾沫，我不怪。"为了好动员事先作了无稽的保证。而在干部配备上，认为支前可以去一些差一点的干部，锻炼锻炼。好些的干部，留在家参军和坚持工作。从对支前观点上的不正确和机械武断的动员宣传上，结果更加助长了民工思想混乱。

摘自华东局支前办事处调研室《淮海战役支前民工政治工作总结》，1949 年

新区民工的思想特点

新区民工的基本特点是：在长期国民党的欺骗压迫之下，群众为了保护自己的利益，已形成对付国民党的一套办法，今天因群众对我们不了解，仍是拿出对付国民党的一套对付我们，这些具体特点是：

1. 思想顾虑多，主要的是怕当兵、怕过长江、怕走远、怕上火线、怕干部交到部队不问，因此，走到一处，即打听一处。

2. 对我们的讲话不相信，对外来穿军装的陌生干部存有戒心，认为都是骗他们的，因此，表面上对干部敷衍欺骗、麻痹。

3. 认为开小差是光荣的，不开小差是傻瓜，咱回家人家笑话没有用。

4. 存有良心观念，往往好从良心观点出发，如干部在生活上对他们照顾得好，认为开小差了对不起干部。

5. 重视"完工证"及"功劳证"，贫苦的农民想靠拢我们替他撑腰。

6. 地富成分的民工不愿开小差，想在支前中取得政治地位，回去可以说句话。

7. 民工中基层干部大部是地痞流氓，能说几句话，老实民工不敢出头，他认

为这些人能顶事。

此次我区动员担架半数以上是新区群众，未出过担架但仍巩固住一部分，是掌握以上特点来扭转的。

摘自豫皖苏五地委《关于支援淮海战役担架动员工作总结》，1949 年 1 月 31 日

支前手册

民工政治教育提纲

一、教育的目的是什么？

1. 提高民工政治认识与阶级觉悟，启发民工自觉自愿服务后勤工作。

2. 提高民工后勤业务（技术），加强工作效率。

二、教育些什么内容？

1. 时事教育

2. 政治教育（阶级教育）

3. 技术教育

4. 纪律教育

5. 防空教育

6. 卫生教育

7. 政策教育

8. 文化教育

摘自《怎样教育民工？》，见江淮二分区支前司令部编印《支前手册》，1949 年 3 月 20 日

文件精选

民工政治教育提纲

（一）积极完成支前任务：任务来了要坚决完成，好党员、好青年、村干应起带头作用，运军粮要快，快装、快卸，爱护军粮不丢损不捣鬼，抬伤员要稳，爱护伤员视如亲人，虽然任务有时很重，也不要怕苦怕累，学习解放军吃苦耐劳精

▲ 苏北沭阳民工队开会讨论如何完成支前任务

神，不怕飞机学会防空，不要想家，支前打胜仗要紧，家庭已有庄里照顾，不开小差，开小差这是可耻的行为，不偷懒、不埋怨等，克服一切不正确思想顾虑及一切不良行为，全体民工巩固团结，积极光荣的完成任务。

（二）立功教育：行行出状元，事事出英雄，在支前中立大功是光荣的，立功是为了群众自己，为了早日打败蒋贼。在村里是好党员、好会员、好村干，在支前中必须做模范民工（以讲解立功条例为主要内容）。

（三）守纪律听指挥：人要在一块就得守纪律听指挥，没有纪律不听指挥什么任务也完不成，比如装卸粮，你争我夺工作效率慢，又很危险，咱必须分派到哪里在哪里，叫咱干啥就干啥，好好守纪律听从指挥，才能完成任务。

（四）民爱民，遵守群众纪律：解放军的群众纪律是不拿群众一针一线，到处得到老百姓的拥护，咱必须遵守群众纪律，到处爱护老百姓，不打骂不偷东西，借物要还，否则是错误的，并且禁止其他犯罪行为，所有民工都应遵守政府法令遵守纪律，须知全国同胞一家人，不要一离开自己的家门口即破坏纪律，危害别人，对新区老百姓还须对他宣传叫他安心生产。

摘自渤海三地委宣传部《支前动员教育提纲》，1948 年 11 月 29 日

干部政治教育提纲

战争胜利决定一切，有了战争胜利就有一切，因此必须明确确立一切服从战争，一切服从前线，每个干部必须加强战争观念，全力为战争服务，拿出最紧张最积极的工作热情，来做好支前工作。必须克服厌倦磨蹭情绪，应付敷衍，对战争不负责的态度，这种态度对于战争，完全是一种犯罪行为。

支前任务如此繁重，而灾荒群众生产顾虑将增加动员的困难，要足够估计，今后动员中困难必然更多，必须在思想上充分准备，应该开动机器，想办法出主意，克服一切困难，充分动员一切力量满足前线要求，同时要坚决反对本位主义，顾全大局，坚决完成任务。

要反对特权思想，不要以为当了干部就可以特殊，不出后勤。应深入群众，团结与组织群众，以自己的带头模范行为领导群众积极支前，必须使人力负担公平合理贯彻下去。

要反对无政府无纪律状态，不服从调动，不听指挥，要做到坚决服从命令听指挥，如期、如数、不打折扣、不讲价钱完成任务。

摘自华中五分区支前司令部《关于支前工作指示》，1948 年 11 月 9 日

支前总结

形势教育内容

从东北的解放和济南的解放，以及淮海战役的重要性，说明形势的发展和继续服务的重要，明确"全歼江北敌人""以歼灭敌人为原则"任务。树立下"打哪支哪"思想基础。提出"吃饭不吃半饱，走路不走半截"和在年关民工思想波动时，提出"年年都有年，明年还有年，打垮反动派过好年"，以及提出"打一锤""再干了水，到拿鱼的时候还能不干吗？打垮反动派永远翻身"等具体生动口号来进行教育。一旦民工接受了这一真理，就能很快的转变过去的想法，安心的继续服务下去。如无棣担运团，在说明了敌我力量的对比，及根本的变化时，了解到我

之优势和解放全中国的日子已经不远了，给民工以很大的鼓舞。提出"这回不干，什么时候干，干到底，部队打到哪里，咱们就支到哪里"。又如莒南的民工党员说：过去咱领导人家双减土改很出力，这回眼看要打倒蒋介石了，天天盼着好日子快来到，凭着这样的大战，不支下去，要落后，这能应该吗？"而在淮海战役末期，敌人突围，企图逃跑，我军连续追歼时，莒南担运团即主动提出"愿意不愿意叫敌人跑掉？"要民工讨论，大家响亮的回答"不能叫敌人跑了"，提出"胜利中的疲劳是光荣的"，鼓励了民工情绪，继续随军服务支援。同时并专对民工作了教育，说明胜利形势下的战线移动，不在于哪省、哪县，而是哪里有敌人。"敌人跑到哪里去就要围歼消灭他"，"一切在进军中的困难都是必然的，但却不是不能克服的困难"。民工接受这一形势教育后，普遍反映："原来还是这么回事，俺起先在闷葫芦里，这次不知要拨弄到哪里去"，"既然这样，咱不干谁干，完成任务再复员"。因此好多单位，都在淮海战役中辗转四省，胜利完成任务。形势教育在支前民工中起了最大作用，应当是最基本的教育内容，要时刻贯彻进行的。

摘自华东局支前办事处调研室《淮海战役支前民工政治工作总结》，1949 年

阶级教育内容

进行为谁支前和诉苦对比的教育，启发阶级觉悟，提高支前热情，以群众自身所受之苦，教育群众，这是很好的政治教育，是巩固提高民工的主要内容。如胶东西海民工，在讨论为谁支前和解放军为谁打仗流血时，大家讨论到"解放军是为咱拼命流血，咱们不支援如地主回来，还有咱们命吗？"在最艰苦的时候，渤海一分区担架团，提出四比：（一）与鲁中南群众比；（二）与受伤战士比；（三）比前方战士；（四）比翻身前生活。就这样启发了觉悟，坚定了支前决心。胶东民工在围歼李弥兵团时，提出"活捉李弥，替胶东父老报仇！"激起了民工的阶级怒火，表示坚决消灭敌人，继续支援完成任务。又如消灭黄百韬兵团时，许多伤员运不下来，经不住严冬，有的就要冻死。莒南担运团这时正闹复员情绪，而领导上通过阶级教育，提出"救命"的口号，鼓动的民工全部上去，运了下来，而没有讲怪话的。从此证明解放翻身的农民，对战争的贡献和对伤员的热爱，以及对痛苦生活的摒弃和幸福生活的将到来的保卫，是坚决的。一切是阶级本质的流露。因为某些领导上不够明确认识这点和农民落后性的阻碍，造成了混乱思想，但是经过这样的诉苦对比、回忆、反省后，认识并接受了，而发挥了这样的阶级

积极性，克服了各种落后思想，继续完成了任务。因此当民工了解任务和形势后，必须贯彻阶级教育，作为经常巩固民工的教育内容。

摘自中共华东局支前办事处调研室《淮海战役支前民工政治工作总结》，1949 年

立功教育内容

用算账的方式算算：光荣立功好呢？还是闹问题和开小差好呢？许多单位在邪气压下去正气扶持上升时，紧接提出立功教育，这样收效最大。诸城小车团宋奉山经过教育后，提出"刚出来时是好汉，这回不能装孬蛋"。三中队并集体寄信给上级"保证立功回家，不再要求复员"。渤海担运团并提出"从生活上算一下，公家哪一点亏了咱，哪点不是为百姓，现在新担架没上来，咱们要求复员，耽误军队打胜仗摸摸还有良心不？"经过了座谈，弄清了思想，民工提出五不走：（一）新担架不来不走；（二）不完成任务不走；（三）不拿复员证不走；（四）不立功不走；（五）不争取模范单位不走。就这样继续完成了任务。并且好多单位，通过立功教育，保持了光荣的称号。在立功运动中，普遍提高了工作效率，民工自动提出减人不减担架，不顾疲劳的爱护伤员，并且多运粮食，多走路。高密小车队，每车多装到五六百斤，不用干部操心。许多英雄模范创造了许多惊人的奇迹，思想稳定了，积极性提高了，密切了干部与民工的关系。民工对伤员和粮食更加爱护，集中了高度的力量，继续完成了任务。立功教育，对安定情绪，提高主动工作，造成民工支前热潮起到最大作用。

摘自华东局支前办事处调研室《淮海战役支前民工政治工作总结》，1949 年

二、政治教育的方法

1. 组织学习

`支前手册`

形势学习

傍晚的谈话——"咱们一定能胜利"

这一天，吃过晚饭，黄县担架队老姜、老邹和小马三个同志到外面闲溜达，

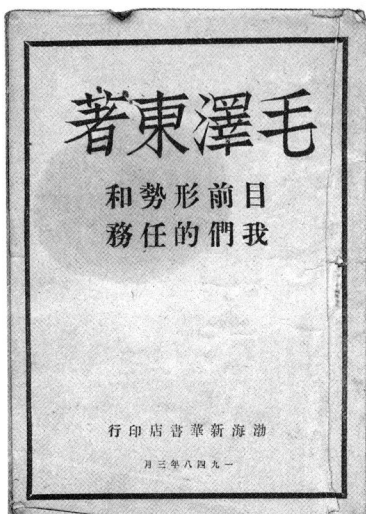

▲ 渤海新华书店印行的毛泽东著作
《目前的形势和我们的任务》

他们不知不觉的就谈起时事来了。

开头是小马先提出来问："咱们为了能安居乐业，保住自己的生命财产，保住自己的饭碗，所以就必须把蒋介石这个卖国贼的进攻打垮，那么咱究竟能不能打垮他的进攻呢？有没有把握呢？"

老邹听了接着说："有把握，这是一定的！"说着他们三人找了一个地方坐下来，要正理把经的谈谈，因为这问题很重要。老邹继续说："第一，咱们有广大强壮、英勇坚决的八路军、新四军，另外还有好几百万民兵、子弟兵团配合，并且咱们的军队都很英勇，个个都抱着必胜的信心，争着立功；打起仗来真和猛虎一样，所以管多是打胜利仗，一打仗就捉很多的俘虏，缴很多的枪、炮、子弹和别的很多东西。连敌人都说咱们的军队是'神兵'。算起来咱的军队一个真能顶他10个。这还不说，打仗的时候，各个地区的兄弟部队都能配合，像鲁南打仗吧，胶东、渤海……都在积极的配合，胶东打仗，别的地方也都配合，不断的获得伟大胜利，这样一来，敌人在进攻中，就必定腹背挨揍，常常不定在什么地方就叫咱们揍得丢盔掉甲，损兵折将，有时就几师几旅的叫咱们消灭了。"

老姜接着说："实在是那么回事，一点不错！"

老邹又接着说："第二，咱们有毛主席的英明领导，有朱总司令以及陈军长、粟司令这些将领的天才指挥，就是10个蒋介石也不好干什么啊！"

老姜便又说："实在是那么回事，一点也不错！"小马也点点头。

老邹又说："第三，解放区地方大，东西多，还有全国和全世界进步人民的同情和拥护，再还有敌后咱们游击队的配合，反击敌人，收复地方，使敌人的物资供应不上。咱们呢？老百姓经过土地改革，得到了土地，翻身以后，觉悟更加提高了，千千万万的民夫更积极的支援前线。"

老姜连连的说："不错！不错！"小马也是连连的点头。

老邹继续往下说："至于敌人呢？他却有许多困难，他的兵力不够分配，在进攻咱解放区中叫咱们消灭了八九十个旅，他们作战指挥的很拙笨，他们的高级军官都怕死，小兵们更不用说，都不愿意打仗，一点没有信心，一打仗就准备作俘虏。兵伤亡的被俘的太多，后方枯竭了，补充极其困难，民变、经济危机……

"当然啦，蒋介石有他美国爸爸帮助飞机、大炮、汽车、弹药等等，可是，这些东西在他们手里是不管用的，千里马还得千里人骑，结果呢，这些东西都变成咱们的，蒋介石的军队给咱们当了运输队，蒋介石当了运输队长，别讲东西，就是连人也一批一批的变成咱们的了，这点过去不是有很多事实说明了吗?

"咱们的军队打仗是越打越强，蒋介石的军队打仗是越打越弱，咱们一定能胜利，这是不用半点疑惑的! 而且现在蒋介石也已经开始走下坡路了!"

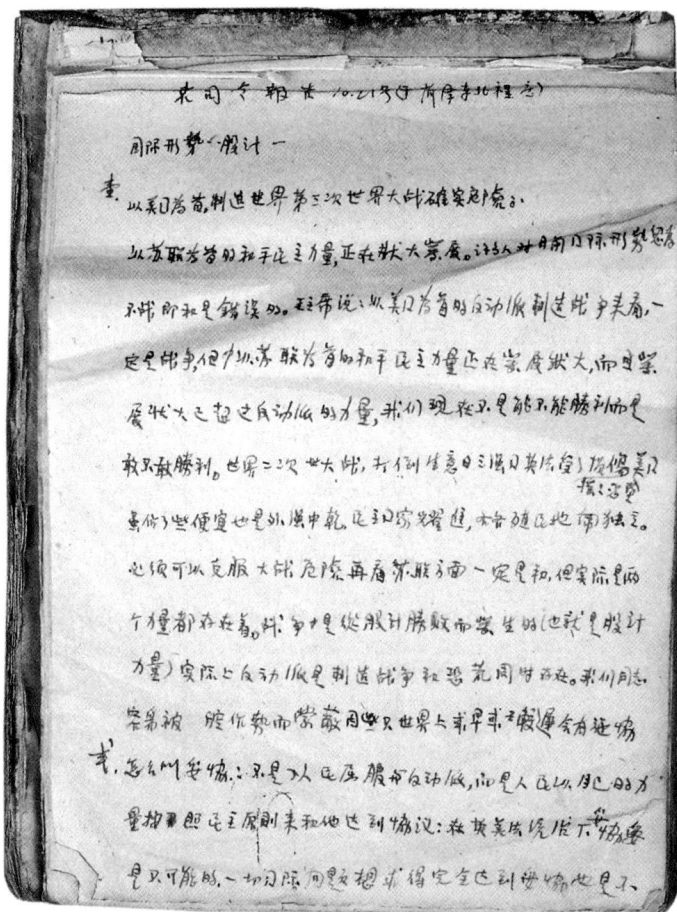

▲ 民工田标轩的学习笔记

老姜、小马连连点头:"对! 对! 一定能胜利，一定能胜利!"

摘自胶东支前政治部编《担架运输队员时事政治读本》

为谁出夫?

周忠厚不愿出夫，原因是他对为谁出夫这个问题不了解。村指导员看他出夫不起劲，就去问他出夫的是为谁，他说是为咱们的军队出夫，是打官差。指导员见他答了这么一些话，不禁笑起来了，就反问他一句:"那么咱们的军队是为谁打仗的?"周忠厚听了立刻答道:"为咱们老百姓啊!"指导员又笑了笑道:"这不中了?!"他接着又往下说起来，他说:"一点不错，军队打仗是为咱老百姓，你想，咱老百姓能够得到解放，能翻过身来，过个快乐的日子，还不是因为有军队来保护着咱们的吗? 国民党来进攻咱们，如果没有军队在前方打他们，他们不是早就来了吗？他们若是来了，奸淫烧杀，抢东西抓壮丁，无恶不作，地方上的汉奸、恶霸又骑到咱们头上，那滋味咱才几年，咱们在反动派鬼子汉奸的压迫下，早就吃的够够的了，难道说转眼就忘了吗？现在军队正在前方打仗，这还不是为了咱们是为了谁？如果你能想到这里，那么咱们老百姓支援前线究竟是为了谁你也就明白了。"

说到这里，周忠厚也笑了，他明白了。

指导员又往下说："这不很清楚，咱们出夫就是为了咱自己呀！打仗的事，光军队不行，还必须有老百姓来支援，像运送给养、弹药，抬伤号等等，才能打胜仗。军队在前线打仗，咱们支援前线，都是为了咱们老百姓！这和蒋介石的军队是不同的，他的军队打仗是为了蒋介石便于卖国专制独裁，做儿皇帝，压榨老百姓。那完全不是为老百姓，于老百姓光有害处的，所以他的军队不愿给他进行内战，全国老百姓都反对蒋介石。但是咱们解放军和他们却完全不同，咱们解放军作战是为了咱们老百姓，因此，咱们老百姓出夫支援前线就是为了咱自己啊！这是多么明显的道理啊！"

周忠厚听了笑着说："对！我完全明白了，只有好好出夫，才能保住我的饭碗和土地，才能不受汉奸地主恶霸的欺负。"

摘自胶东支前政治部编《担架运输队员时事政治读本》

为什么要组织常备运输队、担架队？

有一天，王家疃的村干部，在会上讨论"为什么要组织常备运输队、担架队"的问题。村团长王战胜当主席。

各救会长王耕田先发言。他说："过去用的担架队和运输队，是随时用随时调，在哪打仗就调到哪服务，打完仗就回家，服务时间没有来回走在道上时间多，工夫都耽误在道上；有时候仗打完了，担架队才去，不赶趟了；有时候去了仗还没打，就得等着。日子长了，大家都焦急，这样做法，公粮吃的不少，就是没干多少活，主要的把工夫都叫来回走道拐去了。"

指导员王好学接着说："以前上级每逢调担架、运输就是个急的，事前咱一点也没打谱，接到命令也没好好进行动员，有的说不该他去，有的说他上回去了。没法，就得大会动员自报奋勇，结果有些人管多也不报奋勇，这样就不均。"

村长王得才说："今后咱们部队还要大量消灭敌人有生力量，咱们部队多，又常活动，因此作起战来，民夫现用现调是来不及的。"

主席王战胜说："那么咱讨论一下到底组织常备担架、运输队有什么好处。"

村团副王得本马上发言："主席！组织常备担架、运输队，出发以后，随着军队活动，一来能熟悉担架、运输的常识，学习经验；二来军队什么时候用就什么时候去，不能耽误了打仗，东西也能及时的运，伤号能按时的抬，并且东西也能不浪费、少浪费，伤号也少遭罪。"

财粮委员王得昇接着说："常备民夫组织好，劳役负担更容易合理，除了老的、小的、有病的，其余的都组织起来，分成几批，有任务就一批一批轮着出发，去一个一个管用，并且还能节省不少的公粮。"

各救会长站起来补充财粮委员的意见说："常备的组织好了，还有更多的工夫进行教育，这是一；再说，不出发时就安心生产，如果有了任务，不出发的人就帮助出发的生产，这样既误不了生产，村里也有工夫进行复查了；若是能把变工互助自愿的组织起来，那就更好了！"

▲ 胶东支前政治部编印的《担架运输队员时事政治读本》

妇救会长王春香早就争着发言了，她站起来说："出发常备担架、运输队，还有个好处，就是家里的生活、地里的庄稼、村里的照顾也方便，容易做到有条有理的，像代耕啦等等。同时，因为这样做在使用人力物力上不浪费或少浪费，村里的负担自然比以往能减轻，军队也能经常有计划的帮助、照顾。这样太好了！"

最后指导员王好学说："还有一点，咱们组织常备担架运输队还因为咱们的部队常活动，不定什么时候就作战，因此，担架运输任务一来就是个急的，必须有常备担架和民夫跟着，什么时候用就什么时候调。如果不这样办，临时要用，临时到区或村里去动员，在时间上常常会来不及的。"

"要使支前工作做好，就得组织常备担架、运输队，少浪费公粮，不误生产，又不误打仗，这是长远打算，比临时现找强的太多了；平时在村里就整理教育，复

查、生产，有了任务，出发的出发，家里该复查、生产，还照常复查、生产，该做的别的工作就做别的工作，这个办法确实是好。"

大家经过这一次的讨论，对于为什么要组织常备担架和运输队的道理都明白了。

摘自胶东支前政治部编《担架运输队员时事政治读本》

纪律学习

后勤人员应遵守的纪律

一、战场纪律（包括城市纪律）

1. 一切行动听指挥

2. 坚决完成任务不开小差

3. 不得随便发洋财乱拿东西

4. 不得随便虐待俘虏，私人报复

二、群众纪律

1. 不拿群众一针一线

2. 借东西要还，弄坏东西要赔偿

3. 不得调戏妇女

4. 住下要替群众生产

5. 说话和气买卖公平

6. 不准赌钱

摘自《后勤人员应遵守的纪律》，见华中行政办事处第六行政区支前处编印《支前手册》，1948 年 10 月 20 日

个人主义的发展规律

对工作的厌倦疲沓，个人享乐主义的发展，个人英雄主义与军阀思想的残余，自由主义的色彩，对战斗的畏缩，本位主义，对革命的悲观、动摇、逃跑、叛变等 8 种不良倾向，都是个人主义在不同的阶段上各个不同的表现。其本质是同一的，其来源是一致的，其终极的归宿，其最后所得的结果，也必然之大同小异……为什么？军阀残余就是个人英雄主义最具体的表现和发展，它是一母双胎的。其余，宗派主义也好，本位主义也好，都不过是个人主义的扩大。有个人英雄主义、军阀思想和本位主义这种不良倾向的人，他初步参加党或部队的时候，或者政治

环境和个人发展都很顺利的时候，可能在工作上很积极，在生活上很刻苦，也可能为党为革命建立一些功绩，显出他非常能干，但他这种精神是不能始终保持下去的。因为他参加党和努力工作的动机是不纯洁的，不是一切为的革命事业，而是一切为的抬高个人，为的增加个人在地位上、名誉上以及物质上的享受；支配他转移他的，是他最关怀的个人的成功与失败，而不是其他。一切暂时的好的表现，都是争取个人富贵利益的手段，而不是为了革命自觉。这样的人，如果在党内一帆风顺的爬上去，到了他可以独立自主为所欲为的时候，他就会飞扬跋扈，旁若无人，不但生活上要腐化，要骄急淫逸，而且必然要走上反党反革命的道路。从个人自私自利的动机出发，到腐化堕落，到反革命，正是一串发展的必然过程。虽然，他用了隐身法，拿一时好的表现欺骗了党，欺骗了不少的同志，换得在党内一时的得意，但这种得意，就是对于他个人，也不过是一时的假象，一时的耀武扬威，结果还是自掘坟墓，必然要身败名裂的。……这样的人，如果在党内达不到他个人的企图，达不到飞黄腾达的目的（这也是当然的），他便会感觉失望，甚至于怨天尤人。假使他这时还不能够很好的反省，痛改前非，就必然会在工作上表示厌倦疲沓，表示毫无责任心与积极性，在组织上表示对党不满，对负责同志不满，以为对他不了解，存成见，埋没了他这样的干部。甚至向党讲价钱，要求调换工作，调换地区，甚至借口打击旁人，把错误推到旁人身上，来泄愤，来遮掩自己悲观失望的本质。同时，也就使他的自由主义发展到极点，倘或再钻不

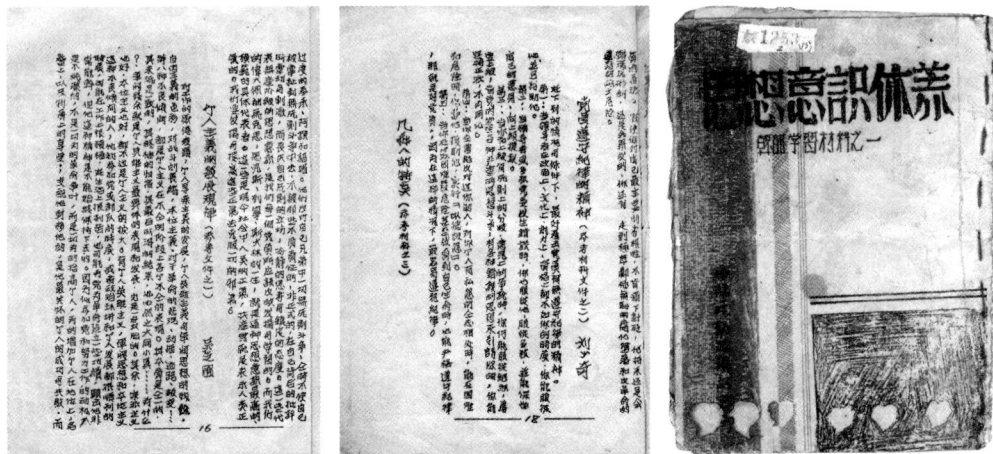

▲ 民工刘为明保存的《思想意识修养》（干部学习材料之一）一书刊载了吴芝圃撰写的《个人主义的发展规律》和刘少奇撰写的《党员遵守纪律的精神》

到空子，找不到出路的话，他就会更加暴露他丑恶的真面目，而赤裸裸的腐化下去，沉溺于低级的个人私欲的发挥与物质的享受。但这种欲望是难填的，无餍的，个人享乐主义的结果，必然使他在政治上完全变质，要在政治上另找他个人的出路，于是便会公然脱离革命或叛变投敌，从在党内不能达到他个人的目的而消极悲观，而腐化堕落，而动摇叛变，这是个人主义发展的另一种表现过程。……因此，今天还带有英雄主义思想的同志，还带有本位主义和自由主义色泽的同志（这样的同志，实非少数），必须是解除警惕，不要以为我的事业心还很强，我对学习还很努力，我在生活上还很刻苦，绝对没有危险的前途，尤其不会腐化堕落，仍然是看现象不看本质的看法。假使你对自己最主要的劣根性，不肯痛下针砭，他将来还是会显现原形的，还是会爆发的，你还有走到极卑鄙极无耻的腐化堕落和反革命的道路的绝大危险。

摘自吴芝圃《个人主义的发展规律》，见华野四纵后勤政治处编印《思想意识修养》，第 16—18 页

党员遵守纪律的精神

在下列的情况与条件下，最好看出党员有无遵守纪律的精神。

第一，当领导者在政治上、文化上、能力上、资格上都不如你的时候，你能服从他并且帮助他。

第二，当领导者或多数党委发生错误时，你也服从他，服从多数，并能保留自己的意见，向上级提议。

第三，当你和上级有原则上的分歧、意见上的争论时，你仍能服从组织，尊重上级，当党内发生各种严重的思想斗争，有各种错误的思想来引诱你时，你能坚持正派，不为同化。

第四，当你同曾经反对过你的人，对你个人有私怨的同志相处时，能在困难和危险时，保护他，援助他，实行"以德报怨"。

第五，当你在最困难最危险甚至威胁到自己生命时，也能严格遵守纪律，那就是好党员，因为在这样的情况下，最容易违犯纪律。

摘自刘少奇《党员遵守纪律的精神》，见华野四纵后勤政治处编印《思想意识修养》，第 18 页

业务学习

怎样防空

飞机对无经验的民工，是很大的威胁，因此事先必须在思想上进行教育及做充分的准备。

一、首先必须使民工了解飞机的作用和限度，说明它的作用，主要是摧毁建筑物，扫射暴露目标的密集队形，飞机在空中注视不精确，不能发现隐蔽目标，扫射投弹不容易准确，因要加油不能长久停留等等，应把这些在队里进行详细的解释，打消他们的惧恐心。

二、防空的方法：（一）目前冬季，可用枯草扎成草把子，行军中遇敌机时即竖在头上及背包上，担架上也放一部分，以便掩盖伤员。（二）不论行军住军，一切发光的东西应注意隐蔽。如必须晒放时，应着专人看管，一有警报立即收起。（三）白天行军拉开一定的间隔距离。（四）驻村时尽量多挖防空洞，强调"多流汗少流血"，干部带头动手，及分工督促。（五）驻村时应派出防空瞭望哨，行军中各队亦可派空手人专门负责监护。（六）白天不宜作大型的露天集会。（七）规定防空哨音，敌机到临时，立即分散隐蔽，遮掩目标，隐蔽所处，到屋内、防空洞内、沟坎里、墙壁、树林、田坡及一切自然地形地物的阴暗一面（阴影之下）。（八）白天过河过桥必须分散不可集结太多。（九）驻村时应将以上各项广泛教育房东及邻居，做到全村防空，如行军时大队前后必须有负责干部，发警报后必须派出专人监视坏人。（十）如已暴露目标遭受敌机低空扫射时，行人必须和飞机飞行相反方向奔跑，如敌机轰炸弹时，以手指将耳塞住，口张开，伏在地上。

三、防空最主要一点，是沉着听指挥，飞机本不易找着目标，扫射也不准确，但如慌乱混跑，目标暴露，极易遭受杀伤（自己危险，还要危害别人）。

摘自江淮二分区支前司令部编印《支前手册》，1949 年 3 月 20 日

怎样做大米饭和烧稻草

从北方来的人，很多不会做大米饭，浪费了粮食，饭还常常夹生。譬如一个做饭的单位每餐"瞎"两斤粮食的话，那么千千万万的支前人员中不知有多少单位，这个浪费数字就是很惊人，因此这件小事就成为一桩大事了。今将华支政

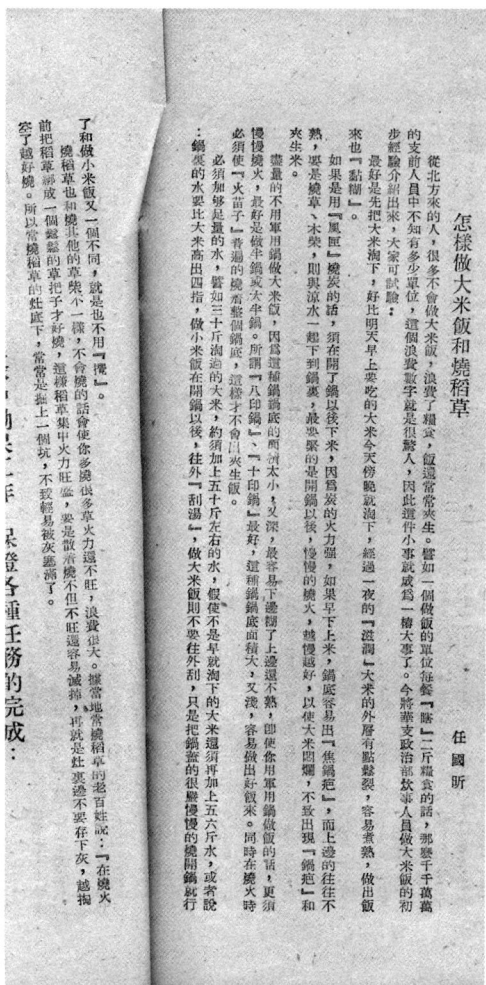

▲《支前手册》中刊载了《怎样做大米饭和烧稻草》

治部炊事人员做大米饭的初步经验介绍出来，大家可试验：

最好是先把大米淘下，好比明天早上要吃的大米今天傍晚就淘下，经过一夜的"滋润"，大米的外层有点松裂，容易煮熟，做出饭来也"黏糊"。

如果是用"风匣"烧炭的话，须在开了锅以后下米，因为炭的火力强，如果早下上米，锅底容易出"焦锅疤"，而上边的往往不熟，要是烧草、木柴，则与凉水一起下到锅里，最要紧的是开锅以后，慢慢的烧火，越慢越好，以使大米闷烂，不致出现锅疤和夹生米。

尽量的不用军用锅做大米饭，因为这种锅锅底的面积太小，又深，最容易下边糊了上边还不熟，即使你用军用锅做饭的话，更须慢慢烧火，最好是做半锅或大半锅。所谓"八印锅"、"十印锅"最好，这种锅锅底面积大，又浅，容易做出好饭来。同时在烧火时必须使火苗子普遍的烧着整个锅底，这样才不会出夹生饭。

必须加够足量的水，譬如30斤淘过的大米，约需加上50斤左右的水，假使不是早就淘下的大米还须再加上五六斤水，或者说：锅里的水要比大米高出四指，做小米饭在开锅以后，往外"刮汤"，做大米饭则不要往外刮，只要把锅盖的很严，慢慢的烧开锅就行了，和做小米饭又一个不同，就是也不用"搅"。

烧稻草也和烧其他的草柴不一样，不会烧的话会使你多烧很多草，火力还不旺，浪费很大。据当地常烧稻草的老百姓说："在烧火前把稻草绑成一个松松的草把子才好烧，这样稻草集中火力旺盛，要是散着烧不但不旺还容易灭掉，再就是灶里边不要存下灰，越掏空了越好烧。所以常烧稻草的灶底下，常常是掘上一个

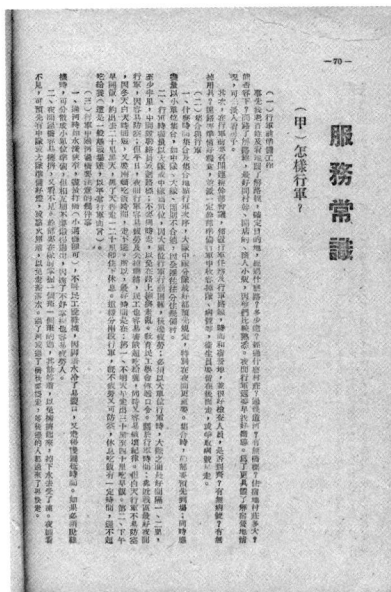

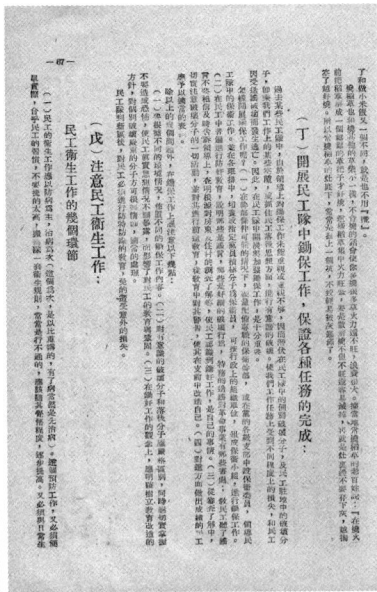

▲ 民工业务学习教材《支前手册》

坑，不致轻易被灰塞满了。"

摘自华东支前委员会政治部编印《支前手册》，1949 年 4 月 24 日

民工笔记

文化学习

人民军队三字经学习

为革命　把兵当　解放军　大学堂　学军事　打胜仗　学政治　练思想　学文化　知识广　三字经　带身旁　学会写　学会讲　能文武　本领强　做一个　英雄将

算一算

我连有 100 个同志，伙房做了 100 个馒头，大馒头 4 个人吃 1 个，小馒头 1 个人吃 4 个，大家分着吃，不多，也不少。请你算一算大小馒头各多少。

智力测验

一个独木桥，有两丈多长。一个卖菜的挑了两个空筐子从桥上过。走到桥中间，前面走来了一个小孩，那小孩很顽皮，卖菜的叫小孩等他走过去再过桥，但小孩已跑到跟前了，卖菜的正打算回头，后面又来了一个小孩，3 人骑在桥中间，进不

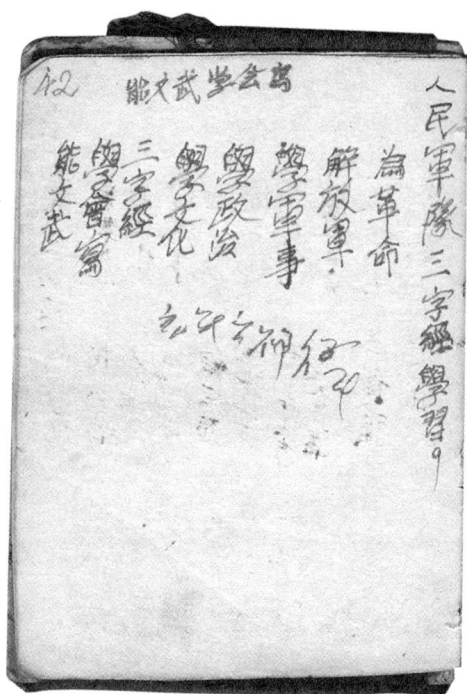

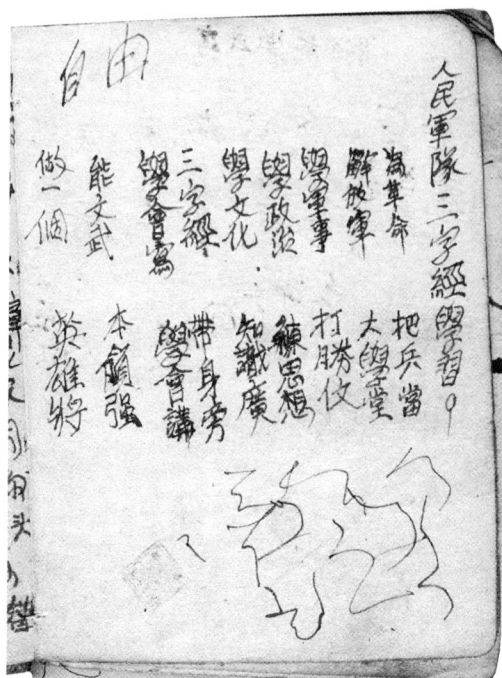

▲ 涟水县民工杨金枝的学习笔记

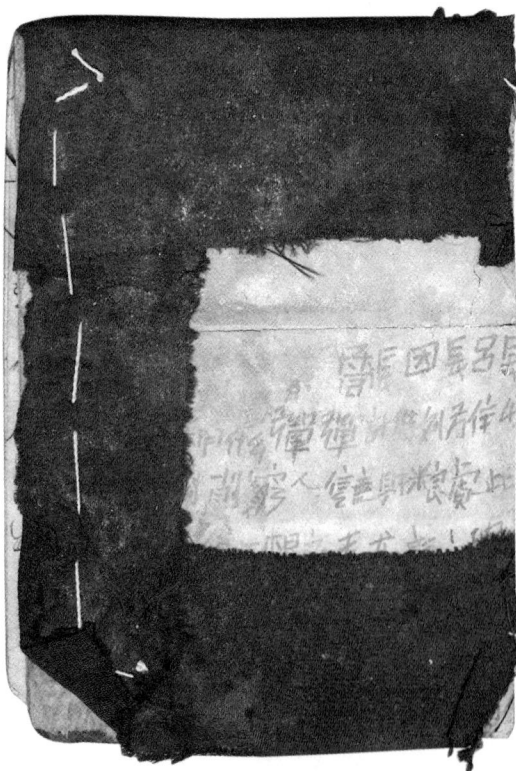

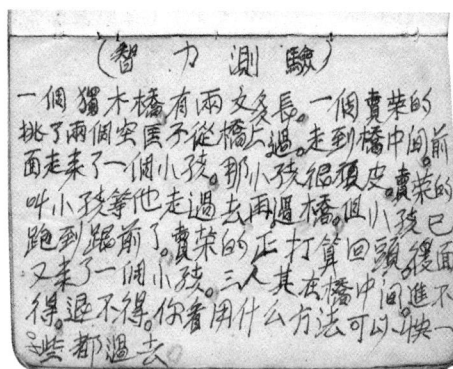

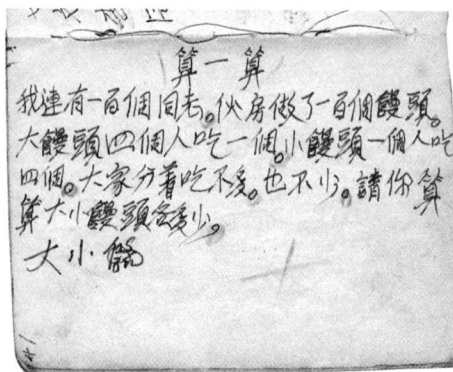

▲ 涟水县民工杨金枝的学习笔记

得，退不得。你看用什么办法可以快一些都过去。

摘自涟水县民工杨金枝在淮海战役时期的支前日记

小调词

土地回家乐洋洋，有田有屋又有粮，

翻身不忘共产党，领导穷人把家当，

当家得把学来上，好叫眼睛开开光，

两眼漆黑几辈子，什么事情都上当，

提起上当气又恼，心头想起事几条，

写字算账求人家，百元票子当十元，

人有志气铁有钢，各庄办起大学堂，

区学乡学都办起，男女老少把学上，

爹送儿子女伴娘，壮年幼年把学上，

不识字的村干部，学习文化理应当，

当了干部不识字，处处艰难都碰上，

赶快识字学文化，领导穷人当大家，

男女老少齐用功，头脑清楚心里明，

提高文化是正道，彻底翻身有保证。

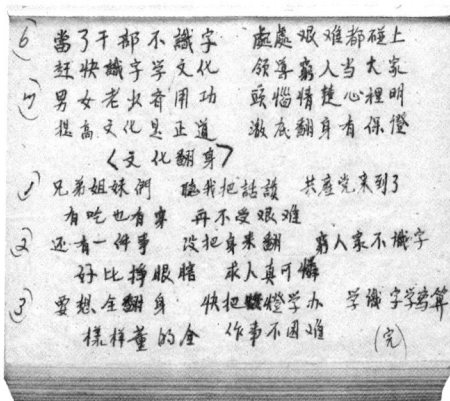
▲ 日照县城关民站粮秣员石宗惠的学习笔记

文化翻身

兄弟姐妹们啊，听我把话谈，共产党来到了，有吃也有穿，再不受艰难。

还有一件事，没把身来翻，穷人家不识字，好比睁眼瞎，求人真可怜。

要想全翻身，快把灯学办，学识字学写算，样样懂得全，做事不困难。

摘自日照县城关民站粮秣员石宗惠在淮海战役时的笔记

2. 制发口号

文件精选

民工政治教育口号

爱护伤员类：

1. 运送伤员要积极，爱护伤员如兄弟。

2. 担架队员加劲干，早把伤员送医院，养好伤，回前线，为咱杀敌保家园。

3. 伤员流血为人民，爱护伤员是责任，走的快，抬的稳，爬山渡水要小心。

4. 支前生产莫放松，运送伤员立大功。

5. 民工队员争模范，不发牢骚，克服困难，要给伤员当看护员。

6. 不叫苦，忍饥寒，好好爱护伤病员，完成任务回家去，立下功劳美名传。

7. 同生死，共患难，飞机来了不怠慢，背起伤员去分散。

8. 民工同志觉悟高，爱护伤员似同胞，渴饿时时问，冷了盖袄袍。

9. 民工同志负责任，爱护伤员如亲人。

10. 伤员流血咱流汗，全是为的自家干。

运粮与爱惜粮柴类：

1. 咱们运粮多流汗，保证部队吃饱饭。

2. 咱靠部队保家乡，部队靠咱运军粮。

3. 部队同志吃得饱，前方战斗打得好。

4. 大车拉小米，挑子担白面，大家齐下力，把蒋匪彻底消灭完。

5. 牛车头拉小车后边跟，部队吃饱饭，彻底消灭蒋匪军。

6. 兵马未动，粮草先行，送到前方，仗仗打胜。

7. 一粒米，一捏面，都是咱们血汗换。

8. 军粮军柴是血汗，咱们大家要看重。

9. 军粮装上车，大家看一看，口袋要扎紧，怕磨用草垫。

10. 民工同志争模范，爱惜公柴与米面。

11. 战争为咱打，部队为咱拼，爱护公粮草，大家有责任。

运弹药：

1. 手榴弹，圆又圆，送给前方突击连，打冲锋，展巷战，打得敌人心胆寒。

2. 运弹药，保管好，烟少吸，火少烤。

3. 炸药包，挑子担，送给前方爆炸员，炸药靠在碉堡上，敌人坐着上了天。

4. 运弹药要认真，阴天下雨，时刻要小心。

5. 不怕天冷雪雨下，不怕吃苦大风刮，弹药送到前方去，部队替咱把敌杀。

6. 子弹箱，长又长，送到前方去，狠打蒋老蒋。

7. 咱们保证弹药送，主力保证仗打胜。

8. 大军头里打，弹药随后跟，军民配合好，彻底消灭蒋匪军。

9. 咱把弹药送前方，打下徐州过长江，南京活捉蒋介石，全国早日得解放。

10. 战争越打远，家乡越平安，蒋贼消灭完，和平才实现。

摘自费县县委《对民工的教育动员口号》

3. 宣传报道

文件精选

大力加强通讯报道工作

为加强支前通讯报道工作，及时反映介绍各种支前工作中的成绩，交流经验，指导工作，特作如下指示：

（一）各级支前组织必须认识开展此工作的重要意义，如果能把我们工作中的新创造、新经验报道出去，就对支前工作起了很大的推动作用，如果能把我们支前中的模范干部民工可歌可泣的事迹报道出去，就能动员鼓舞广大干部群众，更英勇投入支前热潮中，如果发现了缺点及偏向，写出登用，或供上级了解情况，便能及时改进工作。因此，应把通讯报道工作，看成是战争观念、群众观念强或弱的问题，不能单纯看作是写稿写文章的问题。因此应把通讯报道工作当作支前工作中政治工作、教育工作的一部分，是经常任务之一，布置检查工作时，必须同时布置检查通讯报道工作，表扬积极写稿报道，重视通讯工作的同志，批评忽视通讯工作的现象。

（二）各政工队、巡视组、民管处、民站处、担架团营、运输大队中队等，迅即成立通讯小组，各部门任务执行的过程、总结、报告以及典型具体经验、模范事迹人物、重要问题等，均应及时报道。各处、站、团、队做政治工作、宣教工作的同志，更应直接负责，亲自动手，并推动组织大家写稿，建立通讯小组。每个能写稿的干部，都应当成为通讯员，把报道任务当成本身的重要工作之一，并应帮助不会写稿的干部民工，写稿报道他们工作中的成绩经验，表扬模范典型。总之，我们每个干部、民工，都应动员起来，报道我们伟大的人民战争。

（三）为加强此工作的推动领导，政治部已专设通讯科，鲁中南分社已在支前委员会成立支前支社，希各级支前组织、通讯员，可直接与支前支社联系，稿件可直接寄支委会政治部转支前支社。

摘自华东支前委员会政治部《关于建立通讯报道工作的指示》，1948年11月1日

抽调人员建立支前通讯机构

令费县县政府：

此次战役进展神速，为了保证与部队联系，及时掌握情况，以便胜利的完成支前任务，经本署政务会议讨论，于内地区县份抽调通讯员8人建立支前司令部通讯机构，兹决定你县抽调通讯员2人，自带全副武装（原枪原弹）于文到后3日内来署。事关军事，万勿延误为要。

摘自鲁中南区第五行政专员公署《（关于建立支前通讯机构的）训令》，1948年11月9日

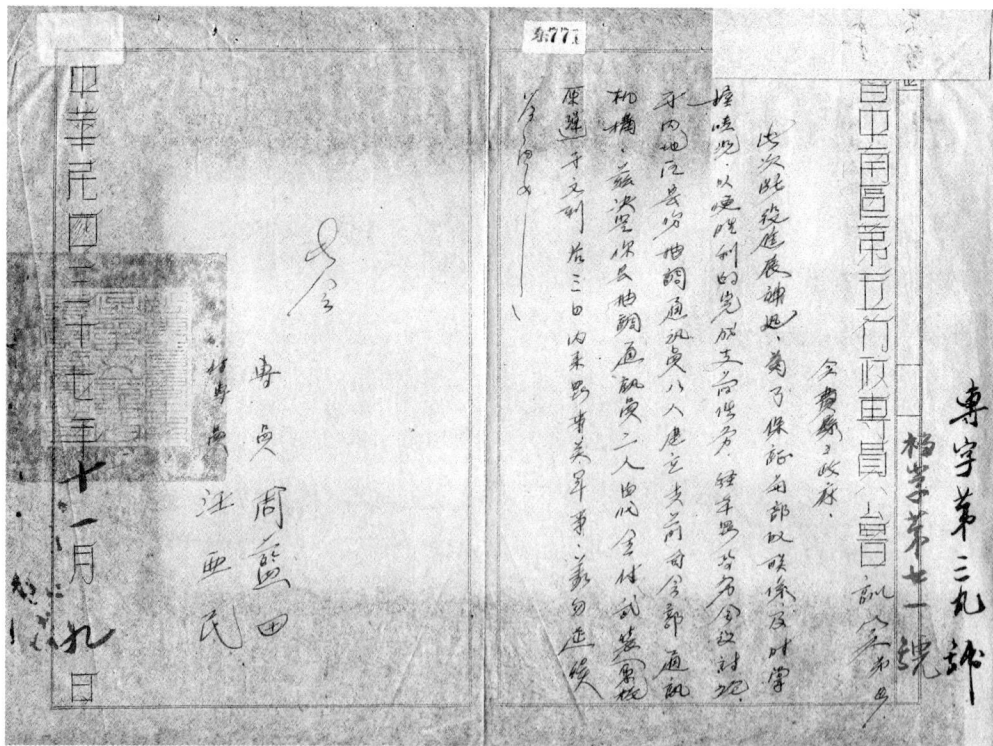

▲ 鲁中南五专署1948年11月9日关于建立支前通讯机构的训令

支前手册

通讯报道的内容

1. 农村中公平合理的动员组织农民支前的热烈情绪、觉悟提高和坚决完成任务的信心和场面。

2. 报道民工在外生活工作管理与教育学习等典型事例。

3. 报道民工在前方艰苦参战。

4. 报道战地农民尽力支援战争，报导妇女缝衣、缝被、磨粉，照顾与爱护伤员等支援战争的情形与在后方参加农业劳动，代替男子支前。

5. 报道运输工作，如何白继黑的把大量的粮食、被服、弹药运上前线，把伤员运往后方。

6. 介绍各地总结这期民工之动员巩固（前方立功，后方助耕等）之动态和经验（并报道一期民工回归，二期民工动员情形，特别注意），合理负担、节省民力之政策贯彻情形与经验。

7. 各地动员组织民工互助，帮助民工家属解决生活困难，及解决生产与支前矛盾情形及经验。

摘自《报道伟大的支前工作》，见宿北县支前总队部宣慰科编印《怎样做好民工工作》，1948 年 12 月 24 日

4. 组织写信

支前手册

怎样写信

写信是巩固民工情绪，安定民工家属的重要工作之一，但要多写具体问题，少谈空洞的话，才能收到好的效果。家属写信到前方，应该写些：村民如何照顾，粮食是否够吃，小孩长得怎样？地耕怎样？与邻居关系怎样？村中生产情形怎样？

民工写回去的信应写：在外生活的困难是怎样解决的？与其他民工是怎样互相照顾，鞋子、衣服怎样设法解决的？怎样防空？怎样完成任务？住何地？与当地群众怎样？怎样立功？在立功中怎样？等。曾有一封民工家属的来信这样说："小

孩比你在家时长得胖的多了！也会说话了，妈的病已经完全好了，五天前已经能够下床弄饭。"我兄弟还帮东邻大嫂子做了两天活，一切都好，请不要挂念……""一家大小都希望你在外立功，全家老小都光荣。"当民工接到这封信以后，就找这个看找那个看，掖在帽子里，或口袋里，常常要拿出来看看，很高兴和旁人谈论着，多少天的包袱，一下被这封信解决了。

此外，各级机关首长，及使用机关的首长，能在一定时间写信给民工，对民工的情绪鼓励也很大，心里都很高兴"上级真看得起我们，我们得好好干"。

摘自《怎样帮民工和民工家属写信》，见宿北县支前总队部宣慰科编印《怎样做好民工工作》，1948 年 12 月 24 日

书信选编

华中五分区支前司令部致第一期常备民工家属的信

第一期常备民工家属们：

你们亲爱的儿子、丈夫、兄弟，很愉快的出征，现在已经 3 个月了，他们在前方生活很好，同部队一样，学会了许多革命道理，认识了若干字，帮助群众生产，所到之处，与群众关系搞得很好，特别是勇敢积极担架伤员，运送弹药粮草，完成了历次战斗任务，出现了大批英雄模范和功臣，这是十分光荣的；特向你们致贺。这次服务时间本来规定 3 个月，但因我军秋季攻势规模很大，目前虽然解

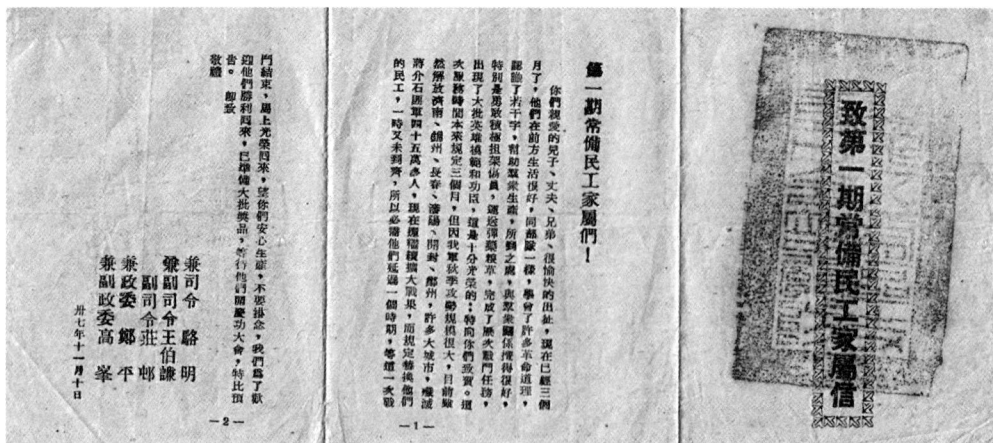

▲ 华中五分区支前司令部致第一期常备民工家属的信

放济南、锦州、长春、沈阳、开封、郑州，许多大城市，歼灭蒋介石匪军 45 万多人，现在还继续扩大战果，而规定替换他们的民工，一时又未到齐，所以必须他们延迟一个时期，等这一次战斗结束，马上光荣回来，望你们安心生产，不要挂念。我们为了欢迎他们胜利回来，已准备大批奖品，等待他们开庆功大会，特此预告。

　　即致

敬礼！

兼司令　　骆明

兼副司令　王伯谦

副司令　　庄村

兼政委　　郑平

兼副政委　高峰

1948 年 11 月 10 日

　　摘自华中五分区支前司令部《致第一期常备民工家属信》，1948 年 11 月 10 日

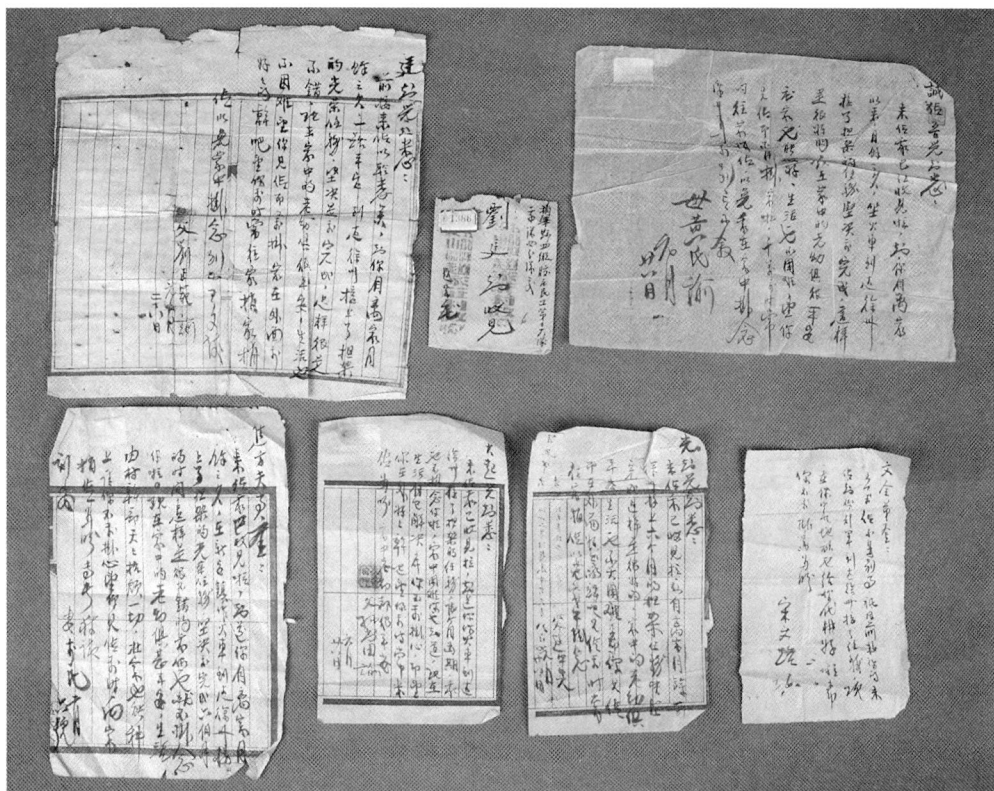

▲ 民工书信

民工家书

文登县民工李品贞与妻子王玉英的往来信件

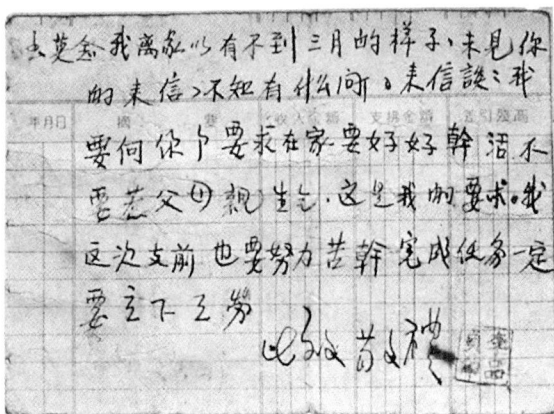

▲ 李品贞和妻子王玉英的往来信件

玉英：

念我离家已有不到三月的样子，未见你的来信，不知有什么问题。来信谈：我要向你提个要求，在家要好好干活不要惹父母亲生气，这是我的要求。我这次支前也要努力苦干完成任务，一定要立下功劳。

此致

敬礼！

李品贞印

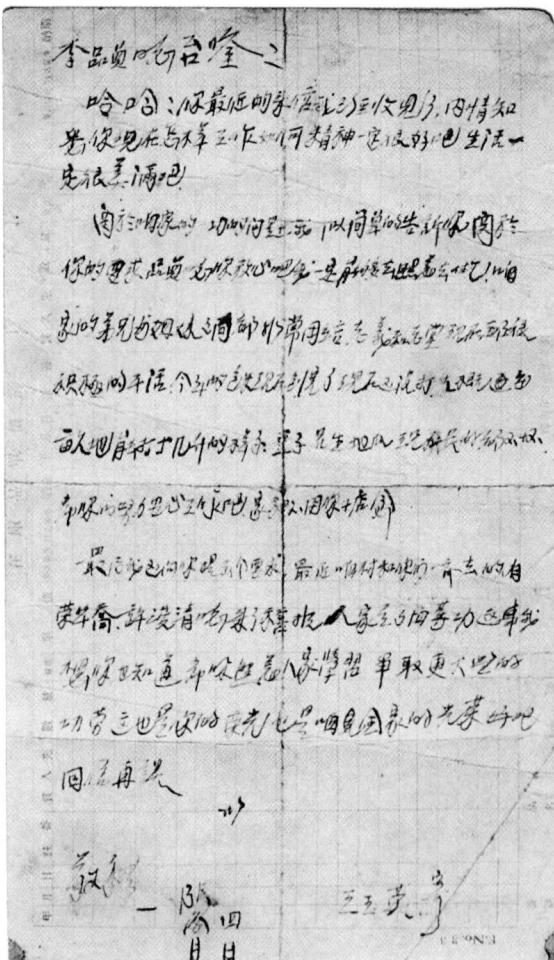

李品贞同志台鉴：

哈哈，你最近的来信我已经收见了，内情知悉，你现在怎样，工作如何，精神一定很好吧，生活一定很美满吧。关于咱家的一切问题，我口简单的告诉你。关于你的要求，品贞同志你放心吧，我一定能够照着去做！咱家的弟兄与姐妹之间都非常团结，志义与志堂现在都很积极的干活，今年的苞米现在刨完了，现在还没打，大概每亩地能打十几斤的样子。豆子、花生、地瓜现在长得都不坏，希你们努力安心工作吧。家里不用你惦念。

最后我这向你提出个要求，最近咱村和你们一起去的有荣华乔、许浚清同志来了喜报，人家立了四等功，这事我想你也知道，希你照着人家学习，争取更大些的功劳，这也是你的荣光，也是咱全家的光荣，好吧。回信再谈。

　　致

敬礼！

一队王玉英寄
8 月 4 日

掖县民工毛振和给父母的信

父母亲大人：

　　安好，身体健康。只上月给家中一信但不知收见否，现在我在这里很好，请大人放心。今年的春节是在徐州南三堡过的，正月初九日行军，十七日到了淮阴县，便接上了部队，在这里休息了六七天，现在我到江边去休整，大概没有很长的时间就要过长江了。现在我们的生活也很好，每天吃的是大米，菜金是 1100 元，但家中的事情要我兄弟多帮助些（这信是叫回去的同志带回的，若回信时可叫这回去的同志带来，寄专署就可，时间没有很长）。

儿毛振和
1949 年 2 月 25 日

如东县民工俞中给妻子素连的信

素连贤妻：

　　接到你 10 月 15 日的来信，正当我从做担架工作回到后方休息的第二天，知道你那天回家一路平安，家中人口均好，麦地垛好，一切总很放心，小孩种了牛痘现已结了疤也很放心，关于掉换草田问题我再写一封信请他帮助解决，家中也不必挂念，我在这里已经做了一趟运输，好几趟担架都是夜间行动，为的是防止敌机空袭，是毫无危险的。马上淮海大战结束后，就要南下，我的身体很好，请一切放心，现在做工作时脚踏车很不方便，所以请顾科员带回，并不坏，请收到后寄回信，我这些情形请转告父母亲及岳父母为盼。

　　于德三和我在一起，身体一切都好，万三林也在我们中队部，身体稍微有点不舒服，所好有医务员看，请他们家中放心！

　　致

礼！

俞中
11 月 19 日晚

三、政治教育活动的开展

支前报道

莱芜子弟兵团的政治教育工作

表扬典型，推动一般

莱芜子弟兵团七连，在大会上表扬了夜间站岗白天帮助村群众生产的三班以后，影响全团民兵都能抓紧空隙帮助驻村劳动。莒南民工团二营四连，表扬了事先准备小铁瓢给伤员接屎尿的徐光彬后，推动其他班的民工也准备了小铁瓢。

运用积极分子，以群众教育群众

一分区常备民工队，通过以前参加过埠村战斗的尚金雨，讲述他参加抢救的经验说："在火线上只要刚背起伤员走几步，避开火力封锁的地方，再走就没事了。我参加埠村战斗时，就这样一连背下了 3 个伤员。"提高了全队民工参加火线抢救的信心和情绪。

莱芜香山区担架队里有些青年人想家，积极分子 × 冠业给解释说："人家前方同志，在外好几年都不想家。咱统共才几个月又不是光咱，完成任务光荣复员你看多好！"克服了其他民工的落后思想。

针对民工的思想情况，用实例对比教育

平邑担架团在开始时有些人对形势认识很模糊，如有的说："光说打的怎么样，不学去年一样，支着支着把国民党支到北边去了，打仗的事谁也说不准。"当时领导上便把去年战争形势和今年战争形势不同的特点，去年敌我力量和今年敌我力量的消长，做了明显的对比算账教育，并启发其自己进行回忆比较，打通了大家思想，如有的说："去年打仲村，好几次没打开，今年打济南只 8 天就打开了，连王耀武也活逮了。"

摘自《鲁中南报》1948 年 11 月 25 日

▲ 鲁中南报 1948 年 11 月 25 日刊载了《教育民工几个办法》

支前手册

滨海民工的政治教育工作

第一，全面进行组织，使支前工作转入主动，决不是一个单纯的行政任务，而是一个非常细致的政治工作和组织工作。鲁中战役以前，我们只注意分配数字，集合起来就走，结果在未交到部队以前，即逃亡半数，交到部队以后，可能巩固的不过25%，有的区逃亡甚至90%，结果只剩下干部及少数积极分子，造成人力物力上的严重浪费，工作形成混乱，群众引起恐慌，即以这次支援鲁中战役总部为例，未经过整训即向支前司令部靠近待命，在一刚接受转运任务时，即逃散半数，以后经过7天短训，反对了逃亡，掀起了立功竞赛，接受任务到鲁中，共1700人，他们在待命期间有25天没领菜金，17天没领到烧柴，完全靠自己拾柴、生豆芽、做卤菜解决问题，还帮助群众送粪春耕，为群众拥护，大部补充了菜金，为公家节约光柴草菜金在150万元以上，而他们的逃亡只占3%，竹庭子弟兵团也是从一周训练的，到鲁南×个月刚回来，又接受远距离的新任务，这都是具体的考验。

第二，巩固民夫尤须有高度的群众观念，始终相信群众，为群众负责的积极态度，坚决掌握思想领导及组织领导，抓紧积极的前进的一面扶持正气，树立核心和骨干，提高群众的政治自觉，这才能孤立和打击特务坏蛋，使民夫巩固愉快积极的完成任务，否则消极被动，惊慌失措，或实行命令主义，惩办主义，则更增加群众的疑虑恐慌，愈要成批逃亡，结果干部也愈悲观失望，使全局无法收拾。如上次竹庭×队干部，因民夫大量逃亡，便要下膝苦苦哀求，结果坏蛋更加逞强，跑得更多。如这次临沭总队及莒县的某些大队，因当时的环境动荡，特务坏蛋破坏，引起逃亡损失等严重现象，一时干部惊慌失措，乃消极的实行监视斗争，以至抓捕、捆绑等，增加了群众的反感、恐惧，驻地群众亦表不满，坏蛋更增加了造谣的口实。及迅速纠正了这种消极思想以后，着手积极教育，树立了核心和骨干，发扬了正气，反逃亡反破坏成了群众自发的要求，这时坏蛋也孤立了，无可施其伎俩，群众也明白了，这才知道上了"特务坏蛋的当"，自发的喊出"监视坏蛋活动"的口号。这次莒南在评功大会上同时进行了反逃亡反破坏的教育，便是一个很典型的范例。

第三，时事教育必须结合思想教育，从阶级观点出发，结合每一个群众的具体思想情况，以其切身痛苦和实验经验，进行诉苦、反省、对比、算细账、良心检讨、宣誓等，来启发其阶级觉悟与斗争决心，这也正是使支前结合生产、复查完全一致的思想教育，表面的单纯的胜利鼓舞或消极的片面的反倾向斗争虽有其一定作用，但在思想上是不能解决问题的。如这次在时事结合思想教育之后，逃亡绝迹了（即到鲁中接受任务的亦巩固90%以上），情绪活跃了，接受任务的决心下定了，如竹庭民夫队，听到炮声自动要求任务，愉快的帮助群众生产，都有很大成绩，树立了民爱民的观念，并于这次解散回去。除生产限期集中待命外，根据教育中发现的复查问题，也有重点的布置回去，群众决心彻底刨倒蒋根。

第四，要随时掌握群众的思想变化，分析研究掌握主动，对症下药，这才能抓住思想领导的方向、步骤和重点。老一套生硬的走直线的办法，而不是接触群众的具体思想，是不能解决问题的。同时还必须分别对象，根据不同的要求，提出不同的口号，才能正确的运用策略，团结巩固大多数。如最初我们的教育没深入进去，群众发誓不开小差说："谁开小差谁就是蒋介石的小舅子。"要他暴露思想时说："俺没思想。""为自己出夫坚决完成任务，不开小差。"我们一些干部认为没问题了，其实开小差的也正是他们。等接触具体思想后，根据每时期不同的变化，提出生动切实的口号，群众思想才逐渐明确了。在出夫群众中得到翻身利益的，大体只占三分之一。最初我们动员口号，只一般的提出保田刨蒋根的教育，群众积极分子，便要回去杀地主，引起出夫地主的恐慌。以后按中农及上层的顾虑和要求，从其切身利益，说明新社会是他们的前途，我们反对的是坏蛋地主，他们也积极了，表示干的决心。

第五，掌握干部，大量培养运用积极分子，是开展群众性的教育保证巩固民夫的重要关键，不相信群众，以自己尺度衡量群众，不但阻碍了工作的进展，而且也造成了自己的孤立，使工作垮台。一般积极分子应具备：老根正、诚恳、坦白、反省（如开小差的）、工作积极即可，但如一般的培养运用积极分子，而不运用支部及党员，使党员降低到一般积极分子水平，支部不能发挥组织作用，这种做法是不对的。这一次我们便一般的犯了以积极分子代替支部这个毛病。这次竹庭总队，共3500人，除原有的积极分子605人外，又发现培养了762人（干部在外），共合1367人，即占全体民夫的三分之一强。在反省中未消灭死角及面目不清的只有40人，占全体不足3%，民夫的巩固，一般的是有基础了。

第六，在方式上要真正做到群众的互学，干教干，群教群，群教干，不是先生讲学生听，并尽量使行动结合教育，采用大生产方式，结合细致的组织工作，如这次利用检阅大会，祝捷大会，评功（或追功）大会，反逃亡大会，结合座谈，个别谈话，利用文娱活动，说书演戏、游戏的配合，都进行了生动的深刻的教育。

摘自《滨海民工第一期整训中宣传教育工作几个主要经验》，见江淮二分区支前司令部《支前手册》，1949 年 3 月 20 日

江淮二分区政治教育方法

一、多开小会，少开大会。

二、开展文娱活动贯彻教育，如戏剧、鼓词、晚会或其他各种文娱形式。

三、通过门板报、快报、画报等进行教育。

四、结合立功运动，掀起竞赛挑战热潮。

五、结合实际事实进行教育。

六、其他方式方法。

摘自《怎样教育民工？》，见江淮二分区支前司令部编印《支前手册》，1949 年 3 月 20 日

东南第一期民工大队的政治教育工作

一、边行军边教育

边行军边教育，发现问题及时解决很重要。一开始出发，领导干部便估计到行动的连续性，加之民工刚刚组织起来，不进行教育很难巩固，于是在连续行军中，采用了一面走一面教的办法，每一阶段行军都作了计划，争取时间教育。如有一次行程 300 里，原定 6 天赶到，但他们争取 5 天赶到，抽出 1 天时间进行教育。有一次行军，天很热，民工们牢骚很多，有的甚至动摇起来，大队进行了初步教育，但还不能解决问题，于是领导上决定第二天休息，组织漫谈讨论上课，结果大家都懂得吃些苦是应该的，很多人还检讨了自己，第二天继续行军，路比第一天还多，但大家情绪很高，没一个人讲鬼话。

二、启发阶级觉悟逐步提高认识

"为什么要出后勤？"这是大队里思想教育上的一个中心内容，进行了反复教育。第一次民工因天热行军而动摇时，领导上就组织漫谈："在家苦不苦？土改以前苦不苦？"但有的民工却说："在家苦是为自己，苦煞也能挨，出来帮你们做民

工，应该照顾照顾！"充分暴露对支前认识很模糊。但领导上认为，支前认识是要逐步提高，一下子不行的，于是又提出："你们出来，家里有人互助，这些辛苦可要吃呢？"这样使民工们初步认识：做民工不是为哪一个人，在家做工，一样吃苦。有一次，到了一个荒僻地方，房子又少又小又脏，大家都说："这地方多穷，这里老百姓怎么搞的，多脏！"领导上便抓紧这一点提出："我们应该不应该看不起穷人，这些人为什么这么苦？"马上又引导大家回忆以前的苦日子，启发了阶级同情，然后又提出："我们出来为什么的？"这样又使大家想起自己的支前任务来，使大家初步懂得做民工是为自己翻身，要早点消灭蒋介石，自己就要多出力。因此在阜宁城第一次接受任务时，民工情绪非常高，很快完成任务，极大部分民工，还嫌任务小。

三、用实际例子教育

这种教育，顶容易被人接受。有一次，二分队集体掉队，平时与中队干群关系又不好，民工是非分不清，领导上一面公开批评了二分队不好的地方，同时又将一贯守纪律干群团结的一分队，进行了表扬。因此，当时就有许多人说："一分队这样，我们也一定赶得上他呀！"

四、开展功运进行表扬批评

领导上一开始便强调了对民工要多表扬少批评，树立模范旗帜。第一次立功运动后，全大队都投入多做工作多立功热潮，很多民工都下了决心："立不到功，死也不甘心，非立功回家！"在执行任务时，大家抢着做，从评功报功中，认识逐渐提高，在"有功要报，有错也要报"的号召下，三中队最落后的民工，也检查了自己想开小差，说鬼话，捣蛋等等错误，大家都认识到做民工是为自己。有的民工甚至说："我老是想着 3 个月满期，这也不对，过了 3 个月也是为自己啊！以后我决心不乱想，要我做几个月就几个月。"有一次集合，大队表扬了早到的一个中队，并叫他走在前面，到第二次集合时，其他中队动作都非常迅速，使集合减少一半时间。各中队都注意，对个别好的民工表扬，对典型的落后分子，屡教不改的便进行批评。如二中队一个上士被公开批评之后，下面都说："该批评！"这个民工，才有了转变。

摘自《东南第一期民工大队是怎样领导巩固的》，见江淮二分区支前司令部编印《支前手册》，1949 年 3 月 20 日

从混乱到有组织　二中队成为正规支前队伍

某部担运团东南大队二中队，经过深入耐心教育，调整组织，正确了干群关系后，建设成一个有组织有纪律的正规的支前部队。在出征初期，民工对干部不够尊重，因为有些干部也是从民工中选出来的，这就使得有些民工看不起干部，不服从干部指挥，存在着比较严重的极端民主和绝对平均现象。甚至把干部命令不要掉队的事看做是官僚，说："我们说不跑，你干部却要跑。不管人死活，真官僚，我们不动，你们要跑你们先跑！"看见干部比自己少拿一件东西也要说："我们都是出来做民工的，你为什么少拿，干部要带头呀！"分配宿营地时，都一哄就进房子，不听指挥，有了纠纷，不愿告诉中队、分队，直接闹到大队部去。三分队长郁忠义，还被公开责骂。中队分队形成了没有纪律没有组织的混乱现象，干部也都没信心带好部队。大队领导上发现这严重问题后，首先在干部中强调了要主动团结群众，和群众打成一片，要以身作则，刻苦耐劳，中队干部便首先注意不使自己突出，行军时都找体力弱的互助，有一次六七十里的行军，指导员和中队长，还抬着队里病员张明行动，因此群众都慢慢打消了对干部不满看法，"干部真辛苦，照样拿东西，还要照顾大家"。大队又有计划的帮助提高干部工作能力，建立威信。另外一方面帮助政指，教会他如何掌握民工思想情况，随时进行教育，教会中队长做好行政管理工作，一方面又把下面吵到大队部去的各种问题，都交到队里来处理，规定任何问题都按组织处理。中队政指姜丕如努力学习，原来连小会也不会掌握的，现在已能掌握中队军人大会了，从发现不到问题，到能及时发现问题迅速处理，群众中看不起的现象，慢慢消失了。

与这同时，大队即配合中队干部，对民工进行了必要的教育，通过先教育典型人物，再结合全中队漫谈的办法，使大家从思想上确立要有组织有纪律。二分队炊事员裴邦仁，是一贯不服从干部的一个，一次分队长叫他跟上去别掉队，他却说："我不跑了，你们先走。"指定他烧饭地点，他也要变更。队员侯锦章，也是找干部岔子的主要人物。大队就先找他们去谈，指出他们这些缺点不好，说明："我们是出来支前的，不是出来捣蛋的，要像个部队，一切不能乱来。"接着就在全中队漫谈，使大家弄清楚像裴邦仁、侯锦章这样，就是自由行动，不听指挥是错的。

二分队有一次有意集体掉队，领导上除了将带头的三小队副找去进行教育外，又在各小队里漫谈"二分队这种行动对不对？"同时又表扬了服从命令、遵守纪律模范的一分队，在漫谈中，大家都说："不应该不服从，在家是老百姓，现在是有组织的民工啦！一分队能做，我们也包跟上。"使大家分清了是非，二分队也检讨了自由行动的毛病，承认了这是错误。

随后，领导上又抓紧在这基础上，进行了"要不要干部，要不要龙头"的教育，启发了大家"没有领头的做不了事"，"没有组织，就不好完成支前工作"，"乱讲干部鬼话，没有好处，干部没有威信，就不能带领我们"，初步确立了服从命令听指挥的认识。在克服上述这些极端民主现象后，领导上又发扬了正确的民主，在×地休整时，发动群众改选了7个确实落后的干部，新选出的干部当场向大家保证："一定把我这个小队带好。"大家也纷纷保证："执行命令没二话，有意见正式提。"大队又根据全中队意见，提拔了把队伍带得很好，受过数次表扬的一分队副秦子荣为中队副（秦原是地方上乡民兵大队长），中队分队干部，除了自己很好团结群众，也不断发扬好的群众，树立模范旗帜。

在反复教育中，一次，该中队路上经过一集镇，天正下着大雨，干部去和老百姓商量借宿营地，全连就顺着街道停着，房子很久还没有商量好，但没有一人向老百姓房子里钻，行军中也不像以前走上宽阔的路，就要挤成一团，在龙王庙过斗龙港时，遇到飞机袭击，中队长叫不要动，大家便有秩序的在原地掩护，没有一人乱跑，第二天又遇到飞机，他们伪装的像一条青龙一样，毫不慌乱。每次宿营，都像普通连队一样，集合在场上等候分配房子。曾被称为"鬼话小队"的二分队二小队，现在再没有一个人捣蛋，和乱找干部岔子了。他们对干部有了意见，便按级提出来，全中队都说："我们是个支前部队，不是在家做老百姓，应该像个部队样子才好。"

摘自《新华日报》1948 年 12 月 8 日

第二节 党的建设

　　加强民工队中党的建设是民工政治工作的重点，主要是在民工连队中建立健全支部组织，在支部周围建立评功、锄保、生活、文娱、民运等群众组织，大力培养积极分子、发展党员、培养干部，提高其政治觉悟和工作积极性等。通过这些工作的大力开展，民工队有了坚强有力的领导核心，有了经过考验和锻炼的骨干带头力量，这是巩固支前队伍、完成支前任务的重要因素。

一、建立健全支部组织

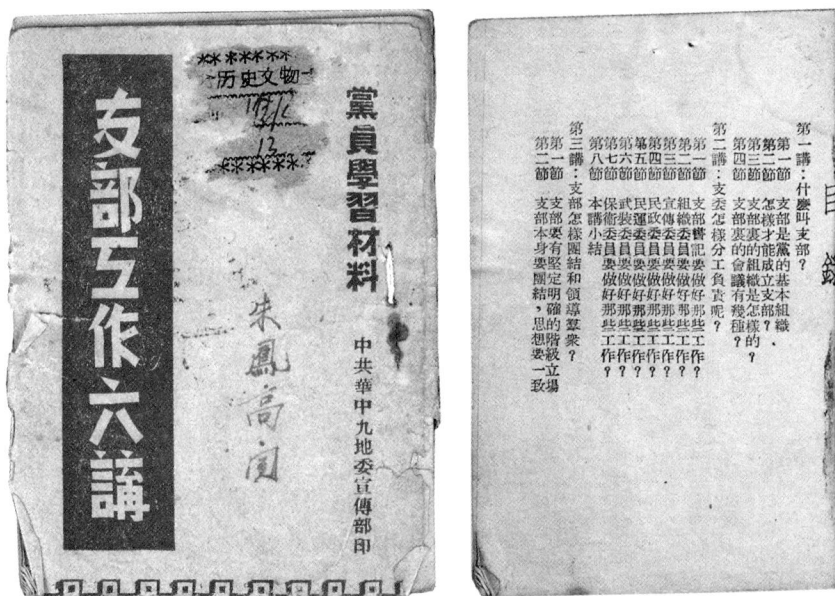

▲ 华中九地委宣传部印制的党员学习材料

支前总结

连队支部是民工队的领导核心

　　我们能够完成了巩固提高民工支援前线的巨大战争任务，主要是建立与健全民工连队中党的支部工作，成为民工的领导核心，一切工作通过支部进行，并在支部的周围建立了评功、锄保、生活、文娱、民运等各种群众性组织，大批的功臣与积极分子被选到这些组织中去，在各种任务中发挥了他们的特长与工作积极性，使支部核心有了各种组织保证。这是组织建党与建立各种群众性的组织相结合。

民工中支部的具体情况，他们不同于农村支部，因为他是由一个区或一个乡分散农村的个体农民在一定期间集中起来，执行战争任务的；又不同于部队的连队支部，因为他们刚由个体到集体，一切表现着农民特点，缺乏严格的集中与纪律性。所以民工连队支部必须根据这种情况，一方面应适合于农民特点去进行教育工作，逐渐克服民工党员带来的农民分散、个体的思想意识，加强其集体、阶级教育。同时必须树立服从指挥，听从命令，紧张战斗作风，适合战争环境通过党员的模范作用带领群众这样做。

摘自华东支前总结委员会《济南、淮海、渡江京沪三大战役支援工作总结》，1949年11月30日

文件精选

如东县召开支部会的具体要求

支部会的内容：

1.（1）党是什么人的党。（2）党为人民做些什么事。（3）没有党果会做得起来。（4）离开了党是否有其他出路。（5）我们应该怎样做个好党员。有正确的思想，牺牲的决心，团结广大群众的办法，有朴素老实的作风，我们做工作有哪些偏向与缺点。

2.（1）鬼子投降后为什么不太平。（2）反动派进攻的哪一个。（3）谁吃苦，谁没得命，联系到阶级教育，去年春天的敌人与现有的敌人，来比一比，使大家有信心。（4）敌人会不会放松我们这里。（5）北边打了胜仗，我们这里会不会就此太平。（6）这里形势会不会再紧张。（7）敌人会用哪些手段来揪我来。（8）这样的紧张果会比过去厉害。（9）我们果敢和他斗争，总结斗争经验，发扬好的。（10）还须用哪些新的办法对付敌人，与他进行斗争。

3.每个人为什么总有一个组织：（1）参加组织的好处，不参加组织的坏处。（2）

光挂名不齐心，果有力量。（3）不团结的话翻身果实果保得牢。（4）要怎样弄相才反攻得快。（5）要怎么弄相群众，才拥护我们。（甲）不脱离群众，团结群众。（乙）民主作风。（丙）完成任务。（6）说明政党的好处。（7）健全组织为了不给蒋介石喘口气，使反攻得快。

讨论问题：一、要反攻快，组织力量。二、发展武装，说明不参军，而是光老兵归队。三、说明保住跳板，不被敌人打垮。

4. 做事要公平，工作才能做得好，党与群众才能团结得牢。

摘自如东县《关于政策中的几个问题》，1948 年

支前总结

胶东威海民工队的组织生活

胶东威海民工，党员的组织生活经常抓得紧，在行军和接受任务中，党的小组会 3 天到 5 天开一次；每个党员分配团结几个群众，经常在会议上反映群众情况，检讨交流经验；个别党员有脱离群众违犯纪律现象，发现后立即批评纠正。所以每个党员都能自觉发扬模范作用。在日常生活中，他们提出"不争吃"、"不争宿"，干部党员没有房子住就搭铺睡在外边，吃饭让群众先吃。群众很受感动的说："都是一样支前，咱就不能像人家那样吗？"在工作中他们提出"党员要带头"。在彭庄运胜利品，他们自动要求多运一次，在蚌埠阻击时，他们自动要求去挖战沟。由于干部艰苦深入，支部和党员起骨干作用，民工各种顾虑都能及时反映和及时打破，因此，

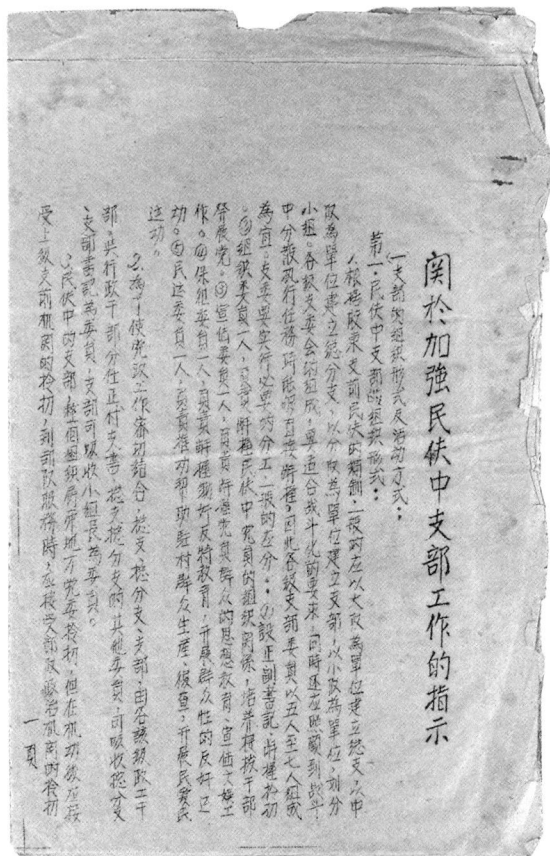

▲ 胶东区关于加强民夫中支部工作的指示

民工始终保持着饱满情绪。

摘自华东支前总结委员会《济南、淮海、渡江京沪三大战役支援工作总结》，1949年 11 月 30 日

滨海县四汾乡运输中队发挥支部堡垒作用

当时区委研究决定，由孙振民同志担任四汾乡运输中队指导员，带领 85 名民工开往淮海前线，这是一个十分艰巨的任务，但是孙振民全没有考虑到这些，无条件的服从党的决议，勇敢地走上了支前岗位。出发前，他向区教导员说："请领导放心，我知道这次的任务艰巨，责任重大，领导把这样重的担子给我挑，是对我的高度信任，我保证能胜利地完成党交给的任务。"

做好民工的政治思想工作，是胜利完成任务的重要保证，孙振民是深知这一点的，他从出发到结束，没有一时一刻不在注意民工的思想动态，及时地加强思想教育工作。特别是在徽古集接到总队部的命令，火速运粮至徐州南仲大庄时，由于敌人在做垂死挣扎，所以战斗进行得异常激烈，一天到晚炮声隆隆，枪声不绝，敌人派遣大批飞机，不分日夜地进行轮番扫射轰炸，企图挽救他们的死亡命运。仲大庄离徐州外围战斗交汇点不到 10 里路，当时有些民工的思想情绪不安。孙振民发现这一情况，立即召开支委会（8 个党员），分队长以上干部会，分析了民工的思想情况，进行分类排队，以党员、干部、积极分子为核心力量，团结一般民工，实行了层层包干，并通过回忆对比的方法，诉苦会、算账会等形式向民工同志进行强烈的阶级教育、形势教育，提高了民工的思想觉悟，掀起一个中队向外发出倡议，分队相互开展竞赛，个人进行挑应战、上决心书的热潮，使得全中队 85 人没有一个开小差，人人斗志昂扬，信心百倍，个个保证坚持到底。

如民工张加进情绪波动，装病不肯吃饭，经大会教育后，孙振民找他个别谈心，并抓住他家在抗日战争时房屋被烧，物资被抢，弄得有家难归，解放后翻身得地的活生生的事例进行教育，启发他的阶级觉悟，使他感动得含着眼泪连声说："指导员，我忘本了，我忘本了，从今后我保证听领导上的话，一定好好地干，胜利完成任务再回家。"

摘自滨海县战史组《一等支前模范孙振民》，1960 年 7 月

二、发展党员，提拔干部

文件精选

关于在民工中培养积极分子、培养干部、发展党员的通知

（一）加强支前民工的教育与训练，提高其政治觉悟，提高其工作积极性，保证战争任务的完成，并在民工中培养积极分子，发展党员，培养提拔干部，以适应新形势的需要，是目前支援战争中极端重要的工作。

（二）各级党委各级支前机关与部队的政工部门，必须有计划的领导、组织与检查这一工作，派遣得力干部加强这一工作，各支前机关及部队的民工政治工作队、政工干部及代工干部，应把民工组织当成训练干部的学校，抓紧一切时机，采用各种形式，有计划有系统的进行思想教育、政策教育及业务教育，并在其中物色培养积极分子，发展党员，培养提拔干部。

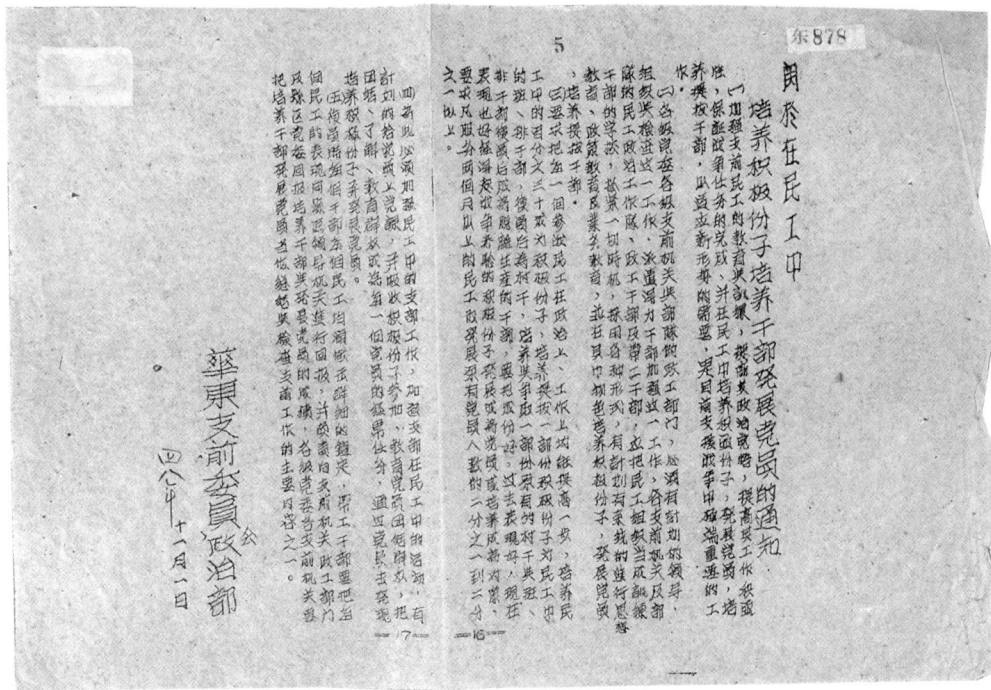

▲ 华东支前委员会政治部《关于在民工中培养积极分子培养干部发展党员的通知》（1948 年 11 月 1 日）

▲ 大批优秀民工光荣加入中国共产党

（三）要求把每一个参战民工在政治上、工作上均能提高一步，培养民工中的30%成为积极分子，培养提拔一部分积极分子为民工中的班、排干部，复员后为村干，培养与争取一部分原有的村干与班、排干部，复员后成为脱离生产的干部，要把成分好，过去表现好，现在表现也好经得起战争考验的积极分子发展成为党员或培养成为对象，要求凡服务两个月以上的民工队发展原有党员人数的二分之一到二分之一以上。

（四）为此必须加强民工中的支部工作，加强支部在民工中的活动，有计划的给党员上党课，并吸收积极分子参加，教育党员团结群众，使团结、了解、教育

▲ 民工曹金殿的入党志愿书

群众成为每一个党员的经常任务，通过党员去发现培养积极分子并发展党员。

（五）复员时每个干部每个民工均需做出详细的鉴定，代工干部要把每个民工的表现向县区领导机关进行回报，并负责向支前机关政工部门及县区党委回报培养干部与发展党员的成绩，各级党委各支前机关要把培养干部发展党员当做总结与检查支前工作的主要内容之一。

华东支前委员会政治部

1948 年 11 月 1 日

摘自华东支前委员会政治部《关于在民工中培养积极分子培养干部发展党员的通知》，1948 年 11 月 1 日

支前总结

培养积极分子的主要方式

（一）细心留意民工的日常言语行动，发现对象，支部研究，如沂山担运团三排长即经常留心他排里的郭仁贵。当人家都行军累了说怪话时，他却唱武老二讲故事给大家听。发现他后，即运用他到各班，后来到各排去唱、讲，对巩固民工情绪，起到很大的作用。

（二）多谈话，多了解，多具体帮助：如渤海第一团八连，对彭继学的帮助，在各方面了解成熟后，即准备培养成为分队长。事先观察他的能力，开会先叫他发言，抓紧时间，个别谈话，帮助他出主意，这样推动了全连工作，培养成为干部。

（三）吸收参加各种活动，逐步培养提高。对积极分子应有的认识：积极分子是在支前工作中的某种活动，或在某种环境中，经过教育后，从民工中出现的，积极力量高度的发挥，是支前民工对战争不同面的贡献，是与群众息息相关的。领导上，要通过他们的积极带头作用，推动工作，不能只限于少数人的活动。对其使用不能要求过高，或者脱离群众的单独培养，那样是起不到应有的作用的。

摘自华东局支前办事处调研室《淮海战役支前民工政治工作总结》，1949 年

培养积极分子须掌握的几个环节

（一）在接受教育，特别是阶级诉苦教育时，会有大批的积极分子涌现出来，群众会从回忆、对比认识到遭受蒋贼地主蹂躏时的种种惨状，因而掀起对敌人的仇恨心，鼓起勇气来努力支前。

（二）任务繁重、生活艰苦时：如莒南担运团在淮海战役开始，即随军急进，过陇海路出山东境，在连续不断的转运与行军中，任务繁重，生活艰苦，民工异常疲劳，而没有一个发怨言的，更没有减员或逃亡掉队，他们向前方抬粮食，向后方运伤员，仍能坚持服务，不肯回家。主要是由于鼓动与掌握了大批积极分子。

（三）在火线抢救或死亡威胁时：如沂山担运团二连，连续 3 天 3 夜，完成 11 次转运任务。抢救伤员最后两次转运时，有些担架员嫌累，王都太、赵文礼等都说"咱去"，把犹豫的民工带了上去。在萧县、青龙集火线抢救时，有些民工被炮火吓得不敢上去，李苑典跳起来说："俺不怕，顺着战壕走没关系，谁去跟俺去。"当时就有两副担架跟了上去。在这种情况下，能够发现经得起战争艰苦考验的大批积极分子，并起到相当的作用。

（四）开展爱民运动与新区工作时，从帮助群众劳动生产和新区宣传、征借工作中，可以锻炼出好多积极分子。

（五）在立功运动时，这是对积极分子总评算的时候，有好多经过斗争考验的积极分子被吸收入党和培养提拔为干部。

（六）扭转复员思想时，如平邑担运团至复员日期，而要求延期服务，全团无一逃亡，涌现出不少的模范人物，团结了一般民工，制止了企图逃亡，保持了平邑担运团光荣的传统，继续完成了任务。

在以上几个主要环节中，可以大量发现与培养积极分子，其他在整个支前过程中，都会发现一些不同的积极人物。只要领导上有意识的，注意发现便能培养出各种各样的积极分子，随时随地即可作为发展党员和提拔干部的准备工作。

摘自华东局支前办事处调研室《淮海战役支前民工政治工作总结》，1949 年

发展党员的方法

在伟大的支援战争任务中，涌现了大批经过战争考验的功臣与积极分子，给民工中的建党工作打下了良好基础，使党源源不绝的补充了新的血液，充实与加

强了民工中的骨干与领导，保证了民工的巩固，完成了支援任务。各团队对民工中的建党工作，一般均作了慎重研究与布置，并提出：发展党员是支部重要工作之一，和防止拉夫现象与关门主义；一般团队吸收新党员的条件是：政治纯洁，中贫农成分，支前中一贯表现好的。发展党员的方法有以下几种：

1. 公开进行党的教育，打破民工对党的各种怀疑与顾虑，提高对党的认识，在执行任务中注意培养对象，个别慎重发展。这种做法比较普遍，沂中担架团在全团民工大会上讲解：什么是共产党，共产党的主张是什么，什么样的人有什么条件方能参加共产党。经公开教育后，二排民工江照富说："咱翻身光知道是共产党领导的，但我常纳闷到底共产党在哪里呢？现在我才明白了。"有些成分出身好，觉悟程度高的民工，便找指导员谈话，如四连董日会找着指导员杨福禄问："我

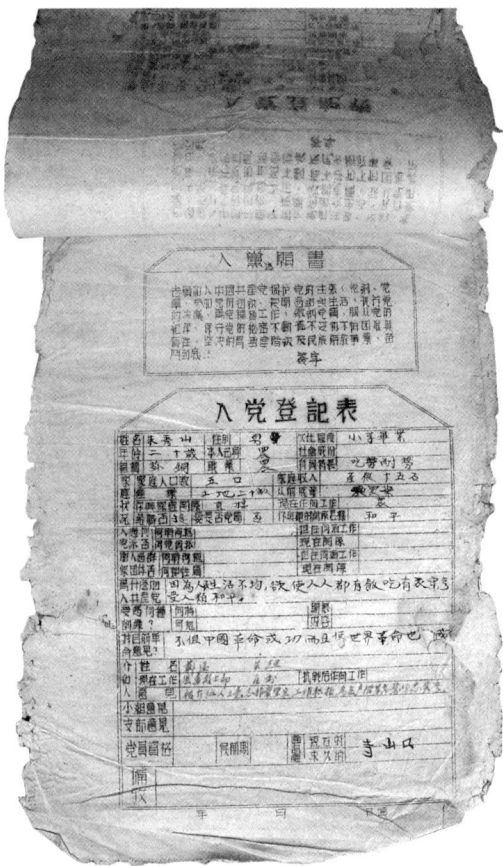

▲ 铜山县支前民工朱秀山等的入党登记表

是不是能参加共产党？"杨指导员说："你的成分出身很好，够条件，必须在工作中努力干，经过考验才行。"该团自10月22日至11月20日近一个月的时间，发展党员29名。

2. 培养成熟的典型人物在大会上报名入党：日照担架团把已动员成熟准备吸收入党的积极分子，采取在公开支部时，在大会上报名入党。民工岱方庆报名说："我是老少受了三辈子穷的人，亏了共产党领导我翻身，我要求参加党走上光明大道，我一定服从党。"以后13人相继报名要求参加党。

3. 在评功审功中结合发展党员的方法，海阳挑子团，先宣布党员条件，然后由群众讨论评议。如二中队一分队在淮海战役中发展的7个党员，又在群众中公开审查了一次，结果全都评上了。一中队具体讨论党员条件后，发现有21人可以入党。后经群众逐个慎重评议、支部批准后发展为党员。

在入党仪式上，一般是隆重举行，对新老党员教育意义很大。临沭担架团二

营，举行新党员入党仪式时，由营委书记领导宣誓，并把誓词作了详细解释。新党员高朋士讲话时，首先把自己的成分出身作了介绍，他说："父亲领我在外要了 7 年饭，父亲死后买不起棺材，只得用秫秸埋了。今天我参加共产党，决心在党的领导下，好好为人民服务。"杜元顺一面哭着表示："想起过去的苦处，真都不能睁眼，只有参加党，才能求得永远的解放。"后营委书记代表全体党员讲话，欢迎新同志入党，并着重把党的发展史讲给全体党员听，新党员孙存盛当时感动的说："老同志这些年真是受了苦，没有他们的艰苦和流血，哪能有现在的胜利。"老党员周振奎说："我参加党好几年了，咱对党的贡献不大，今后一定努力干。"

摘自华东支前总结委员会《济南、淮海、渡江京沪三大战役支援工作总结》，1949 年 11 月 30 日，第 81—82 页

干部提拔的条件、对象及方法

各团队对提拔干部也作了详细研究，并确定提拔干部的条件与对象。平邑、莒南担架团提拔培养脱离生产的区乡干部，主要以原村干为主要对象，其条件是：出身成分好，有培养前途及工作能力的。民工中成分出身纯洁，一贯工作积极，在民工中有威信，服从指挥，服从组织的可提拔为村干。莒南担架团以阶级教育为主，结合时事教育说明胜利形势，解放了许多大城市及新区，必须提拔大批干部以应形势需要。三连指导员秦福苓（村干）说："形势发展的这样快，外来干部和老干部需调到大城市和新区工作，后方工作咱不干谁干？和咱过庄户日子一样，咱要块地就不能叫它荒了，现在我真明白啦，上级看我们能干我就出来干。"一连指导员（村干）朱社元回想起自己过去受的压迫与去年受敌人的摧残情形时激愤的说："想想咱就知道新区群众的苦处，咱应该脱离家庭，替出老干部到新区帮助他们翻身。"曾逃荒要饭 20 年的刘玉崐，是 25 岁的翻身青年，他回忆起父母领着要饭吃的苦味，过去要饭无人管，现在我分了 10 亩地一座房子一头驴，打老蒋是为了咱，咱不出来干谁干。该团首先把在职的村干动员成熟，然后再推动组织力量，深入下层找对象动员，在淮海战役中即提拔脱离生产干部 47 人。

......

培养提拔干部的方法一般是通过立功运动，发现积极分子，有计划的经民选到各种组织领导中去，在工作过程中提高其觉悟与能力，培养成为基层干部。渤

海担架一团，将第一次评功中培养的 163 名积极分子，内有够提拔干部条件的 46 人，配备民选为排干的 18 人，评功组织中 12 人副连干 6 人，司务干部 8 人，文娱委员 2 人，经过一月服务至第二次总评功时，其中 19 人被提为脱离生产干部，23 人准备回村后任村干。

摘自华东支前总结委员会《济南、淮海、渡江京沪三大战役支援工作总结》，1949 年 11 月 30 日，第 83—84 页

发展党员、提拔干部的主要时机

立功运动开展起来，能推动大量积极分子的出现，同时在评功后，功臣模范便成为提拔干部的主要对象。如渤海一团，从立功功臣中提拔脱产干部 177 人，他们是在实际执行任务中，看谁能干，谁与群众有联系，谁在群众中有威信，即事先培养做到提拔。如提拔成脱产干部的陈新绪是个二等功臣，领导全排热爱伤员，评功时，被评为"爱护伤员模范排"。从功臣中提拔的干部，都是经过斗争考验的。同时经过评功后，功臣模范吸收入党的也很多。莒南担运团，在评功后，即有 82 人入党，12 人参加新青团，都是掌握条件吸收的。以成分和觉悟程度，工作表现为原则，各民工团队，也都抓紧这一时机，有计划的发展党员，便有好多功臣模范、典型人物参加了党。特别是在村里表现很好，而为村干和农村党员歧视或不理，而在支前中立了大功，经过评功并被吸收入党的也不少。如沂山担运团，孙永海 21 岁贫农，是个翻身农民，觉悟很高，支前中表现很好。刚刚出来支前时，父亲死了，家里寄信叫他回家，遭他拒绝。在接受任务上，各方面都称模范，感动得有复员思想的民工说"人家死了父亲，都不家走，咱们还不好好干"，而不要求复员了。天气冷了，他只穿一条单裤，深夜过水担伤员，爬山跌跤出了血，一声不哼，担起再走。并且经常照顾伤员大小便和喝水，冬天把自己仅有的狗皮给伤员盖，在各种号召时，他经常起到骨干作用。一次，下大雪，自报奋勇去抬军用品。平时劳动和遵守纪律，可称全连模范。就是这样被评为一等功臣，并且在永城火线上入党。他这种作风被评为坚忍、坚苦、坚决。虽然支前表现如此，而农村村干党员发生歧视现象，这是值得注意的。

从孙永海的入党，我们看出：（一）经过战场考验的翻身农民，阶级觉悟更加提高了，成百成千的人已具备了共产党员的条件。如果领导健强的单位，便可随时吸收入党，和培养提拔成为干部。（二）由于某些单位不了解具体情况和农村村

干党员对群众的狭隘宗派观点，而好多优秀的积极分子和具有党员条件的人物，尚被埋没或遭歧视，而妨害了革命力量应有的进展和壮大。同时由此也证明"支前就不能发展党和提拔干部的说法是完全错误的。广大群众；涌上了前线，为了自己将来的幸福，而协助自己的部队和敌人作流血斗争。经过了战争锻炼，创造许多可唱可泣的英勇事迹。特别在立功运动中，这正是我们发展党员提拔干部的良好时机。历次支前中，在这一问题上，没有成绩，就是没有弄清这一真理。忽视了这一主要关键的掌握，而淮海战役，却用事实说明了这一问题，完全可以在上百万的支前民工中，提拔干部发展党员和完全可以通过当学校办来推动支前工作的完成，但因贯彻的不够，好多民工单位还没有做到应有的效果。

摘自华东局支前办事处调研室《淮海战役支前民工政治工作总结》，1949 年

渤海一分区第一担架团发展党员、提拔干部工作

由于团党委始终掌握了党团的组织建设工作，如在开始出发时，全团共有共产党员 379 名，通过战役的考验，又发展了 319 名党员，亦开始建立了新民主主义青年团，并培养和提拔了脱产干部共 177 人。团党委、营党委会，随时通过各支部，了解各排各班及每个人的思想情况，及时跟上政治教育，并具体的帮助其解决困难。如三营十连担架队员肖丙达，一出发就叫本村干部私下写好通行证，缝在棉衣里，预备途中开小差用。因为该同志存有这种思想问题，所以在行军途径中情绪不高，被营教导员康国良同志发现了这种情况，就亲自找他个别谈话，用前后对比的方法教育他，进一步说明支前的重要意义，并说："谁都想过幸福的日子，要不打倒蒋介石，你能过的长吗？人家伤员同志，为我们能流血，那么我们就不能为伤员来流汗吗？所以我们应当经得起战争的考验，争取立功才是……"通过教育，该同志的觉悟大大提高了，自动的将棉衣拆开，取出通行证，撕的粉碎，当即就向领导说明了自己的企图，并表示态度说："我再也不想开小差啦，一定坚持到底，决心立大功……"又如三营一连三班，驻在朵山时，由于吃烧问题没解决，正副班长没办法就睡大觉，全班队员也思想混乱，情绪低落，团党委发现这种情况后，立即派了康国良同志（团党委委员）帮助具体解决，通过政治教育，又解决了生活问题，民工们的情绪又高涨起来。

党员和领导干部，都以身作则，以自己的模范行动感动民工。如：党员石连生同志，爱护伤员特别好，用自己的钱给伤员买东西吃，用嘴给伤员吸小便……再

如三营九连连长吕宝贞同志，在向徐州进军时，脚上起了 5 个泡，也不叫苦，每逢行军都替病弱同志拿东西。领导干部大多数都亲身参加抬担架和照顾伤员，并经常检查伙食，帮助群众干活，并能随时听取下边的意见，使民工们感觉到领导非常温暖，党员是自己学习的模范。

摘自乐陵县淮海战役资料组《渤海一分区第一担架团的模范事迹材料》，1960 年 3 月

胶东党员淮海战役中立功统计表

	立功人数	党员立功数	民工立功数	党员占立功人数	民工占立功人数
特等功	160	140	20	87.5%	12.5%
一等功	2278	1409	869	61.9%	38.1%
二等功	8041	2883	5158	35.6%	64.1%
三、四等功	20985	3080	17905	14.7%	85.3%

摘自胶东行署《胶东民工功臣统计表》，1949 年 3 月

第三节　开展运动

　　各级党组织在民工队中大力开展立功、拥军爱民和文娱三大运动。颁布了支前奖惩条例，依据民工队具体情况制定立功条件，开展评功检过和奖功庆功活动；开展了"民爱民、民拥军、军爱民"的拥军爱民运动，巩固了军民之间的关系，提高了新区人民对党的认识，开创了新区工作的新局面；民工队纷纷成立民工俱乐部，把民工队当成学校办，把党的政治教育和号召，编成快板、顺口溜、担架诗等，运用民工喜闻乐见的娱乐形式进行宣传教育，极大地提高了民工的思想认识和文化水平，表现出广大人民支援解放军的热情。

一、立功运动

▲ 庆功会上民工喜获奖旗

▲ 文登县担运团政治处 1948 年 11 月 18 日编印的担架队员立功条件快板

▲ 立功后的喜悦

▲ 给立功民工戴上光荣花

▲ 项城县担架队英模人物合影

▲ 围歼黄维兵团战斗中立功的担架队

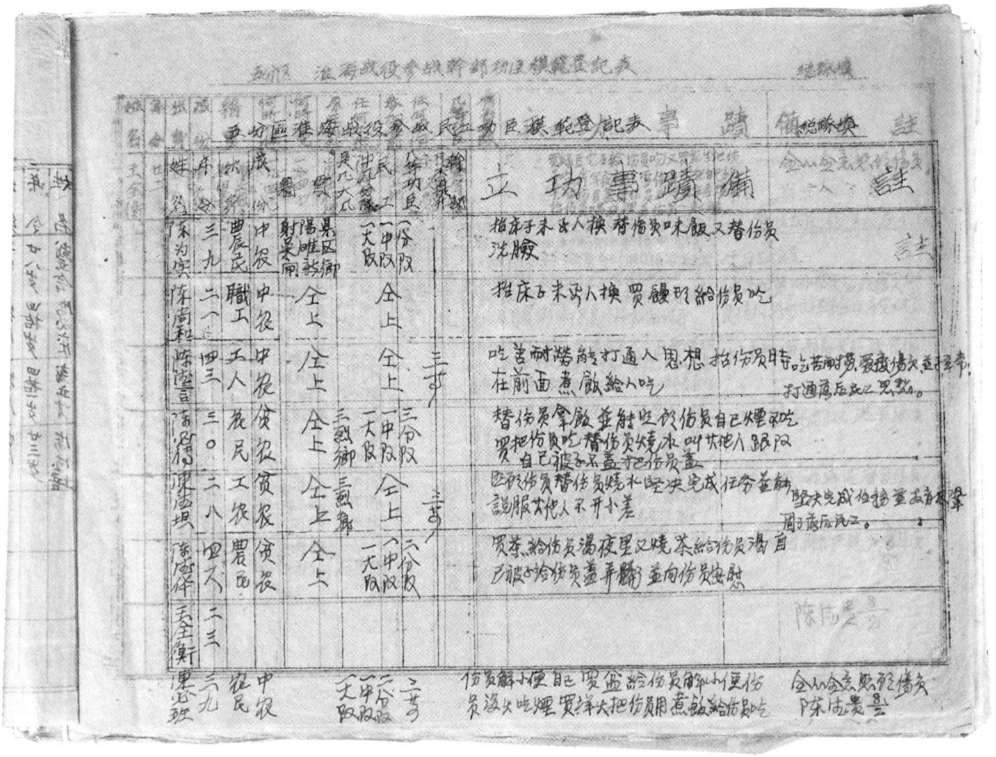

▲ 华中五分区射阳团功臣事迹登记表

支前总结

华东支前委员会部分民工复员立功统计表

参加评功的民工总数：17万人		
立功等级	立功人数	占参加评功人数的百分比
特等功	197人	0.116%
一等功	4646人	2.73%
二、三等功	90926人	53.5%

根据华东支前总结委员会《济南、淮海、渡江京沪三大战役支援工作总结》（1949年11月30日）整理

文件精选

鲁中南支援前线委员会支援前线奖惩条例

第一条：为发挥干部与群众支援战争的积极性与创造性，严明赏罚，树立正气，提高工作效率，保证战争彻底胜利，特制订本条例。

第二条：凡在支援前线工作中，完成一定任务，获有相当成绩者，均应予以奖励，其有消极怠工贻误战争者，亦必依据具体情况，予以适当处理。

第三条：开展立功运动，贯彻有功必奖。

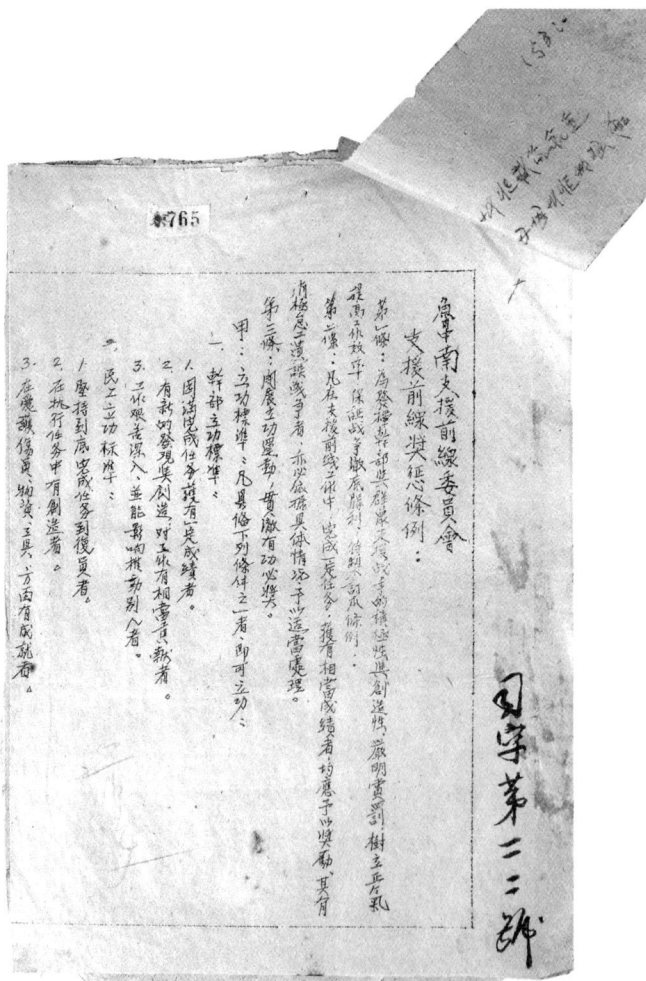

▲ 鲁中南支前委员会 1948 年 10 月 5 日颁发了《支援前线奖惩条例》

甲：立功标准：凡具备下列条件之一者，即可立功。

一、干部立功标准：

1. 圆满完成任务获有一定成绩者。

2. 有新的发现与创造，对工作有相当贡献者。

3. 工作艰苦深入，并能影响推动别人者。

二、民工立功标准：

1. 坚持到底完成任务到复员者。

2. 在执行任务中有创造者。

3. 在爱护伤员、物资、工具方面有成就者。

4. 严格遵守纪律，积极帮助群众生产，并能影响推动别人者。

5. 在防奸反特防止逃亡中有成绩者。

三、凡参加碾米磨面、防奸反特、保护公路电线、爱护公粮公物、拥军优抗等战时勤务著有成绩者。

四、凡机关部门、民工组织集体完成任务有显著成绩者，得立集体功。

乙、评功组织：

一、各级机关视人数多少建立 5 人至 9 人的评功委员会，各部门设报功员或报功小组。

二、民工班视人数多少由 3 人至 5 人组织报功小组，分队由 5 人至 7 人组织记功委员会，中队以上由 5 人至 9 人组织评功委员会。

三、地方群众评功则由村的支前组织提出，经村民大会讨论通过，报区审核确定。

四、各机关与民工组织之评功委员、记功委员、报功员，统由各该单位民主选举产生，报功员应随时发现可以记功的人员，在本单位中提出讨论，经大家同意时向上级评功组织汇报，以便提出评议。

丙、功的等级：

一、功分四等：即特等、一等、二等、三等。

二、三等功为记功起码点，以此上计 3 个三等功为二等功，3 个二等功为一等功，至特等功，则必须其有特殊成就者。

三、为了不埋没功绩，即不够三等功者，亦应将其事迹记载存查。

丁、评功权限：

一、各级评功组织在评功方式上，应先经群众性评定后，由一定组织审核确定等级。

二、一般二、三等功经同级评功组织评定后，经上一级批准即可，其一等功须经地委级评功委员会批准，特等功迹须经本会评功委员会评定批准。

戊、奖功与贺功：奖功与办法可分为：当众表扬、通报表扬、功劳证、锦旗、奖章、奖状等类。无论个人奖或团体奖，统按上项规定，由审核批准机关宣布并颁发之，于颁发奖品同时，应郑重举行集会贺功。

第四条：严格纪律，有过必究：

甲、无论前方后方干部、民工，如有违反决议、消极怠工、自由行动、破坏纪律、中途逃亡等过失行为，则必须追究原因，对过失负责者，按具体情节予以适当处理。

乙、对过失者处理以教育为主，促其检讨改正，其屡教不改坚持错误者，则视情节轻重，给予口头批评、当众警告、大会反省、记过等处分。

丙、对过失者处分，按两级负责制办法由各级政治机关执行之。

丁、各级评功组织对过失者应注意检举并评议之。

第五条：对过去有功未奖者，于评功时应追功补奖。

第六条：在支援前线工作中对干部奖惩应列入鉴定，对一般民工奖惩，应通告县区，传达到有关村庄。

摘自《鲁中南支援前线委员会支援前线奖惩条例》，1948 年 10 月 5 日

华中第六行政区后勤人员立功条例

第一章：总则

第一条：为迎接伟大的反攻支前任务，提高后勤人员的积极性，真正发扬革命英雄主义，达到有效的支援前线，争取革命战争的早日胜利，特订定本条例。

第二条：凡本行政区的干群男女人员不论集体或个人，在后勤服务中，立有功劳者均依本条例评功奖励。

第二章：立功条件

第三条：干部立功：

一、对支前工作一向积极，能够团结民工，巩固民工，吃苦耐劳，以身作则，坚决完成任务者。

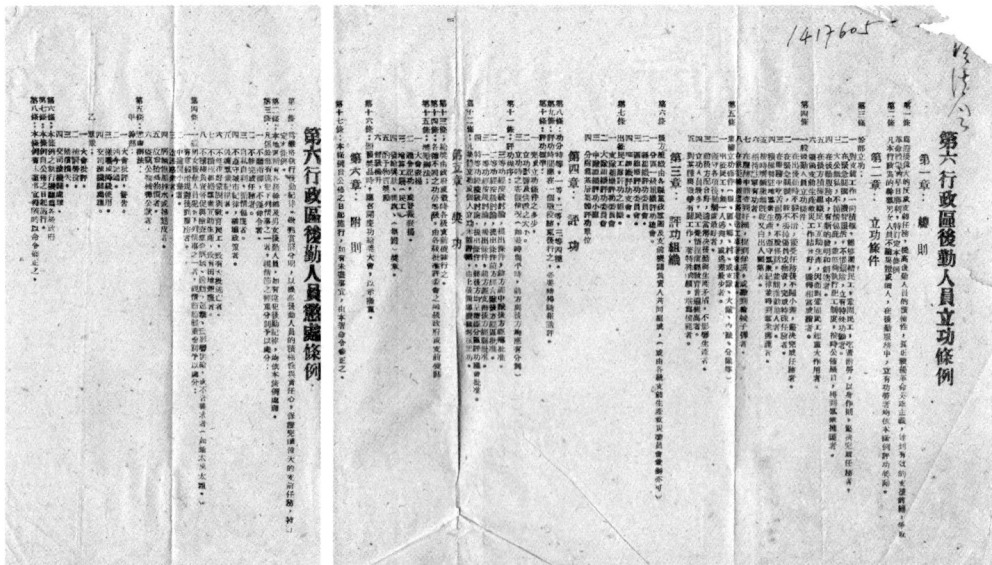

▲ 华中第六行政区 1948 年颁发了《第六行政区后勤人员立功条例》

二、在紧急关头，机智灵活，不惧艰险，立有特殊功勋者。

三、大公无私，不徇情包庇，并能够执行记工制度，按时公布账目，得到群众拥护者。

四、在后勤服务中，有新的发明和创造者。

五、在后方积极组织民工互助生产，因而对巩固民工起重大作用者。

六、领导支前生产救灾工作结合好，获得相当成绩者。

第四条：一般后勤人员立功条件：

一、在出后勤时，不躲不滑，接受任务后不开小差，坚决完成任务者。

二、在紧急关头，能不丢掉伤员或物资，完成特殊任务者。

三、在服务中吃苦耐劳，不说怪话，并能推动他人者。

四、积极替驻地群众生产，遵守群众纪律并得到群众拥护者。

五、按时磨面缴面，既干又白出人头地者。

六、招待驻军有功者。

七、在服务中能查到奸细，捉到俘虏，或缴到枪械子弹者。

八、在修筑桥梁道路建造工事著有成绩者。

第五条：集体立功条件（县、区、乡、村，或支队、大队、中队、分队等）：

一、出征民工，无一人逃差，或逃差最少者。

二、遵守各项后勤制度最好者。

三、前后方配合好，适当解决后勤与生产矛盾，不影响生产者。

四、立功人员最多，民工觉悟程度经教育普遍提高者。

五、对某种与战争有关工作，著特殊成绩，堪为模范者。

第三章：评功组织

第六条：后方组织由各县党政群团及支前机关负责人共同组织（或由各级支前生产救灾委员会兼办亦可）：

一、分区一级组织评功总会。

二、县组织评功委员会。

三、区组织评功委员会。

四、乡组织评功支会。

第七条：出征民工队评功之组织：

一、支队组织评功委员会。

二、大队组织评功委员会。

三、中队组织评功小组。

四、分队为基层集体评功单位。

第四章：评功

第八条：功分特等、一等、二等、三等四种。

第九条：评功时间应在一个战役结束后行之，必要时得随报随评。

第十条：评功标准：

一、完成立功条件之多少。

二、立功影响及贡献之大小。

三、立功时之客观情况（如战时与平时，前方与后方均应有分别）。

第十一条：评功程序：

一、三等功经按级讨论，提出条件，前方经中队、后方经乡批准。

二、二等功经按级讨论，提出条件，前方经大队、后方经区批准。

三、一等功经按级讨论，提出条件，前方经支部、后方经县批准。

四、特等功经按级讨论，提出条件，前后方均呈报，经分区评功总会批准。

第十二条：凡集体立功或个人未能评议，由上级领导机关考核记功。

第五章：奖功

第十三条：给奖由政府或战时各级支前机关行之。

第十四条：各种不同之功劳等级，由各级批准评委会之同级政府或支前机关。

第十五条：奖励办法。

一、大会表扬。

二、通令记功，或登报表扬。

三、增算工账（民工）。

四、发给奖状、奖旗、（集体）奖章。

五、酌予物质奖励。

六、晋级提升。

第十六条：颁发奖品时，应召开庆功给奖大会，以示隆重。

第六章：附则

第十七条：本条例自公布之日起施行，如有未尽事宜，由本署命令修正之。

摘自《第六行政区后勤人员立功条例》，1948 年

胶东军区、行署立功运动暂行办法

以精神与荣誉奖励为基本，物质奖为辅助，这与今天群众政治觉悟大大提高及整理财政厉行节约亦结合起来，但有些民兵很贫穷，参战有很多困难，及边沿区艰苦积极斗争的民兵衣食弹药的困难，应结合奖励设法解决，一般物质奖励主要是粮食（亦可以粮作价变为其他）和武装弹药，特等发粮50斤，一等40斤，二等30斤，三等20斤，但这只是个别的，不是普遍的都发，主要应从政治上表扬，因此决定特、一等功者各发奖章1个，二、三等功者各发奖状1张。

摘自胶东军区、胶东行署《关于执行山东省政府、军区立功运动暂行办法的补充指示》，1948年11月5日

支前总结

立功运动的开展

（1）在行军时，根据行军情况提出立功条件。沂北县担架团在淮海战役接到命令马上行军，接受任务时，领导上就提出"1.行军不掉队。2.互助友爱好。3.吃苦不发牢骚。4.吃饭、站队、集合、传口令快"四条为立功条件。果然在行军中民工行动迅速，没有掉队的，保证按时达到了目的地。赵铸担架团在行军中不断提出些生动的口号："行军迈大步，越走越出路，逛荡走的慢，越走越腿酸，好汉不怕累，越累越有劲；上半天少歇歇，下半天早住下，行军别掉队，才能少挨累，吃饭起床抓的紧，时间才能掌握准。"胶东威海挑子队，在运粮时，提出互相照顾，强的帮助弱的，看谁能在互助中立功等口号。身体强的自动报名多挑，掉队现象很少发生。临沭担架团民工高佃三，犯了肚子疼，打针吃药两次，仍带病工作，情绪很高。从郯城往新安镇行军时，大家都很累，高佃三把立功内容编成顺口溜唱着："担架团真英勇，顺着公路往南行，压着膀子别嫌累，一气赶到徐州城，立下功劳多光荣。"

（2）在立功运动的推动下，民工普遍开展了爱护伤员的运动，渤海一分区担架团在淮海战役抬运伤员时提出许多鼓动民工爱护伤员立功的口号。如："走的快，走的稳，走起路来不摔人；抬着伤员别乱跑，失掉联系没处找；伤员受伤不能动，

咱们耐心来侍奉；帮助伤员大小便，不嫌秽来不嫌烦；伤员喝水和吃饭，不怕辛苦要照管，以上事情做的全，头等功劳不费难。"果然在每次转运伤员时担架上总是盖着三四件大袄，民工在冬天的晚上，只穿一个单褂，冻得浑身发抖还是精神愉快。统计各营民工用自己的钱买烟，买糖，买水果有一千多次，渤海四分区担架团在曲阜转运伤员时，提出："爱护伤员亲兄弟，克服困难立大功！"那时大家还没套被子，他们就把被单缝起来，装上麦穰给伤员铺，经他们的推动，全连都这样的做起来，使伤减少了许多痛苦。鲁中南沂北担架团普遍进行了爱护伤员立功的教育，并在民工中展开了讨论，有的提出："抬的平，走的稳，叫伤员少受苦。"有的提出"帮伤员大小便要耐心。"最后就把大家意见归纳了几条作为立功的条件，民工唱着说："伤员为咱流血，咱为伤员流汗，爱护伤员同志，看谁立功作模范。"

（3）在火线抢救和送弹药时，不少团队，提出"火线立功"的口号，鼓舞了大家情绪。渤海一分区担架团在淮海战役参加火线抢救时，炮火很急，领导上恐有丢伤员的事情发生，就提出："爱护伤员立大功，坚决不丢伤员"。"民工在，伤员在。""党员在，伤员在。"发挥了很大作用。在围歼邱李兵团时，民工李省三等从火线抢救下了一个伤员回来，被敌人密集炮火封锁了去路，李省三向大家说："这就是我们立功的时候，我们要坚决把伤员运下去，救出这个同志！"李省三同志爬在地上，其他民工将伤员架在李省三的背上，顺着地堰慢慢的往前爬行，终于冲出了敌人的火力网。

渤海担运三团，在淮海战役运弹药时，都是晚上行军，有一次天下雨，路很难走，又加天气很冷，任务又很急，有的民工不愿再走，领导上即提出："功从苦中立，越困难越是咱立功的时候，要立功就要克服困难！"当时，有的民工就起来响应说："对！立功不是光在嘴上的，不是坐在屋里立的，看谁能在这次任务中立功！"经鼓动和积极分子的带头后，民工情绪马上振奋起来，终于克服了困难，完成了任务。

（4）在运粮时提出："不撒一粒粮！""不淋湿公粮"等为立功条件，邹县小车队有一次运粮遇上天下雨，民工提出："淋湿了人，也不能叫它淋湿了粮食！""爱护粮食就是我们的功劳！"大家都自动的把所有蓑衣、雨衣等盖在粮食上。胶东滨北运输大队，开展了立功运动后，民工普遍发起爱粮运动，提出："粮食就是命根子！""打老蒋的本钱！"有的民工口袋破了没东西补，就把自己的破褂子撕了补上。渤海三分区运输第一大队，民工王宗长，他怕坏人偷粮食，晚上就用秫秸把车子围起来，他睡在一边看着，民工唱着说："小车吱吱赛凤凰，咱上前方送军粮，同志吃得饱又饱，坚决立功打老蒋！"

（5）民爱民运动也随着立功运动在民工中开展起来，普遍提出了"天下农民是一家""民爱民，心换心"的口号，号召民工爱护群众，帮助群众。民工普遍提出了四要五不走。四要是：要爱护房东的东西、要团结房东、要向房东宣传、要帮助房东生产。五不走是：水缸不满不走，地不扫不走，东西不还不走，不向房东道谢不走，损坏东西不赔不走。胶东潍北担架团三中队掀起爱民运动后，七天帮助群众耕地种麦子7亩，推粪348车，挑水1025担，收割庄稼155亩，挑豆子134担，推磨7次，压碾105次，打场57次，割草200斤，并出现了不少的爱民的功臣。

摘自华东支前总结委员会《济南、淮海、渡江京沪三大战役支援工作总结》，1949年11月30日，第92—95页

胶东区某担运团制定的立功条件

一等功马保信条件如下：

1. 服从命令，从不对抗，无论在任何情况恶化时，对分配任务坚决完成。

2. 在上海接任务时，不管炮火如何激烈，大胆沉着，不惊慌失措，带领他这一组，接任务时用这一个组来带领这个班。

3. 群众纪律莫违犯一点，做到五不走。

4. 战场纪律一针一线莫动，推动了全班莫违犯。

5. 城市纪律，买烟要经领导批准，做到请假制。

6. 行军向来不掉队，自己带头拿东西，影响全班不掉队。

7. 思想帮助很积极，使这一班工作很顺利推进。

8. 抬伤员很关心，遇到4架飞机围绕，他大胆沉着，指挥队员隐蔽，他坐在病号身旁作伴，安慰说，你不要害怕，有我就有你。

9. 住房时，就宣传党的政策，三大纪律，八项注意。

10. 对公物很关心，准备工作很好（特别是担架），来了任务不会手忙脚乱，缺东少西。

二等功马奎元条件如下：

1. 城市政策遵守好，全组群众纪律好，做到五不走，不拿一针一线，并推动全组。

▲ 某担运团三营六连一、二等功臣名单与条件

2. 宣传党的政策，解释解放区自由生活。

3. 战场缴获一切归公，带领全组。

4. 公共卫生好，推动别人。

5. 所有劳役起带头，助伙房做饭烧水，拿东西多（百里行军）。

6. 团结①体力强，助身弱拿东西②互助及时打通思想。

7. 接受各种工作愉快，任何情况下不打一点折扣，执行坚决迅速，完成任务，不落别人后面，集合特别迅速（全组）。

8. 接受伤员抬得快，走得稳，及时安慰伤员，助伤员小便。

9. 操场纪律推动全组遵守好。

10. 任何情况下不发牢骚，并推动全组。

11. 遵守当地风俗习惯。

12. 炮火下沉着指挥全组。

13. 安慰本队病员。

14. 及时呈报队员思想，呈报工作情况。

15. 放下一切包袱带领全组，渡江部队打到哪里，支援到哪里。

16. 工作一贯积极。

17. 民运工作经常干。

18. 艰苦作风，特别表现在冻天没鞋漏着脚，没裤衣，没发过一次牢骚，在江北转病员，天冷下雨吃不上饭，不但坚持不发牢骚，并推动动员别人树立艰苦作风。

摘自烟台担运团三营六连《一、二等功臣名单与条件》

支前报道

渤海四分区民工团开展立功竞赛活动

【又电】渤海四分区远征民工团，在济南战役胜利鼓舞下，开展立功竞赛运动，

积极准备接受新任务。6 日的下午，该团 40 副担架接受了转移 46 个伤员的任务，在李营长号召下全体动手，干部杂务人员都参加了抬担架，全体民工也都要求坚决完成任务立功，当夜走了积水没膝的 60 里水泥道。7 日继行崎岖道路 15 里，内有 7 副担架往返两趟，多行 30 里。8 日继续行军 90 里，这天连级干部抬 60 里，排干抬全程，并涉过一条水深到腰的河和 5 里路的稀泥路，胜利完成任务。该团并于日前举行立功宣誓大会。会上无棣大队向惠民、阳信等县大队提出挑战，惠、阳等县民工大队均热烈应战。其中无棣大队的立功计划为：（1）保证今后没一个逃亡。（2）南去不动摇，北去不想家，部队打到哪里，跟到哪里。（3）坚决完成任务，服从领导，立不下功不回家。（4）爱护伤员和亲兄弟一样，无论在任何情况下不丢掉伤员。（5）遵守群纪。（6）遇到任何困难，要想法克服，不叫苦，不埋怨。现该团民工正热烈准备迎接新任务。

摘自《大众日报》1948 年 11 月 19 日

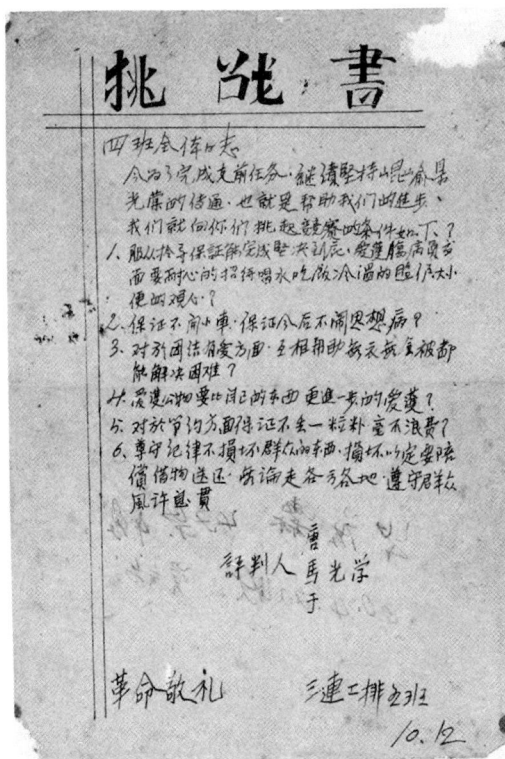

▲ 某担架队的挑战书

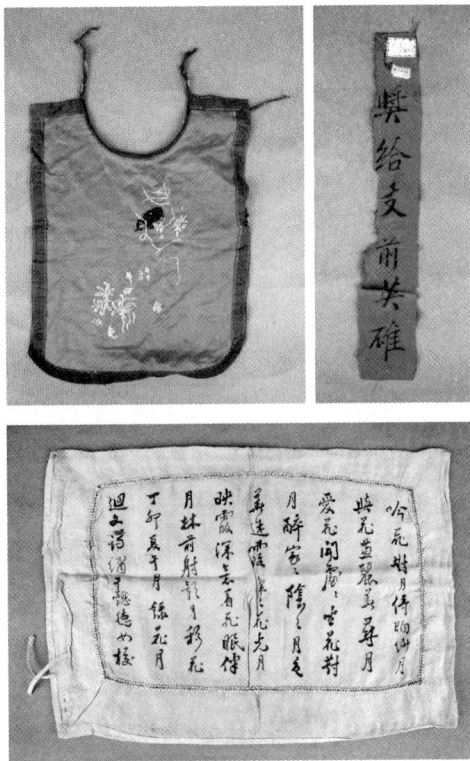

▲ 立功民工的部分奖品

支前总结

评功检过和奖功庆功

评功、庆功，总结了政治行政各项工作，发扬了民主，达到民工互助教育，同时评党员也评干部。在群众性的评功下产生出大批模范英雄人物，改造了领导，提高了干部与民工，检查了工作。一般有如下三种情况：一种是小组内在执行任务中随记随评；一种是每一战役结束，或每一执行任务告一段落时，以团营为单位，或由部队帮助配合进行；一种是完成任务复员时，进行整个服务阶段的评功、庆功。

评功、庆功是立功运动的最后总结，在继续服务的情况下，它能从中得出经验，表扬了好的，批评了坏的，打下继续执行任务的基础。在完成任务复员的情况下，它又是由支援战争的任务，转入后方建设任务的教育过程。因此，评功、庆功进行的好坏，对继续执行前方战争支援任务或民工由前方转入后方，有着决定性。

评功又结合检过，对破坏群众纪律、开小差、说破坏话的民工在评功中亦根据其错误的轻重，适当的进行批评和记过，从检过方面教育民工。胶东海阳担架团有一个民工立了一等功，但因为他破坏群众纪律三次，即又给他记了一次过，在宣布功的时候说明他为什么立了一等功和记了一次过，他听了以后说："我弄了个功过双全，下次我坚决立大功去掉过！"对教育民工也有很大帮助。

同时，民工也给干部进行了评功，如渤海三分区担架团，在评功中除给干部评功外，同时对干部的缺点也进行了批评，如民工给三中队王指导员提意见说："他别没孬，就是态度不好，动不动光熊人，没愿接近他的！"有的民工给五中队三排长提意见说："他有事情，光知指挥别人去干，自己在那里不动，吃饭的时候，别人不吃，他先吃。"有的民工说："有一次转运伤员时，伤员喊大便，把他吓跑了！"被批评的干部，都虚心接受了意见，进行了检讨，这样对干部有很大的教育和帮助。

评功结束后，一般均进行了隆重的奖功、庆功。

庆功的方式多以团、营、大队、中队为单位，召开民工大会进行，一般会场均有隆重布置，大会除由民工负责同志进行总结与提出今后任务和宣布功臣名单、事迹外，并由功臣作典型报告，和集体给功臣给奖献花等节目，这时才使民工深刻感到立功的光荣，对民工教育影响很大。一般经评功、庆功后，民工的觉悟与积极性有着很大提高。渤海一分区担架团在济南战役评功、庆功后，许多立功的民工都表示了决心，五营民工李省三说："这次我立了一等功，下次我非立特等功不可。"胶东潍南民工团三小队民工孙德希是荣誉军人，没评上功，他决心的说："这次没评上，看下次的，非争第一名不行！"过去发牢骚的民工再也不发牢骚了，懒的民工也自动早起扫地，给房东挑水，干部反映说："自从评功后，民工大变了样，比以前好领导多了！"

摘自华东支前总结委员会《济南、淮海、渡江京沪三大战役支援工作总结》，1949年11月30日

二、拥军爱民运动

"民爱民"运动

支前手册

改善民工与新区群众关系极为重要

【支前支社29日电】在支前民工源源进入新区，新老区人民一致热烈支援前线情况下，会在个别地方发生民工与新区群众关系不正常现象，为及时防止这些现象继续发展，改善民工同志和新区群众关系，华中支前司令部26日特发出给各级支前干部指示信。信上指出目前民工和新区群众关系处得不正常，有些民工侵犯了群众利益，随便弄草烤火、偷山芋、强买东西、弄坏用具、不注意大小便……有些新区群众则表现得不能体贴民工困难、瞧不起民工，称为"小×子"，夜晚拒绝开门，遇事有意为难，供应粮食中用粉渣，豆饼夹在高粱中推面，有的还加了水，以致面生霉发苦，这些现象，是互为因果的，在这个矛盾上，就发生互相谩骂、殴吵等严重现象，以致互不信任、互存戒备、产生互相仇视心理。如不立即禁止，采取有效办法调整双方关系，则不仅会直接影响支前，而且还可能发生严重的后果。

上述现象虽然只是个别的，绝大部分民工和新区群众基本上是好的，但必须

认识，这些现象是严重的，还是正在发展着的。这些个别现象的发生，虽然少数民工和新区群众因各有其缺点，但主要还是由于双方各级支前领导干部没有及时注意防止和解决所造成的。

当认识和处理这些问题时，双方应以服从支前任务为出发点，反对片面强调自身困难的本位思想，当群众与民工发生纠纷时，即是群众有过失，领导民工干部仍宜多向民工解释教育，不应过分强调群众的缺点，反之地方干部对当地群众也应以同样精神处理。而有些问题，则应采取协商办法解决，该处罚的就要处罚，应赔偿和道歉的就要赔偿道歉，要是非分明，不含糊、不拖延，只有采取这样的原则和方法，才能消除这种极端有害于支前任务完成的、互相埋怨、互相对立的情绪。

为了调整这种不正确的关系，必须在民工与群众中有系统有计划的进行宣传教育，而教育的重点，我们提出：

在民工同志方面，应该加强纪律教育，同时使民工深刻了解新区群众的特点，加之地邻战线，负担较重，不要对他们要求过高，老区民工已经过土改翻身，觉悟提高，要在新区群众中做个好榜样，在这样基础上再提出具体要求，保证不偷草偷菜，损坏要赔偿，不随便大小便等。

在新区群众方面，应该广泛的宣传我党我军的政策，提高政治觉悟，激发支前热情，并使其深刻认识到老区民工同志各种高度为公的精神，他们弃家离乡长途跋涉千辛万苦，是为了支援流血奋战的人民解放军，打倒压迫我们的敌人——蒋介石匪帮统治。民工同志的困难应尽可能去照顾给予方便。应该不计较个别民工粗暴和不满的举动，应该了解在战地增加的困难是不可避免的、临时的，战争胜利后是可以得到补充的。在这样的教育基础上再提出具体要求，如保证磨面要干净，要让房子给民工住，要帮助民工解决困难。只要从这两方面来进行教育，才能在思想上解决问题。

今后双方各级干部应加强这方面的活动，随时随地通过各式各样形式来进行宣传教育工作，特别重要的应经常举行联欢会议，互相检讨，消除隔阂，沟通感情，达到亲密团结。同时还应教育民工和群众，要严防匪特地痞流氓的挑拨破坏活动，有些事例是由此而起的。只要我们干部能耐心地坚毅地来进行这个极其细致的工作，是一定会把双方关系正常化起来的。假使把这项工作做好了，不仅大大帮助了目前的支前工作，而且也将直接影响到我党的政策较容易在新区执行和贯彻。

摘自《改善民工与新区群众关系，华中支前司令部特发出指示信》，见江淮二分区
支前司令部编印《支前手册》，1949 年 3 月 20 日

支前总结

"民爱民"运动是政治工作的重要组成部分

民工群众纪律过去有些成绩，但开始未被领导重视，多系自发和自流的多，
有领导进行的少，因此在民工中，曾有过严重违反群众纪律的现象发生。随着政
治工作的逐步加强，"民爱民"运动也随着广泛的开展，成为政治工作的重要部分，
也是民工支援过程中的重大贡献之一。

干部和民工对新区群众有着不同的错误想法，民工方面：（1）认为新区群众落
后，非硬吃不开；（2）群众关系好坏，反正住的时间不长，一星半点东西算不了什
么；（3）有些民工思想不通，故意闹事找别扭。干部方面：（1）认为天天忙着巩固
民工，哪有闲工夫弄这些事；（2）认为在困难的情况下，发生违犯群众纪律现象是
难免的，抓紧了怕民工不满，影响巩固；（3）怕负责怕得罪人，怕以后受群众的批
评，因此形成极端民主，放任自流，往往同情民工，迁就落后。

根据以上情况，华支曾强调提出：加强"民爱民"、"心换心"和遵守驻地群众
纪律，帮助驻地群众劳动的教育。通过民工正确的向驻地群众解释各种政策，教
育新区群众，消除新老区群众的隔
阂，加强新老区群众团结，打消新
区群众部分怀疑与顾虑，启发新区
群众觉悟。

民工团队一般均根据华支指示，
在干部、民工中进行了号召与教育。
渤海一分区担架团，首先号召干部
要体贴群众痛苦，并提出：把新区工
作搞好，也是支前的成绩，和新区
群众关系不好，将会损失我党政治

▲ 民工帮助群众挑水扫地

影响。并说明放任民工违犯群众纪律，不但不能真正把民工巩固好，而且是一种罪过。鲁中南三分区担架支队，号召党员要全心全意为人民服务，没有本村与外村、老区与新区的分别。并强调每个党员，要以自己的实际行动，来实现党交给自己的任务。胶东威海民工团，在民工中提出：过去有的民工破坏群众纪律，使群众不满我们应该怎样？想想我们家里如果住了民工，破坏了我们的东西，我们心里怎样？并提出"人过留名，雁过留声"的口号，经教育后，民工都有了很大的转变。渤海一分区担架团五营，民工普遍提出了三不走，就是：房东水缸不满不走；房东的东西不还不走；不向房东道谢不走。四营提出了四要四不要。四要就是：要做群众工作，要爱护房东东西，要帮房东干活，要在爱民中立功。四不要是：不拿房东一针一线，不损坏房东的东西，不舍下房东的门板、铺头就走。胶东威海民工提出：我们的任务是："支前生产，来了任务就上前线，没有任务就帮群众生产。"有的提出："天下农民是一家，这里多打粮，咱们也有光。"有的说："只有帮助群众生产，才能团结群众，群众才能拥护咱。"不少团队都建立了民运委员会或群众工作委员会，专门领导帮助群众劳动，向群众宣传和驻村的群众工作。

摘自华东支前总结委员会《济南、淮海、渡江京沪三大战役支援工作总结》，1949年11月30日

民工队广泛开展"民爱民"运动

（一）进行宣传，打破新区群众顾虑

民工随军进入新区，不仅完成了支援战争的任务，同时通过各种形式随时随地的宣传了党的政策和解放区群众的翻身情形等，给新区群众以很大教育和启发。

（1）宣传了胜利形势，揭发了国民党的罪恶行为，使新区群众懂得战争情形，了解自己所受的一切灾难是国民党反动统治所带给的，提高了政治觉悟，坚定了胜利信心。

胶东东海民工在安徽宿东县符离集以东住时，不断的把淮海前线消灭杜邱李全歼黄维的消息，讲给当地老百姓听，老百姓都高兴的说："想不到国民党垮的这样快，解放军得民心非胜利不行。"

渤海四分区担架团，在邳县住时有领导有计划的向群众宣传："反对国民党的

假和平，拥护真正和平。"群众听了，纷纷反映："蒋介石叫解放军打的不行啦，装开了孬，他还想养胖了再来糟蹋咱老百姓，别说解放军，咱老百姓听说也不能让，非除了这股害不行！"

新区群众对人民解放军和国民党有什么不同，为什么要打仗等问题往往分不清，但经过民工宣传教育及实际行动的影响，就开始有了新的认识。如渤海一团初到新区时，家家关门闭户，以为来了杠子队，都很害怕。后来见帮他生产，说话和气才转变了，有的群众说："俺以前光当是您和中央军一样，谁想您还是这样的善，真是老百姓的队伍。"民工就趁此向他们说明：国民党打仗为了谁，解放军打仗为了谁，可我们就是为了打蒋介石才出来支前的。在萧县一带住时民工以当地群众被蒋匪新五军蹂躏的悲惨事实，向群众进行教育，并提出："解放军流血牺牲围歼杜邱李就是为着人民的翻身解放。"有的并组织群众诉苦，激发对蒋匪的仇恨心，很多群众说："新五军在这里，庄户人一霎也过不了，成天不是打就是骂，不要猪就要鸡，粮食见了就抢。解放军在这里不但不拿还帮助老百姓看门。"

（2）宣传了党的政策及老解放区群众翻身解放情形，启发了新区群众的政治觉悟。

沂南担架团，在朝阳集附近时，群众看着民工穿的很破，以为这都是跟着部队出来混饭吃的，一个老大爷问民工高培忱："你那里歉年几年了？"高培忱就主动和他解释好多问题，说明解放区丰衣足食，解放区大批给养日夜不断的向这里运，我们是吃着自己的粮食来帮助你们解放。

渤海四分区担架团，特等功臣杨丙信，在徐州北于村住时，在一家姓张的大爷家，他宣传了共产党民主政府怎样帮助老百姓生产，爱护老百姓和怎样实行土改等。张大爷的侄子张光明，在一旁听了，他站起来说："怎么真的还有这样好事吗？"接着他就说起他今年18岁，12岁就没有父母，撇下了3亩地不会种也都卖了，他要求跟杨丙信一块去支前，复员后一块到解放区去，杨丙信对他解释说："蒋介石快消灭了，这里很快和俺那里一样了。"当他行军走出十多里路时他又赶了去，指导员让他吃了饭，才把他动员回去。

很多新区群众不明白民工怎样来的，不少群众问民工："是不是抓来的？"安丘县的一个18岁民工告诉他们说："蒋介石在那里把俺糟蹋的和你这里一样苦，共产党领导生产救灾救了俺，俺支前都是自愿来的，打不倒蒋就没好日子过！"

许多民工团队的长长行列，经过徐州、蚌埠时，市民都奇怪的说："怎么这些夫子也没押着的他们不跑呢？共产党真是有办法！"民工答复他们说："支前是自愿的，消灭了老蒋才能过安稳日子！"

……

（二）帮助群众劳动

每到一地帮助群众劳动，成为民工普遍现象，高度地表现了解放区劳动人民的阶级觉悟和劳动高尚本质。仅据鲁中南、渤海、胶东9个民工团体的不完全统计，在随军服务半年中，即帮助群众：

耕地	5200 亩	割柿子	7000 个
种麦子	125.9 亩	摘花生	16500 斤
收庄稼	34800 亩	割瓜秧	80 次
锄地	13300 亩	刨地瓜窖	18 个
种菜	78 亩	切菜	1600 斤
刨花生	222.2 亩	钉盖顶	16 个
刨地瓜	163 亩	做小桌	20 张
泥房打坯	23700 次	编筐头粪筐	50 个
推磨压碾	21640 次	压磨	18 盘
打场	11139 次	编笆子	71 个
修理家具	3229 次	编席笼子	24 个
打纺车	159 辆	割草	61659 斤
帮盖屋	20 间	其他零活	53211 次
下柿子	125 筐		

这个统计表就帮助的范围之广和种类之多来说，就充分证明了"民爱民"运动的深入和广泛。民工在帮助群众劳动中出现不少的模范事迹，深得新区群众的爱戴和拥护，加强了劳动人民的团结。

民工不仅帮助群众生产，有的还把自己的手艺和生产办法传给了新区群众，打破了"艺不传人"的封建传统。鲁西新解放区的纺车很笨，轮子周围的柱子太稀，不结实，中间的轴摇不起来不滑也不快。渤海民工队的木工组亲自给居民做了一些手纺车，中间添了一个转轴，省劲又快。大娘们个个叫好说："毛主席教育的人，心眼都巧。"

广饶民工在临沂县住时，给房东编了些渤海用的粪筐，一个房东大爷背着到处夸奖说："老解放区民工真是巧，编这粪筐又好背盛的又多。"也把编的办法教给了当地居民。

由于积极的帮助群众劳动，真正做到了"以民工的好心，换得了群众的好心"。仅渤海一分区担架团光群众送的旗子就有 59 面，胶东担运第八团挑工六营群众送旗 180 余面，复员时华支奖为红旗营，民工与新区群众真是亲如家人，这充分说明：老区人民在党的培养教育下阶级觉悟大大提高，他懂得如何支持战争，又如何自觉的帮助广大劳动人民的解放。

（三）遵守群众纪律

民工不但在新区广泛深入的宣传了党的各种政策，自己翻身经过和帮助新区群众劳动，同时也严格遵守了群众纪律、战场纪律和城市纪律。……

民工并且也和人民解放军一样的遵守着城市纪律和战场纪律。渤海一分区担架团在济南战役时提出"空手进城，空手出城"的口号，民工都认真恪守，没有一个从城里带出东西来的。淮海战役消灭黄维兵团时，11 月天那么冷还没穿上棉衣，虽然满地都是棉衣、帽子，没一个拾起来的，民工拾到了子弹就马上交公，像这些遵守政纪的范例是不胜枚举。

摘自华东支前总结委员会《济南、淮海、渡江京沪三大战役支援工作总结》，1949年 11 月 30 日

书信选编

葛启森的告别信 [①]

新安的父老兄弟姊妹们：

俺们民工驻贵地已经一月有余，各事都蒙照顾和协助，特别是俺们对贵地民俗民情不够深切了解，发生诸多对不起父老们的事情，实感抱歉，但父老们并没

---

① 这是 1949 年 1 月 13 日，叶挺支前常备民工队写给安徽省萧宿县宁瞳区新安集群众的信。淮海战役时，民工队在新安驻地，当地群众对他们热情招待。即将离开新安时，为表达感激之情，民工队长葛启森用毛笔书写了这封告别信。当时写了数十封，张贴在驻地房屋的墙上。1963 年，葛启森把写给驻地群众的那封信从笔记本里摘抄下来，寄给了淮海战役纪念馆。

有为此而计较，均能海涵，这种宽宏友爱之精神，真令人羡慕与钦佩，是俺们永远不会忘记的。现在淮海战役已经胜利结束了，俺们的任务亦光荣完成了，同时也向父老们告别了，在告别前俺们特向你们致以崇高的致敬，聊表敬意。俺们回去后并加紧生产，继续支援前线，为最后打倒蒋家匪帮，彻底解放全中国及保证你们的翻身永远而努力。

支前报道

"有困难捎个信来"

当蓬莱担架队，行军在沂北县高桥区黎园看沟村时，一住下就替房东劳动。三小队房东的水缸很快满了，小队长许振选又领着大伙给她割绿豆，回来时，桌子上已摆好碗、筷和四样菜，可是大伙没有吃。以后小组长周尚病了，王大娘用自己的面给他做面条喝，一天送三次茶，白天出去也不锁门了，还交代同志们说："给我看着门啊！"

四分队四小队在半夜里听见房东娘儿几个起来推磨，就派出五个人替她推，天一亮老大娘早烧好了茶，喜笑颜开的拉着同志去喝茶。

一分区滕贯一等四个人在帮房东捣粪时，捡出了一根银簪，一支金钗，八十多个铜子，原来房东王大爷这所房子是新分得的，这些东西也不知是什么时候埋的，分队部当把这些东西交给中队部时，中队部又马上转送到村公所处理，村里黑板报上第二天就写上了"拾金不昧"的消息，表扬了他们四个人，这消息风快的传遍了全村。

二分队长刘希福替房东割了豆子，又领着大伙砌了个牛栏。下雨了，街上满是泥，分队部又领着队员从河里运沙铺院子和街道。在庄上住了三天，庄里人慢慢的熟悉了这伙人，不断的送来了小菜、单饼、油饼，但均为民工辞退了。

担架队要出发的消息不知怎的让庄里人知道了，大伙商量着："给吃的不要……送给面模范旗吧！"当晚上就做好了两面镶着翠蓝色边的三角旗，一面写着"支前生产模范"送给了中队部。写着"劳武结合"的一面，送给了三分队部。要出发的头天晚上，王大娘包好了饺子，非请刘希福不行，但刘希福开会去了，等回来，见王大娘老两口子还在看着未下锅的饺子等着他回来下。临走时王大娘早包好了一包煎饼、一包棉花、五千元北海票，硬塞到老刘手里，老刘给她解释，坚决不肯收，王大娘的眼泪这时已鼓满了眼皮，说："到那里有困难捎个信给我，要套棉被家里有棉花。"队伍出庄了，庄里人一直送过河滩，在离别时，送行的人群中，有几个撩起衣角，擦着眼泪。

摘自《鲁中南报》1948 年 11 月 25 日

向导的大袄

沂东担架团二营五连在萧县城经过时，夜里找了一个向导：这个向导是在国民党那里教了十二年书的一个人，不大愿意给我们带路，一路上想回去，他心里不知在想着什么事，把路带错了，到了一个庄一问，走错了很多路，他觉着是出了乱子，这时他的大袄还盖在伤员身上，他也没敢拿，就偷偷溜跑了。

以后我们拣着这件大袄，还是好好的给他保存着，有一天有个同志到萧县城去赶集，这个同志记得这家的大门，就又给他把大袄捎回去，并且宣传了我们的政策，说了很多安慰他的话。

那个向导说："真想不到你会这样好，一件大袄还再找着门给送回来，那天晚上我只觉着惹下了大祸了，要是给国民党那样带错了路，那他一准就把我杀了。"

▲ 华东支前委员会政治部编的《支前画报》刊载了大量"民爱民"故事

摘自华东支前委员会政治部编《支前画报》，1949 年 3 月 12 日

"小虎"的得救

鲁中南沂南县，朱富胜担架团三营三连长郭世现与一排排长刘成仁，行军到河南省永城县良宅村时，见到两条大狗赶咬一个穿着破烂衣服的小孩，那小孩喊

叫着没命的奔逃，他们当即赶上去把狗赶跑了。问那小孩是哪里人？才知道是山东郯城雨村人，小名叫虎，十二岁，父亲叫于现斗。是从火线包围圈里跑出来的。连长和排长便把他领回连部。

小虎到连部后，吃饱了饭，开始叙述他的痛苦遭遇，去年10月敌人从临沂到郯城时，他与他父亲躲在湖里被蒋匪捉去，在那里给敌人挑水、烧火做饭等，12月敌人从徐州逃窜，他又被围在永城东北的包围圈里。起先一天喝一小盆（有4两）薄糊涂，后来什么也吃不到了，因为受不了冻饿的痛苦，父亲告诉他："好好记住山东郯城城南雨村。"便含着眼泪扔下了十二岁的孩子逃跑了。

小虎流着眼泪望着父亲逃跑后，也很快的逃出了庄子，朝着曾看到父亲藏身的窝落里跑去，到了那里没寻着他父亲，他不敢久停，揩干了眼泪无目的的向前奔跑。到解放军阵地时，才吃到了被包围后没见到的饭和菜，吃饱后战士们又给他一些饭拿着，并指给他走的方向，这时他十分高兴的说："真是两个样，国民党那里什么也没的吃，八路军这里，不但有饭还有菜，叫我吃饭，还叫我拿着些。"他吃了饭变得很快活了。

连长见到他穿着单裤，冻得发抖，便拿出了自己的一条半新的裤子，又动员了秦与信的棉花套子，给他套了一条棉裤，指导员丁文丰拿出自己的包脚布找了些棉花，给他把脚包好，把鞋子钉上鞋带。

小虎在民工队里，很满意。但长期在包围圈冻坏了的两脚，得了暖气后肿起来了，开始淌水，走路也不能走了，在第一次行军时，忽然走着走着不能走了，三排三班一等功臣秦与信，把他背着走，在他的影响下班里高世明等轮流背他十几里，秦与信自己背了五里。在第二次行军时，特地给他绑了一副担架，抬着他行军，一夜走了五十余里。一路的老百姓问起这小孩子经历都非常感动，有的说："这些民工这么好，拾个小孩还抬着，也不嫌累的慌。若是碰到国民党早砸死他了。"有的说："脚肿的这个样不能走，若不是碰着这些民工就冻饿死了。"阳楼村一个老大爷对小虎说："你千万别忘了共产党、八路军和您这些大爷们呀！"小虎干脆的回答："我死也忘不了他们！"

复员的指示下达后，该连即作了研究：带了这小孩吧？不行！扔下吧？更不行！怎么办呢？研究的结果只有找人送他家去。临走时，郭连长和秦与信每人给他2000元，高世明给他1000元。小虎拿着5000元钱，笑眯眯的说："我没想到再见家里的老人，没想到你们这么好；管我吃穿，还给我钱，送我回家。你们到俺家里一定割牛肉包饺子给你吃。"该连于 1 月 15 日派秦与明等五人抬着小虎，从徐州小刘庄出发，一直送到他家。

摘自华东支前委员会政治部编《支前画报》，1949 年 3 月 12 日

打破群众顾虑

铜山县平台区后盘桃村一带，长期在蒋匪统治下，深受欺骗教育："共产党共产共妻"呀，"杀人放火"呀，"熬老头的油"呀等等。因此他们见到解放军，就吓得直哆嗦，不敢说话。

现在这里解放不久，鲁中南二分区挑工六团的蒙山营四连四班驻在盘桃村的李凯云家里，房东非常害怕，每天躲在屋里窥探着民工的行动，像怕偷他的东西。每次民工向他借东西时，房东总是跑在前面，挡着路，不让进屋，脸上显出惊慌的神色，像屋子里藏着什么私货似的。

这事，引起了四班同志的注意，疑为房东屋里可能藏着军用品。因此民工同志们便抓紧了对房东的教育。班长赵玉秀，慢慢的找着大爷闲谈，告诉他解放军是老百姓的军队，不打人，不骂人，不拿群众一针一线，还帮助老百姓解决困难。又劝他千万不要听信国民党的谣言，国民党说共产党"共产共妻"、"杀人放火"全是造谣，大爷你想一想，俺们民工都是老百姓，若是解放军真那样的话，俺还来支援吗？再说解放军也到你们这里了，你听说杀过谁来？共过谁的妻呢？以后班内民工都慢慢和房东接近，给他挑水、干活，抽空和他拉些解放区的光景和共产党的政策。

经几天的教育后，房东有了大的转变。一天，老大爷亲自和民工同志说："我算看清楚啦！今后再也不听那些狗日的（指蒋匪）放屁啦！以前他们说解放军多么厉害，我今天一看，全不对劲。"第二天，他的闺女就出来了，年有十七八岁，穿的非常破烂，脸上抹着一层灰，头发也乱蓬蓬的，简直打扮的不像人样。民工同志们见了都说："这些日子了，咱寻思啥来？原来是房东的闺女藏在屋里。"

以后大爷有活就叫民工干，家具借给民工用，像一家人一样。他的女儿也敢出来进去，并且洗去了脸上的灰，换上干净的衣服。

摘自华东支前委员会政治部编《支前画报》，1949 年 3 月 12 日

"民拥军" 运动

支前总结

民工在前方转运中，普遍开展了爱护伤员运动

民工在前方转运中，普遍的展开了爱护伤员的运动，将这一运动推到了爱护伤员的高潮，民工具体明确了这些阶级的兄弟为谁牺牲负伤的真理。淮海战役中渤海一分区担架团民工，每次转运伤员时，总是给伤员盖上三四件大袄，民工自己只穿一个单褂，冻得浑身发抖，还是精神愉快。民工普遍用缸子饭瓢替伤员接大小便，而不嫌脏。济南战役，部队奖给民工每人两包饼干，都舍不得吃，留着给伤员吃。民工拿出自己的钱，买上红糖、白糖、冰糖，专给伤员冲开水喝。统计各营给伤员买糖、买水果，就有千多次，民工接到复员令后，各连拿出节约菜金 60 余万，慰问伤员。张廷景从蒋庄输送了一个重伤员，用自己的被子给伤员铺上，又盖上自己的棉袄，伤员问："你不冷吗？"他说："只要你不冷俺就放心！"他亲自背着伤员大小便，从不嫌脏。

胶东北海民工大队二连，在杨疃遇上敌机扫射，当时有两个重伤员不能动，四排长曹星一和十六班班长李长爱，急的爬到伤员身上，用身子盖住伤员说："同志！打不死我就打不死你！"碾庄战斗时，为了使伤员保温，三连派人出去几十里路买兔子皮，张志学等人，将自己帽子上的皮摘下来，给伤员取暖。鲁中南临朐民工，把衣服都给伤员盖上，有九十多件衣服被染了鲜血，民工不但不嫌，认为是无上光荣。

......

民工不仅兄弟样的爱护伤员，同时不少民工冒着炽烈的炮火，在火线上抢救伤员的生命。

渤海一分区担架团特等功臣李省三，随三纵特务团，在淮海战役阻击匪第五军时，他号召郭福元、刘中海到火线上去抢救。在接近敌人时，他一面抢救伤员，一面向敌人射击。一夜他就报名参加火线抢救 3 次。五营特等功臣丁自明，淮海战役执行任务时遇到敌人的火力封锁，他号召放下担架，爬过敌人火力，到火线抢救 4 次。

摘自华东支前总结委员会《济南、淮海、渡江京沪三大战役支援工作总结》，1949年 11 月 30 日，第 99—100，103 页

支前报道

民工爱伤员

渡过运河与不老河后，民工同志连歇都没歇的就接受了新的转运任务。大家碰到一连串的困难，但都忍受一切的克服了，如庄小没房住，他们就露营，好多同志脚上裂了口子但未影响工作，孔照福同志脚上的口子将近一指深，一行动起来就会淌出鲜血来，可是他能用线缝一缝，跟着一样的转运不掉队。

天冷了，担架队的好多干部都把自己的棉衣匀给队员穿，然而队员却又脱给了伤员。"宁肯自己冷，也不能让伤员挨冻。"这一响亮的口号变成了大家的实际行动，13日的夜里，西北风呼呼的刮，冷得刺骨，他们想："我们走动着都冷，伤员躺在担架上一定会更冷的。"于是他们便不约而同的把各人身上披的毯子揭下来，给伤员从头到脚的盖上，大大的感动了伤员。"长白山"部的一个负了伤的营长，看到他们这样的热爱伤员，便诚恳的一面用手拿起自己的大衣，一面动员通讯员把毯子揭给民工披上，民工同志很谦虚的对他说："营长，你为俺老百姓负了伤，我们给你保温是理当的，今天我们没做到就觉得有愧，再来拆薄你可是万万使不得的呀！"说着，便将大衣和毯子又一起给营长盖到身上去。

11月14日，新民工终于赶到了，才把这批千辛万苦的民工换了下来，当他们正在办理复员手续的时候，情况又有了新的变化：准备机动，要把各队现有的伤员迅速转往后方，但这时候新民工即在第二线，因此要做好这一工作还要动员大家再坚持两天，然而他们当新民工一来的时候就把担架交出去了，这可怎么办呢？但他们终于在高度为伤员服务的热情下克服了这一困难，有的用拉地的耢，有的用高粱秸和秆子使地瓜蔓绑成床……不到两天时间，在往返一百六十多里的路上，将数百名伤员转到了后方，他们愉快的最后的完成了任务。

摘自华野十三纵《进军通讯》第 37 期，1948 年 12 月 10 日

"军爱民"运动

支前总结

部队对民工的关切爱护，对民工巩固起了很大作用

（1）在生活方面——三纵对渤海一分区担架团，派人去给该团进行防炮、防

空的教育，并实际指导如何挖防空壕，每到住地部队便检查民工的防空设备。民工参加火线抢救，在拂晓的时候，部队即让民工撤离战场若干里。有几次部队和民工同时住一村，部队即让出房子给民工住，自己用秫秸在露天搭棚。民工衣服破得不能穿，三纵教导团的战士拿出自己的衣服来接济民工。一营就分到三十多件，天冷时候，民工还没棉衣，该纵又将战场缴获的棉衣单衣千余件发给民工。行军时候，军队民工并肩前进，部队总是把好的路让民工走。该团随三纵参加了济南、淮海两大战役，民工在炮火中，在敌机狂炸扫射下，参加火线抢救，竟无一人牺牲，始终保持了巩固的情绪。二十七军对胶东担架六团派出一个卫生队了解民工卫生情况，替走肿了脚和起泡的医治，为了防止天花给民工普遍种了

▲ 中野三纵某团九连战士王含在宿县城西关挖到老乡埋藏的 11 块银元，如数归还

牛痘。又对民工身体，进行检查，动员民工，每隔几天即用开水洗衣服和喝姜汤。民工各营均配有医务人员，每连设有卫生员，并由该团各营旧卫生员和在民工中挑选文化程度比较高的学习协助卫生工作。二纵看到鲁中南麓水担架团，天冷了民工棉衣没送来，便掀起"献衣爱民"运动，共献出衣服二百多件，解决了民工的棉衣问题。

（2）在政治教育方面——部队不仅在生活上关切照顾民工，同时也帮助加强了民工的政治领导，一般随军民工团队，均配有部队的政工人员，协助开展民工政治工作。三纵专派民运股长去渤海一分区担架团作副政委，3 个同志到各营任副教导员。民工的英勇事迹，在该纵麓水报上经常登载。8 个月中，三纵及时的帮助该团评功、奖功三次。纵队总是以物质奖励功臣们。第一次奖功，每个一等功，奖被单 1 条，手巾 1 条，袜子 1 双，还有很多奖旗，使初上战场的民工真正认识到立功的光荣，打下民工争取立功高潮的基础。五营跟炮兵团执行任务，炮兵团写了挑战书给民工，民工也开了党员大会讨论挑战条件，四条：1. 服从命令听指挥；2. 爱护伤员如兄弟；3. 空手进城，空手出城；4. 保证不逃亡，不减员，做到五快三

不走（集合快、行军快、吃饭快、上下担架快、执行任务快。三不走：水缸不满不走，院子不扫不走，不作宣传不走）。民工们一致对教导员说："这些条件保证能做到，你放心去应战，反正不能丢人！"炮兵团经常派人检查执行情形，民工也派出爱民小组，去检查炮兵团条件执行情形。这样双方都提高了纪律性和积极性。

部队对民工的关切爱护，对民工巩固起了很大作用，渤海一分区担架团，在二大战役中连续执行任务中，巩固达 96.7%。这表现了人民军队为人民服务的高尚品质。

摘自华东支前总结委员会《济南、淮海、渡江京沪三大战役支援工作总结》，1949年 11 月 30 日，第 97—99 页

资料选编

华野八纵六十七团战地爱民零讯

两个鸡蛋

侦察队住杨庄，七班小臣 ×× 同志和班副 ×× 在房东院里每人拾到一个鸡蛋，放在了一起，一直保存到房东逃难回来了拿出来。

二分队石从道同志，在住地——杨阁子庄从木门外草堆上，看见两个鸡蛋，便马上拿回来交给了房东，大娘喜得没法，再三让给石同志吃了都被他拒绝了，并向老大娘宣传："咱是老百姓的队伍，不能随便损害老百姓的一点利益。"

给房东喂牛

老百姓早跑光了，辎重连队保云住的那家，小牛饿的忙忙叫，老耿不怕疲劳，把草筛好拌上料，将小牛喂得挺饱。老大爷回来一看笑嘻嘻的说："解放军和俺真是一家人。"

真是人民军队

大雪后，天晴了，路上滑的难走，罗少勤去修路，挖出了几十个铜圆，班长张玉德马上给了房东。

摘自华野八纵二十三师六十七团《战斗报》第 218 期，1949 年 1 月

道歉赔偿百姓赞扬

我们部队执行任务到沈庄后，一中队机枪连的同志即住在本村，一时不小心，

叫牲口把葛春荣大爷的缸踢了两个，当时有文干严俊祥说了很多客气话，将缸赔给了葛大爷 12000 元钱，大爷不肯要，经我们动员和说明我们的政策后，大爷勉强的收下了，我们赔偿道歉组，经过这村后，葛大爷一致赞扬说："这才是人民的队伍来。"

严守政策买卖公平

攻坚模范连进城以前，即行入城，即到市场买咸菜，根据当时情况，一元铜洋买 31 斤 4 两，但是咸菜铺里即还有 20 斤，该同志即给他了 1 万元钱，买回来后，王连长感到买的太多，是否算错了账，即又派通讯员前去，小铺里的掌柜颇口赞扬说："不但没算错账，我还赚钱。"并说："解放军纪律真好！真是秋毫不犯啊！……"本连全体同志，一点一滴都能照顾到市民情况。

摘自华野八纵二十三师六十七团《战斗报》第 220 期，1948 年 1 月 22 日

三、文化娱乐运动

支前总结

华东解放区民工队文娱运动的开展

在广大民工中开展了文化娱乐运动，民工把党的政治教育和号召，以自己的情感、语言，用民工自己所喜见乐闻的娱乐形式，个人或集体的编成"武老二"、快板、顺口溜等，并展开了担架诗运动，互相鼓动，提高了民工自己的认识和文化，巩固了民工的情绪，也反映了广大人民对战争的自觉支援热情。

（一）民工团队一般均建立了群众性的文娱组织，使文娱活动由自发的、涣散的走上有组织、有领导的进行。各团队根据民工要求与任务情况有的建立了民工俱乐部，有的建立了文娱委员会，有的成立了壁报委员会，通过墙报进行民工的政治、业务教育与反映民工意见与解答问题。其他如领导民工文化学习的学习小组和将民工中会唱会拉的组织成立文娱小组等形式，部分民工团队组织了剧团。这些组织均经民主产生。

（二）民工文娱活动，不仅提高巩固了民工本身，同时在旧年关中也推动了新区的年关娱乐，进行了新区宣传工作，教育了新区群众。

在旧历年关中，民工的文娱活动，推动活跃了新区群众情绪，胶东第四大队，

随十二纵服务时，在年关中民工自己组织了剧团，初一那天，各中队打着锣鼓，扭着秧歌，互相举行团拜，并与部队配合开"军民联欢晚会"。北支三大队，在年关时，民工在新区热烈展开了文娱宣传活动。他们把前线民工的活动演扮成秧歌；如抬担架、火线抢救、捕捉俘虏、活捉杜聿明等。他们还演出时事活报和组织变工组等秧歌剧，对住地群众有良好的政治影响。除夕那天，各分队分头开回忆晚会，回忆去年蒋匪重点进攻胶东时和今年的大胜利对比。回忆自己出来支前的时候，思想如何活动及后来如何克服了而立下功劳。民工都高兴的说："今年过的年比在家里还热闹！"

（三）民工中不仅开展了文化娱乐活动，同时也加强了文化学习，民工团队提出："把冬学搬上前线"，创办民工学校，民工反映："三四十岁了，又上了民工大学"。

沂源民工担架团三连提出："把冬学搬到前线上"。他们坚决贯彻这个任务。识到100字以上的有1个，能写四五十个字的20个，一般能写的一二十个，只有9人没学字。

渤海四分区担架团，特等功臣杨丙信班，虽然疲劳，但大家的学习都非常积极认真，就是接受了任务，每天也能学2个至3个的生字。学习组长王金中，还创造了就字教字的学习办法。例如先教一个"口"，然后再把当中添上一横，就是个"日"字，再添上一竖就是个"田"字，用这一个字，一直添到"運"字，就能学8个字，这样使大家容易记，学着又感兴趣。在一月中最多的杨经山学了150个，杨丙信学了110个，最少的也能学30个，大家都高兴得说："咱不光支了前，还提高了文化。"

江淮二分区民工运输团，每班都有小先生，由连文化教员统一规定生字，小先生学会了后，再回到班去教大家，行军时，即把字条贴在车子上，休息时就在地上画，一星期中，就有30%学会了"支前，支前，大家推车上前线"。在一月中最少的也能学30个。

（四）民工也出版了自己的墙报，淄博担架团民工自己募捐买了8尺白布作壁报栏，两个月就出了7期，光民工写的稿子和诗歌小调漫画等就有60多篇。

沂中担架团十二连的民工俱乐部，也根据大家的要求，创办了民工壁报，各班均组织了壁报通讯组，提出"自己办，自己看"的口号，号召民工大家写稿，壁报除反映了民工生活情形外，同时也登载着前线的胜利消息，并利用壁报及时

的表扬了模范人物，如李常永、刘学经两民工，在某次转运渡河时，往返 20 余次
划船运伤员，牛衍治在转运伤员中自动把被子给伤员盖，很快被写成了快板、"武
老二"，贴在壁报上，推动了大家向模范人物学习。11 月下旬，部队南下追歼逃敌
时，有些民工产生了复员思想，这时各个壁报通讯组，即集体写了小言论，批评
这种思想，并配合发出了反对开小差的诗歌，协同着行政教育，逐步稳定了大家
的情绪。

（五）在文化娱乐运动中，不少民工根据战争形势、支前任务、模范英雄和自
己的亲身经历，编成了许多快板、"武老二"和秧歌、小调等。因为都是民工自己
创作的东西，所以民工最愿意学，愿意唱，推动了支援工作，提高了民工情绪。

摘自华东支前总结委员会《济南、淮海、渡江京沪三大战役支援工作总结》，1949
年 11 月 30 日，第 113—115 页

文件精选

江淮区组织文娱活动

旧历年将到，来自各县民工都在前方服务，看着要到年关岁底，他们在思想
上必然会想着家庭情景，即自己不能回去过年、还在前方的想法，再如：可能有
些县在后方动员来前线时，下了保证"回来过年"，但为了连续运粮，供给部队，
事实与此相反，这样一来，民工思想情况定会错综复杂。除了掀起立功竞赛不回
去过年保证安心在前线服务外，值此春节，趁此时机，应在民工中开展文化娱乐，
以提高民工之情绪，服务到底，不至于中途有少数逃亡现象，影响支前，为此特
提出积极筹备年关文娱工作之指示：

一、由下而上建立文娱机构，中队可组织文娱委员会三人至五人，并从民工
中选拔民间艺人担任文化教员（不脱离生产）、总队宣教股长，未配备者，亦要迅
即配备。

二、群众中很有天才，我们应广泛运用，将会说大鼓、唱淮戏、说快板……都
应该组织起来，发挥他们特长，进行文娱活动，而这些形式为群众所喜闻乐见的。

三、材料最好以本中队民工的好坏典型例子为主，编成鼓词、快板、小调……
在民工中进行说唱，好者表扬，坏者得以批评，对其影响极大。

四、内容应根据政治工作指示中所规定的，时事、思想、时务、群纪、各种教育着手编写，过去所发的民工小调集，亦可参考。

这一工作以实事着边运粮边整训中进行准备文化娱乐，但在边运边整期间亦离不了宣教的重要一环，故望多采取各种形式，（在可能条件下）发扬集体编说唱，以达到教育与巩固民工。时间紧迫，不能稍待，要你们在十五号以前将准备情形报告给我们！

摘自江淮二分区后勤司令部政治部《（关于文娱活动的）通知》

支前总结

启东县常备民工东南大队的文娱活动

行军中如何开展文娱工作：

1. 出行军快报，鼓励民工情绪。

在东南出发至南阳时，行军快报比较正常。出现形式用粉笔写在途中的门板、墙头，每隔二三里路出现一次，写几句。内容如：某某同志刮刮叫，行军不掉队，不讲鬼话等，进行鼓励。

2. 出发前或休息下来，拉歌挑战。

对于拉歌挑战时常以中队为单位，组织好骨干分子，进行练习，到行军疲劳时或集体休息时，有意识的鼓动大家，相互挑战拉歌，以调剂疲劳，活跃情绪。

3. 选摘首长讲话内容，拟好口号呼喊。

每次出发或开大会，根据领导上动员讲话内容，拟成口号，叫大家喊，一面加强记忆，一面鼓舞情绪。

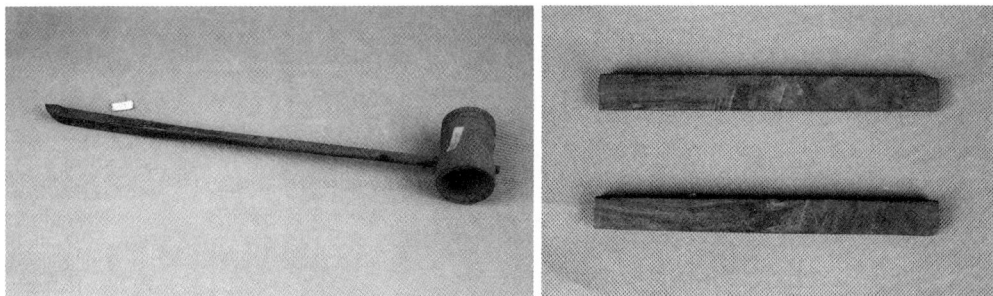

▲ 民工文娱活动用品

▲ 民工积极开展文娱运动

4.动员鼓励个别落后分子和掉队同志跟上，及时介绍好同志的模范表现。

如何配合中心工作：

1.编小调：根据当前中心工作，把具体内容编成小调教育大家，其作用很大的。如在龙王庙空袭后，行政上进行防空教育，那时就编了一首防空小调。集会评功时，就编了立功小调。行军时就编了一首纪律小调。这样大家学会了歌，又懂了道理。

2.出板报，及时介绍动态经验，例如在评功时除日常里一般的标语口号外，及时把各中队典型人物和评功经验，用快报形式及时介绍，借以相互推动，相互鼓励。

3.教识字：平时识字学习，一般的都根据他们学什么教什么，但在每个中心工作时，就有意识地教有关中心工作的生字，例如评功时就教"评功"二字，在抬伤员时，就教"爱护伤员"等字。

摘自《启东县常备民工东南大队总结报告》，1948 年 11 月 4 日

支前报道

沂中担架团的民工俱乐部

沂中担架团十二连的民工俱乐部，是民工用以管理自己生活的组织，下设文娱、生活、评功、卫生、生产等 5 个委员，均由民工民主选举产生。在俱乐部领导下并建立了早操、晚点等生活制度，使民工生活走上集体、正规。俱乐部的建立与各项活动，在执行任务中起了极大的作用，保证了民工们自始至终的饱满政治情绪。自建立俱乐部后，全连 92 人无一逃亡，均胜利完成任务后才复员。兹将该连俱乐部的主要工作于成绩介绍如下：

文娱委员，负责开展民工中的文娱活动。在某地休整，开展了诉苦运动后，文娱委员即教大家唱《反逃亡》小调。在教的时候，将小调意义详细讲解给大家听，

并以曾开过小差的民工陈世树为例子，教育民工。这样不仅时民工学会了歌，并且领会了该歌的意义，树立了正气。学了《民工纪律歌》以后，对战场缴获归公与遵守群众纪律起了很大作用。当初次进行评功时，文娱委员又教大家唱《庆功歌》，并根据本连民工的思想情况编出锣鼓剧《抬担架》，内容为，办过伪公的人员在抬担架中表现很好的，群众也给他们评了功。这个剧的演出，解除了许多伪办公人员（因该连是沂水城区民工组成，故伪办公人员较多）的思想顾虑，激发了大家的进取心。民工们也都反映："看这戏比听课还有用。"在文娱工作初步开展后，民工们情绪极高，要求更进一步的

▲ 华东支前委员会编的《支前画报》刊载了《沂中担架团十二连的民工俱乐部》

加强文娱活动，这是俱乐部根据大家要求，又创办了民工壁报。在各个班均组织壁报通讯组，提出"自己办、自己看"的口号，号召民工大家写稿；稿件经连部审阅后刊载。壁报除反映民工的生活情形外，同时也登载着前线的胜利消息。壁报形势极简单，每到一庄休息，便找一块平滑的墙壁，四周用粉笔划一个框，稿件就贴在中间。在两个多月中，共收到民工自己写的稿件有 30 篇，其中有武老二、诗歌、小言论等。他们及时地表扬模范人物，起了很大推动作用。如李常永、刘学圣两民工在某次转运渡河时，往返 12 次划船运伤员；牛衍治在转运中自动把被子给伤员盖。很快的被写成了快板、武老二贴在壁报上。并有很多民工把它背熟

记牢，推动了大家向模范人物学习。除此外，壁报也常刊载着行军、防空等常识。11月下旬，部队南下追歼逃敌时，有些民工产生了复员思想，这时各个壁报通讯组即集体写了小言论批判这种思想；并配合登出了反对开小差的诗歌。协同着行政教育，逐步稳定了大家的情绪。另外在休息时，利用各种游戏进行思想教育；如用丢手帕的方法，在手帕中包着时事、政治问答题，谁失败了，谁就答题。题的内容大致为："开小差有哪些坏处？""你家受过反动派哪些苦""现在我们的军队比敌人多多少"等，以提高民工的政治认识。由于俱乐部的领导推动着这些活动，民工的生活很活跃，都说："支前和上学一样，又体操，又唱歌，又上课。"

在生活管理上，则以生活委员为主成立了生活管理委员会，各排副排长兼任委员。在每天出发时，首先问明转运路线，路过村子，确定伙房住地，向大家宣布到哪里开饭，伙房则早先前往准备。因此连队到达开饭地点后，即可马上吃上饭，克服了过去"人等饭"的情况。生活委员们也都积极负责，有时亲自赶集买菜，并及时结算公布账目，做到经济民主，因而改善了生活，在服务期中，一排吃了八次肉、两次饺子，二排也吃肉九次，吃饺子一次。该连生活管理得好，也是民工情绪饱满的一个主要原因。

其他如卫生委员，除保证民工有病随叫随到外，平时还经常讲解卫生常识。评功委员保证每个民工的功绩，做到随报随评，并根据不同情况提出不同立功口号，发起挑战。生产委员则领导民工帮助房东生产或拾柴等工作。这些工作的进行，均受到民工的热烈欢迎。

摘自《大众日报》1949年2月13日

渤海四分区远征民工团文娱活动活跃

【渤海电】渤海四分区远征民工团文化娱乐极活跃。每次行军一驻下，各连队的壁报，立即在宿营的中心地点挂出来。内有表扬或批评工作学习的文章，即快板、大鼓、问题回答、各战场的胜利消息。每日下午，各连队即集体游戏，抛手帕，猜谜语，有时胡琴一拉便唱个戏。无棣、阳信两大队并化妆出演评剧和新内容的大鼓书、快板等数次；有的连召开问答晚会，用擂鼓传花等方式回答难题，大家从娱乐中学习知识。×纵队的战旗报，华中的大众日报，经常由干部及识字民工念给大家听，特别是本团部出的民工报，上边尽是民工投的搞，民工做的事，大家特别关心，一来到，即争着阅读。各连部经常上政治课，讲时事，讲解放区建设，讲国民党反动派的罪恶，讲劳动人民翻身，也有教识字的文化课。都说："在家当老百姓，哪能学到这些事。"党员听了党课后，也都感觉心里比前亮堂的多。大家都感觉支前就像上学，学习进步特别快。

摘自《大众日报》1948 年 11 月 19 日

张许团二营创造"民工慰问棚"

【渤海 27 日电】二分区张许担架团二营创造民工慰问棚，对民工及时进行慰问记功，给民工以很大鼓舞与安慰。慰问棚由卫生员中能拉会唱的同志组成，设在卫生处驻地担架必经路口处，棚里设有黑板、记功簿及简单文娱器具、茶水、药品等，并在周围挖好许多防空洞。在担架经过的几条路上遍插"慰问棚在 × 处"的路牌，使担架可以很快的找到，夜晚则派人在路上等着接，免得担架找寻费时间。民工将伤员交给卫生处后，即返回慰问棚，一面领取收到条，作为以后报功依据；一面喝水休息。这时慰问棚同志就进行慰问、读黑板报、传达胜利消息，同时收集全连情况，进行民工功劳登记，把每个人的功劳事迹简单记上，特别出色的就编成快报登在黑板报上。民工看到自己的功绩及时记上了功劳簿。记工处总是在围着满满的民工自报和互报功迹。没立上功的看了说："看下回的，一定立上一功。"三连有一次在韩庄执行两天一夜的任务，大家抬得非常疲劳，走到慰问棚一看，黑板报登上了他们的事："三连民工是模范，两天一夜未得闲，大家情绪真高涨，直到现在还猛干！"他们立即互相鼓励说："把剩下的几个伤员赶快运完他。"情绪振发，任务就很快胜利完成了。营连间的联系指挥，也因有慰问棚而及时畅通。连的报告由担架带着交给慰问棚转到营部，营部命令和指示也能及时由担架带回连部，不管连营移动如何频繁，均能做到及时联系，一般在慰问棚安下一小时后即可收到前面的报告，使指挥效能得到充分发挥。如一天头午，四连来信报告没有给养了，过午就送去了 1000 斤，使前面没有挨饿。又如前面担架来到卫生处时，营部及时知道需要多少副的二线转运担架，就马上通知二线担架立即吃饭喝水拾掇停当，做到主动准备，避免吃不上饭捞不到休息的现象。再如了解前面没有什么伤员下来了，营部就指挥他们继续向后运，这样使伤员不停留在卫生处，精神上感到莫大安慰和高兴。

摘自《大众日报》1948 年 12 月 1 日

資料選編

民工墙报

同志们！我们的壁报今天建立了，欢迎投稿。

——二小队　葛廷彦

同志们啊！壁报现在是开始的第二天了，为什么壁报的稿不很多，你们看人家的壁报来吗，也与咱一样，你们不要感觉自己写的作的不好，就不投稿了，只要情况真实，写的字作的句好坏没有关系，目的是传达别人知道，并不是看你的写作品。同志们呀，快来投稿，不要叫写作吓住。还有一大缺点是，批评档上稿子更不多，你们不要感觉批评是不好。假如一个人脸上有了灰，自己看不见，无人告诉他，永远在脸上，若是有人告诉他，马上洗去，他不感谢你吗！

——华在都　11 月 5 日

继续投稿吧，同志们！因为我们在这几天接受任务当中，大家疲劳的很，所以对于壁报就松懈了，上面的稿子也不多了，大家要知道，壁报是我们的乐园，对我们有很大的益处，能使我们的知识交换，能使我们的学问增高，请大家在空闲的时候再继续投稿吧，把我们的壁报再繁荣起来。

——华光亭　1948 年 11 月 25 日

同志们用力呀，用力呀，大家光荣的来支援前线。经过大山大河都不怕，一步步向南下，同志坚决打倒蒋介石，建设新中国，改善新生活，还得造出新武器，准备去打英美国，这样的光荣复员才回家。

——三分队一小队　刘国佐　十月初六

李琇、会之详细听，团结房东思想通，别的分队争小旗，咱没有小旗不反映，人家的房东日子好，咱们的房东日子穷，房东有心把旗送，日子贫穷是不能，岳会之看的明，告诉房东你是听，我们出来抬担架为的是人民立大功，说的房东心欢喜，劳动模范你们算第一名。

——李英士　李英起　11 月 4 日

不骄傲不落后

现在我们在这广大的学校里，已经学习了很多的日子了，自从定下立功条件

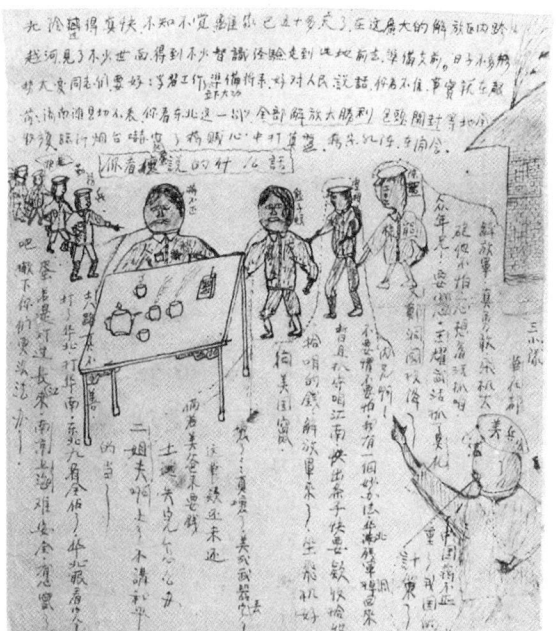

▲ 潍坊担架团民工的部分墙报稿

以后，我们的一举一动，就有了一定的规律，可是大家做到否，谁也不在心，同志们还有常常做不到的。

上级见到如此，就开始评功竞赛，看看哪位同志哪一小组及哪小队分队做得好，不久就可以知道了。倘若好的，要继续做下去，不如人家的，应努力追过他人，千万不要骄傲与懊恼。希望同志们，在这学校里，要抱定比人好的主意常常记在心中才对，把落人后的思想，要立志改掉，这样我们的学校就不难进步了。

——华光亭 1948年11月20日

新解放区父老兄弟们：

过去时因受蒋匪苦毒，衣食不充足，起居不安宁，今天幸得解放，如重见天日才得自由和安全。我们要安心生产奔那光明。伟大的新社会，还有那般被蒋匪连累的同志，要认明八路军的宽大政策，速速回家。民主政府毫无干涉照分土地，在家安心生产，并不像蒋介石那样做法，我们要永久保证安全的生活须要高呼毛主席万岁！中国共产党万岁！

——三小队 华在乾 11月20日

同志们：

现在我们的任务已经接到，全体同志情绪非常高涨，在这运送两次伤员当中，有的同志非常负责，对伤员诚心照顾，希望大家在这时将自己的立功条件记在心中，努力英勇的前进，争取模范完成光荣的任务。

——三小队 华在乾 11月24日

同志们：

我们参加了这次伟大的战役是无限光荣的，又加上这伟大的胜利，我们心中更无限的欢唱，我们更要坚决完成这次任务，拥护前防的战士。同志消灭敌人不要放逃一个，希望早日攻下江南，我们的前途是更无限的光明了。

——三小队 华在都

同志们：

我们为什么来支援前线，最切近的来说，就是为了自己解放自己目的，是坚决打垮仇人，咱的仇人就是蒋介石，这一般开小差的同志，有仇不报，反向仇人接近，不为自己打算而且自投灭亡，不走光明大道，反向黑暗小道进行，大家要知道这次支前的期间以后，恐怕千金难买，你们开小差的还有后悔不及的时候，反正是自己打错了算盘了。

——华在乾 1949年1月3日

反对说大话，说大话的人是不能成功的。

同志们，我们十五分队里有很多的人，在人堆中说话时，他每次都说得天花乱坠，十分好听，令人佩服。至于他做起事来，就大不相同了，或者他不能做到，甚至他做得与他所说的大大相反。例如，咱队那些开小差的，就在人脸前说得怎样坚决完成任务，绝对不开小差等话，结果还是开了小差。大家看，像这样的人是多么可耻啊。所以我绝对反对说大话不做实事的人呀！

——华光廷 1949年1月5日

我们小队中各个队员保证这样做。

我们在冬习的时候，听到报纸上有很多挑竞赛的，给我们做模范，又见到那天斗争开小差的大会，给团体丢了很大的名誉。所以我们小队里每个队员，思想上就起了很大的变更，决定与别小队（包括全四中队）竞赛一下；我们在未有接到上级的复员命令以前，坚决不开小差，保证完成任务，任务不完成，决未有回潍南县张营区的思想，这是我们每个队员承认议决的结果。

——十五分队三小队全体队员启 1949年1月6日

坚决反对开小差，开小差者不如三岁儿童。

开小差是我们的公敌，开小差者如狗不明事务。

同志们！各战场的胜利消息天天有，于是提高我们的任务，多重大多光荣，你还不自觉，还开小差，这给三分队丢色，谈起来，真替你羞耻着急，你睡不着，默想默想，对得起自己么，及前方战士家中父老吗？真臭名千古。都在盼望着你完成支前任务，打垮蒋匪过好日子，都和你一样，那就不用支援战争了。

——元月七日给五分队三小队 华在都

卫生讲的好，身体自然强，自己生活要注意，衣食住行要讲究，身体健康多么好。

衣服洗被褥晒，消灭蚤虫传染病。室院内外常常扫，空气新鲜又洁净，人常论病从口中生，饮食冷热要留心，零食坏食不可吃，太凉太硬伤身又伤牙，按时运动练体格，衣服加减保体温。

沣洪德优点——开会信到就来，办事积极。

李际富优点——开会信到就来站岗放哨，不辞劳苦。

李玉优点——开会推动别人来开会，对于土改工作积极，不辞劳苦。

李安仁优点——开会推举别人积极。

刘松海优点——夜间工作积极，不发牢骚，听从指挥或服从领导，有事不辞劳苦。

刘永贵优点——不辞劳苦，对地主不让他乱说乱动。

民兵刘永贵优点——学习积极，开会信到就来，于外还叫别人，有时开会推荐别人发言。

刘永华优点——学习积极，推荐别人学习，开会信到就来。

——未注明

我生病，今天行军坚持着走，绝不坐担架，大家都很疲劳。

身小力勇曹岳淦，四中三分算好汉，三次任务完毕后，忽然得了一阵大霍乱，惊动了队员黄凤章，针刺刀割好几遍，窑湾行军方未好，准备担架他不要，手持拐杖哼哼的走，身体差慢慢的行。

——三小队　华在都　十一月初五

同志们：

详细看。看看咱队的郭德元。他从前又破坏，又发赖，群众纪律他不管，经过教育大转变，行军又迅速，干活抢着干，不怕疲劳不怕艰难，帮助百姓真能干，出大力，流大汗，拉小车真模范，露着脚往前干，现在的思想大转变，同志们看一看，照着化之、德元这样办。（若是不正确，大家提意见。）

——李英起　11月4日

昨天行军我看见二小队李克和同志生了一身疖，大腿上的疖还流脓，但是也不叫苦不掉队，还帮着别人拿小米而且很高兴的说，走吧，快到住的地方了。

——二小队　岳会之

昨天我们抬伤员东运，有四小队同志，李玉东对伤员很是关心。每逢休息时不住的慰问和安慰。到了马家围子村伤员想坐起，李玉东同志就用力抬起有十五分钟之久，李玉东同志也不辞劳苦，希望各同志也要这样做法，争取那全体模范。

——三小队　华在乾

年纪老了做好工作更立功

四小队组李怀连同志年纪五十四岁，非常忠实，工作一贯积极，行军不发牢骚，不掉队，并说笑提高大家情绪，住军能帮助百姓做活，不说怪话，真值得我们敬仰。

——三小队 华在都

以前平常，现在大改变

三小队蔡绪诚同志以前的工作并未看出如何的进步，现在呢，经上级的领导，他的成分，与以前大不相同。同现在对老百姓取得很多的联系，替老百姓干很多的活，并且动员本队的队员劳动，队员对他更发生了些敬爱，希望各位同志可照蔡绪诚同志学吧。

——三小队 华在乾 11月4日

上级领导来学习，俺队遵从办组织，报功员选了刘兴云，卫生员选了李琇的。他二人被选负责任，各人都是很努力，刘兴云忙写功劳簿，李琇检查病院更着急，最可发扬是今天早，昨晚行军同志们都累哩，他二人却是能吃苦，各人忙各人的，刘兴云抱柴帮助同志来烫脚，李琇给有病同志弄药吃，二人这样尽心干，值得壁报上面发扬的。

——二小队 葛廷彦

曹医生年纪轻，做事情认真，对病号最关心，一天到晚找他去医治，不嫌麻烦荒，安慰病号心中乐。讲道理给人听，饮食冷热要注意，清洁卫生要讲究，千万别不听。

行军路上谁不羁，前后病号相距五六里，跑前奔后，实在窜杀人，未从听他出怨言，安慰医治更加心。

——三□队 华在□ 12月15日

四中队三分队：

今早狂风大起，各位小队长同志为何不来早操，请各位小队长同志答复？

——李群英 十月初□

请问昨天下午吃的红面一半玉秋秋，这是什么意见，请事务长答复。

——三分一小队 刘化之 十月初五

李指导员同志：

现在十月到，天气也变了，回家带棉衣，一月也到了，队员问道我，我也不知道，为何没运来，请你答复。

——五小队 李见凡启

请问中队李教导员：

现在二中队由胶东运来之棉衣已经收到了，为何咱四中队还未发到，请李教导员答复，以免各同志发急。

——三分队　三小队　11 月 4 日

一二中队的棉衣已经来了，咱的棉衣日期不远了，请各位同志少受一点艰苦，咱的也快来了。

——李英起　11.4

一小队黄巨元［源］，你从家中出来情绪不高，是什么意思，你在队下一天一天的吃了饭，光在屋里睡，不干活，你心中有什么思想，你这再出来不是立功吗？你为何贪赖，请你答复。

——分队部　11 月

我的情绪不高，又干活方面很少，这两项事是我大大错误，我是诚心接受错误，知过必改信念，以后好好进行吧。但脚上有疮数个，干活方面恐有不便，请大家同志们原谅吧。

——黄巨源上　十月初六

各位队员提这意见是很对，这次粗了面子因为这次行军很急，面子没检查，是不对的。再者各小队推磨要负责，检查也吃不了亏！

——李茂君答复　11 月 6 日

五小队的同志，你们怎么不自觉，开会你们都不谈，有活你们不干，光在屋里睡觉，是何意见，人有脸树有皮，别人说不注意，你们是何道理，请答复！

——分队部　11 月 7 日

徐德秀真不善，今早上出操你在家里，问人家借下□来，你又去占先，大家心里说你花皮又捣蛋，你瞪起眼来何人干，你的心里是何道理，请答复！

——五队一小组

三小队蔡同志听我言，三小队的大小事情你找着管，但说喝汤的事情，咱来谈，各位同志喝汤你瞪眼，你不该一连喝了三四碗，一切劳动你推赖，巧言话语慢哄俺，无有事胡古赞，破坏纪律你占先，你看谣言不谣言，这件事情是实言。蔡绪诚你看看，请你把这事情答复一遍！

——三队一组　11 月 7 日

答：一小组员你听知，我把这事提一提，直为喝汤这件事就在拾拉子上发生的。那一天，轮着我的值日，去做饭，因为锅小烧少了，别的同志喝的都可以，来到你这心里不满意。马上这才发脾气。

再谈我这管闲事，正确事情我不管，不正确的事情我才谈，联络劳动事情你不做，因为这事闲多说。

不知我破坏纪律为哪番。

——蔡绪诚　11月7日

二小队五小组同志们，你们睡觉为什么不和人家在一起，你开饭吃菜不足五人，别组参加一个你们为什么抢着吃，说话不守纪律，是何原因，有的和你们在一起睡觉，说人家在这里不方便，出来立功还说到此地行此事，我到底不明白，请你们答复。

——李英起　11月7日

今天早上壁报栏上发现了我们五小组的批评言论。因为我们脱离团体睡觉并在吃饭时好争先。经过了我们小组检讨后，以上的错误完全批评是对的。从今以后，我们决定改过就是了。

——二小队　五小组　全体诚认　十月初七

李教导员同志：

昨晚行军路程不多，但是同志们今天感觉累得了不的，有的掉在湾里的，有的跌伤了的，有的失掉联络的，为什么发生这些现象呢？但我觉得是行军的速度不平均，忽快忽慢，过河的时候，前面过去的不管后面，以致后面的烈窜烈跑也跟不上，才发生上面这些现象，我说的对不对，请答复。

——二小队　葛廷彦

一小队段京德有活不干，好吃贪赖是何道理，请答复。

——李英起　11月7日

我以前好吃不干活，我自从做了立功计划以来，从此改过自新努力做好，有意见请指导员多提意见，指导员指导我多学习，我从今以后要决心立大功。

——段京德答复

支前总结

人民的歌声

一、立功真光荣

人们知道"不消灭蒋介石就没有好日子过"，"支援前线是为了自己"，所以人们便积极的发起革命英雄主义的竞赛，为支援自己的军队而积极立功。就在这轰轰烈烈的支前立功运动中，民工、民兵编出了诗歌、快板，鼓励着自己和推动了大家。

渤海四分区担架团，全体民工一致提出在淮海战役中立功，有的营连还提出

▲ 民工的部分文艺作品

▲ 民工的部分文艺作品

立集体功，各营连展开了立功竞赛。六营一连杨丙信班，全班讨论出了和全营竞赛的挑战书，贴到营部的门口，他们的挑战书是：

> 前方不怕火线，后方不怕流汗，
> 分开执行任务，更能单独干干。
> 真金不怕火炼，好货不怕试验，
> 担架队的同志们，谁敢来挑战！

没等到下午，营部的门口就贴满了各连的应战书。三连提出了"十大保证"。二连提出了"五不怕"，就是：

> 不怕出山东，不怕延期，
> 不怕上火线，不怕困难，
> 不怕天冷。

接着连与连，班与班，全营掀起了热烈的立功竞赛。

鲁中南临沭担架团民工高佃三，在从郯城往新安镇行军时，把立功的内容编成了顺口溜，民工都跟着他唱了一路子：

> 担架团真英勇，顺着公路往南行，
> 压着膀子别嫌累，一气赶到徐州城，
> 消灭黄维杜邱李，立下功劳多光荣。

民工都说："走路唱着顺口溜，连累都忘了。"

渤海四分区担架一团，刚出来济南就解放了，民工都懊悔着说："上级为什么不叫咱早里来呢？人家在济南战役中都立了功，就是咱没捞着！"纷纷要求南下解放徐州。在随军南进时，他们自己编出了歌谣：

> 济南不给咱，咱往徐州赶，
> 遇上敌人就消灭，不立大功不复员。

渤海一分区担架团特等功臣李省三，在开展立功运动时，他编了一个立功秧歌，教育大家支前立功：

> 民工同志你要听，咱们支前立大功，
> 立功计划有条件，一条一条要记清：
> 第一吃苦能耐劳，不怕困难工作好；
> 第二教育各同志，不讲怪话情绪高；
> 第三纪律守的好，服从指挥听领导；
> 第四支前要不通，经过教育转变好；
> 第五逃亡要发现，说服教育能转变；
> 第六坏蛋来造谣，把他捉住不容宽；
> 第七下层有意见，实际情况要反映；
> 第八公物爱护好，爱护公物最为高；
> 第九团结和友爱，互助精神能比赛；
> 第十讲话和开会，讨论问题发言快。
> 以上十项做的全，支前大功咱占先。

渤海四分区担架团，淮海战役时到了复员期，有的民工要复员，这时文娱委员会就领导大家配合行政教育，开展了"担架诗"运动，有的民工在担架上写着：

> 犁不到头不卸牛，不立功劳不家走。

有的写着：

> 吃饭吃个饱，干活干个了，
> 支前支到底，才能立功劳。

民工高清淅还特别找了块红纸，他说着叫别人写好贴在担架上。他写的是：

淮海战役不打完，我是坚决不复员，
消灭蒋贼立下功，老婆孩子都喜咱。

渤海一分区担架团特等功臣李省三，在完成任务复员时，他编了一个支前功
劳歌：

渤海区担架团，一年支前真勇敢，
同志们，咱谈谈，一团五营第四连，
不逃亡，不减员，功劳事迹说不完。

打济南称模范，日夜转运不得闲，
五营四连真英勇，火线抢救背伤员，
不怕飞机和大炮，"模范四连"旗一面。

宁阳休整帮群众，模范三连来响应，
帮助群众来生产，锄地拔草把地耕，
同志个个不落后，模范大旗群众送。

淮海战役称英雄，三天四夜忙不停，
跨大山，过大岭，抬着伤员往后送，
不怕风吹和寒冷，电台表扬第五营。

再把一连谈一谈，阻击五军特务团，
帮助军队挖战壕，火线抢救背伤员，
不怕敌人炮火猛，完成任务是好汉。

民工弟兄爱伤员，买东西用了四五万，
买冰糖，买香烟，各种东西买的全，
帮助伤员大小便，被子染血俺不嫌。

北风吹，雪花飘，夏天单衣变棉袄，

节约菜金买棉花，自己缝来自己套，

同志个个不叫苦，完成任务立功劳。

为了大家评功评的好，他们就提出了一些生动的口号：

一、淮海战役立下功，祖祖辈辈都光荣。

二、评功就是评进步，互相学习要团结。

三、评功要评好，对功要负责，对事不对人。

营沂担架团的口号是：

一、班排报功报的好，每人功劳拉不了。

二、立功要当先，报功要大胆，谁要报的好，模范加模范。

鲁中南沂中担架团，在淮海战役中出现了不少的功臣，为了庆祝功臣，民工就编了个庆祝功臣歌：

一祝功臣们功绩如山，千里遥远来支前，为了支援淮海战，爬山涉水黑白干，不怕天冷和饥寒。

二祝功臣们真呀真模范，执行任务多坚决，舍己不顾爱伤员，不怕血沾天冷寒，棉衣被子盖上边。

三祝功臣们遵守纪律严，房东工作做的好，帮助劳动又宣传，互助友爱团结好，大家好像铁一般。

四祝功臣们真呀真光荣，淮海战役立大功，为的全国老百姓，家中老少都欢喜，人人见了都尊敬。

胶东北海担架团在攻济战役中，不光担架员同志们奋不顾身的参加了火线抢救，热情照顾伤员，就连民工中的炊事员同志们，在战争中也贡献了自己的全部精力。七连炊事班为了鼓励队员情绪，把馒头做成了各种式样，如石榴、桃子、柿子、老虎、兔子等，上面并插有写着口号的小旗。二连炊事员还在伙房门口写上标语。他写的是：

> 来来来，里面坐，先喝水，再吃饭，
>
> 烫烫脚，抽袋烟，小歇一会快去转，
>
> 小腿溜轻走的欢，看看能干不能干。

鲁中南沂中担架团十二连，从丁家楼往铁佛寺转运伤员时，正遇一道大沂河拦住了去路，大家正在发愁，民工李常荣、刘学盛发现河边一只小船，他们高兴的向大家说："同志们放心吧，俺两个保证把大家运过去！"他二人来回渡了二十余趟，并未说一句怪话。以后大家即把它编成"武老二"登在壁报上表扬他们。编的是：

> 十一月初一那一天，深夜明月天怪寒，
>
> 团部下了行军令，快到前方抬伤员；
>
> 铁佛寺到丁家楼，一道沂河在中间，
>
> 水深水凉无法过，常荣同志开了言：
>
> "只要有我和学盛，咱们渡河不困难！"
>
> 河边正有船一只，一气渡完两个连，
>
> 来回总有二十趟，从没说累发怨言，
>
> 这次班里来报功，一齐说他是模范。

鲁中南蒙阴县挑工第五连连长宋树安，对民工关心的和亲兄弟一样，深得全体民工的爱戴和拥护，九班民工就集体编写了个"连长宋树安"的歌子来表扬他：

> 城子区集合一个连，连长本是宋树安，
>
> 带领大家来支前，爱护民工称模范。

争模范，不费难，教育民工好好干，
多挑米，多担面，群众纪律别违犯。

宋连长领导好，叫声民工你听着：
来了飞机快卧倒，隐蔽目标最重要。

说他好，他真好，他的好处俺表表：
不怕吃苦和耐劳，哪个累了替他挑。

这批民工没丢松，回到后方来评功，
评来评去半月整，模范人物他有名。

俺的连长真正好，全连民工他领导，
以前有人开小差，后来叫跑也不跑。

二、人民的热爱

解放军同志为了人民的解放不惜流血牺牲，人民也至诚拥护爱戴自己的军队，特别在济南、淮海、京沪三大战役中，民工对伤员的爱护，真是做到无微不至，正如一个伤员同志所说："比亲兄弟还强！"民工也到处编出了诗歌，鼓动大家爱护伤员。这伟大的军民之间的阶级友爱，是在长久年月同反动统治阶级千百万次斗争中巩固起来的。

渤海一分区担架团特等功臣李省三，在每次接受任务时，他总是要编出这类的歌子来教育和提高大家。他编了一个爱护伤员的小调：

我们民工同志，好好爱护伤员；
伤员为咱流血，咱为伤员流汗。
为国为民，流血流汗，
伤员为咱，咱为伤员。

抬放伤员小心，遇事耐心沉着，

倘有飞机来扰，且莫惊慌乱跑，

沉着隐蔽，安置要好，

听从指挥，服从领导。

养成艰苦作风，不怕吃苦耐劳，

不分黑白冷热，不论饥饿疲劳，

爱护伤员，听从领导，

完成任务，立下功劳。

在转运伤员时，又提出：

走的快，走的稳，

走起路来不摔人；

伤员受伤不能动，

咱们耐心来侍奉；

帮助伤员大小便，

不嫌脏来不嫌烦；

伤员喝水和吃饭，

不怕辛苦要照管；

以上事情做的全，

头等功劳不费难。

胶东北海民工在担架床上制备了一些附属装备，如草帘、席子、草枕头、担架上的席棚等，并在各种工具上写着或刻着各种漫画、快板、口号。如在一副担架边上刻着非常精致的小对联：

快如飞，稳如山，

伤员喜，民工欢；

提高思想，支援前线，

立下功劳，争取模范。

草帘上、小席上也同样贴着和写着生动的小快板：

一、小草帘，亮光光，
　　祝伤员，早健康。
二、我的草帘平又平，
　　伤员铺着伤不痛。
三、小席不算强，
　　表表热心肠。
四、我编小席你打仗，
　　争取全国早解放。

有时民工还你一句我一句的集体编出些歌谣来，提高大家的情绪，有一次他们编了一个担架歌谣是：

担架床，长又方，
柳木框，麻绳网，
跟着民工去支前，
运输伤员真便当。

有的还编了一个饭瓢的歌谣：

小饭瓢，滴溜圆，
它随民工来支前，
能喝水，能吃饭，
有时也帮伤员大小便，
民工同志不嫌脏，
同志流血为了俺。

振荣民工团一营一连民工房万荣编了一个"担架歌"唱遍了全营：

担架同志们，准备过长江，
支援前线理应当，打垮贼老蒋，
哎哟，才能得安康。

支前莫想家，生产有办法，
村里组织代耕队，给咱种庄稼，
哎哟，耕种又收割。

咱们抬伤员，照顾要周全，
他们拼命在前线，流血又流汗，
哎哟，都是为了咱。

任务要争先，处处作模范，
服务期满回家转，红花挂胸前，
哎哟，光荣又体面。

三、运送粮弹上前方

解放区人民，为支援解放军消灭蒋介石，大批大批的缴出了自己用劳动生产出来的粮食，并忍受着一切艰苦，克服着一切困难，用小车和扁担跋山涉水千里遥远的运到前线上。在共产党领导下的翻身人民，并养成了一种珍爱公粮和一切战争物资的新观念与新道德。他们把公家的物资，看成是人民自己的物资。从下面民工的诗歌中，就充分表现了人民的这种新的道德观念和情感。

渤海三分区运输第一大队，民工普遍发起了爱护公粮的运动，并编出了歌谣：

不怕苦，不怕难，
爱护公粮理当然，
粮食就是命根子，
打老蒋的老本钱。

他们又编了一个是：

> 小车吱吱赛凤凰，
> 咱上前方送军粮，
> 同志们吃饱好有劲，
> 坚决消灭贼老蒋。

苏北盐城、建阳运粮团，在民工中开展了"舱门诗"运动，内容以船上各种不同的用具及当时宣传教育内容为主。如在舱门上写着：

> 一、船舱方又方，
> 　　舱里装的是军粮，
> 　　军粮运到前方去，
> 　　保证大军有给养。
> 二、船舱方又方，
> 　　我们应该爱军粮，
> 　　浪费损坏都不对，
> 　　要把军粮当己粮。

有的写着：

> 舱门开，亮堂堂，
> 船里装的弹药箱，
> 送到前线打胜仗，
> 我们支前有荣光。

有的在桅杆上写着：

> 桅杆子，长又长，

> 竖起杆子扯篷朗，
> 顺风顺水支前去，
> 协同大军过长江。

在桨柄上写：

> 拿起桨来水声响，
> 支援大军过长江，
> 一心一意来服务，
> 任务完成回家乡。

胶东北海马车队的民工还编了一些马车的歌谣：

> 大马车，辘辘响，
> 又运子弹又运粮，
> 一直运到前方去，
> 供应部队打胜仗。

摘自华东支前总结委员会编《人民的歌声》，1949 年 11 月 20 日